河出文庫

哲学とは何か

ジル・ドゥルーズ＋フェリックス・ガタリ
財津理 訳

河出書房新社

凡例

『　』　原著で引用されている書物などの題名を示す。

「　」　原著での《　》にあたる。

《　》　原著での大文字で始まる語を示す。

（　）　そのまま原著での（　）にあたる。

〈　〉　文意をとりやすくするために訳者が用いた記号。

〔　〕　訳者が補った語句を示す。

原注　巻末に置き、たとえば（1）のような数字によって指示した。

訳注　巻末に置き、たとえば＊1のような数字によって指示した。

ただし、文脈上、右の凡例に従っていない場合もある。

哲学とは何か

序論　こうして結局、かの問は……

「哲学とは何か」という問を立てることができるのは、ひとが老年を迎え、具体的に語るときが到来する晩年をおいて、おそらくほかにあるまい。実際、文献目録などまったく取るに足らぬものである。その問は、もはやたずねるべきことが何もない真夜中に、ひそやかな興奮に身をまかせて立てるひとつの問なのである。かつてひとは、この問を立てていた。絶えず立てていた。しかし、そのとき立てた問は、間接的あるいは遠回しにすぎ、あまりにもわざとらしく、あまりにも抽象的なものであった。そしてひとは、その問の虜(とりこ)になっていたというよりも、むしろその問を、ことのついでに提示し、勝手に操っていたのである。ひとは、十分に節度をわきまえていなかったのだ。ひとはただもう、哲学したくてたまらなかった。しかもひとは、スタイルの行使に関してでなければ、自らに哲学とは何かと問うことはなかった。言い換えるなら、或るノン・スタイルの地点には、すなわち、「それにしてもわたしが生涯おこなってきたことはいったい何であったのか」と最後に言いうる地点にはまだ達していなかったのである。老年が、永遠の若さをではなく、反対に或る至高の自由、或る純粋な必然性を与えてくれるようないくつかのケースがある――この必然性においては、ひとは生と死のはざまで或る恩恵の期間〔猶予期間〕を享受し、機械の部品がすべて組み合わされて、すべての年齢を貫く一本の矢〔線〕が未来へと投じられる――それこそ、ティツィアーノ、ターナー、モネのケースである[1]。老いたターナーが獲得したもの、あるいは奪取したと言ってもいいが、それは、もはや或る最後の問と区別しえぬ、人影のない、もとには戻らぬ道へと、絵画を導いてゆく権利であった。『ランセ伝』はおそらく、シャトーブリアンの老年のしるしであると同時に、近代文学の出発のしるしでもあろう[2]。映画もまた、わたしたちに、老年期特有の映画の才を見せてくれることがある。たとえばイヴェンスが、おのれの笑いと魔女の笑いを、解き放たれて猛り狂う風のなかで混ぜ合わせている場合である。哲学においても同様であって、カントの『判断力批判』は、老年の作品であり、しかも彼の後継者たちが追い続けてやまぬ解き放たれて猛り狂った作品なのである。そこでは、精神の諸能力はすべて、それぞれの限界を飛び越えてしまうのだ。カントの壮年期の書物のなかでは、あれほど注意深く固定されていた限界をである。

　わたしたちがそのような境涯にあるなどと、とうていうぬぼれるわけにはいかない。ただ、哲学とは何かと問うべきときが、わたしたちに到来しただけのことである。だが、わたしたちは、以前そのように問い続けていたし、一定の答をすでに得てもいた――哲学とは、諸概念を形成したり、考案したり、製作したりする技術である、という答をである。ただし、答が問を引き継ぐということだけでなく、さらに、答が、問の時刻、問の機会、問の状況、問の風景とその人物、問の条件とその未知の要素、を決定するということまでも必要であった。「友どうしでは」、打ち明け話あるいは信頼のふるまいとして、問を立てることができるのでなければならなかった。逆に敵を前にしては、挑戦として、問を立てることができるのでなければならなかったし、同時に、友に対してさえ不信の念が抱かれるあの黄昏（たそがれ）の時刻へと到達できるのでなければならなかった。それは、つぎのようにひとが語る時刻である。「そのときはそのとおりだったさ、けれども、うまく言えたかどうかはわからないし、ぼくに十分説得力があったかどうかも今はわからないんだ」。しかしひとは、いずれにせよ今はそのとおりなのだから、うまく言えたとか、説得力があったとか、そんなことはたいして重要ではないと悟っている。

概念（コンセプト）は、やがてわたしたちが見るように、その定義に寄与する概念的人物を必要としている。友は、そのような人物のひとつであり、それについては次のように言われてさえいる——友（アミ）は、友愛（フィロ）-知恵（ソフィー）、〔哲学（フィロソフィー）〕のギリシアにおける起源を明かす証人である——他の諸文明は《賢者》を有していたが、ギリシア人は、たんにより謙虚な賢者であるというのではない「友」を提示している——まさにギリシア人が、《賢者》の終焉を承認し、賢者のかわりに、哲学者、知恵の友、すなわち知恵を求めはしても、知恵を明白なかたちで所有するのではない者を提示したのであろう(3)。ただし、哲学者と賢者のあいだには、あたかも目盛りで読みとれるような、程度上の差異だけがあるのではないだろう。というのも、東方からやって来た老賢者はおそらく《形像》[*1]によってものごとを思考するだろうが、哲学者は《概念》を考案し、それを思考するからである。知恵そのものが、大きく変化してしまっているのだ。それだけにますます、ギリシア人においてさえ、また、とりわけギリシア人においては、「友(アミ)」が何を意味するのかを知るのは難しい。友ということは、或る種の〈権限のある親密さ〉、一種の物質的な好み、そして或るポテンシャリティ、たとえば木を扱う指物師のポテンシャリティを指しているだろうか——すなわち、よき指物師は力＝潜勢態(ピュイサンス)において木にふさわしい者である、かれは木の友である、といったように。この問は重要である。なぜなら、哲学のなかに現れるような友は、もはや、外因的な人物も、経験的な実例や状況も意味せず、かえって思考におけるひとつの内因的な現前、思考そのものの可能性のひとつの条件、ひとつの生けるカテゴリー、ひとつの超越論的体験を意味しているからである。友なるものは、ギリシア人によって暴力的な一撃が加えられて、もはや他者と関係する友ではなく、《存在態(アンティテ)》[*2]、《対象性》、《本質》と関係する友になっている。プラトンの友、だがそれ以上に、知恵の、真実の、あるいは概念の友、〔ライプニッツ『人間知性新論』における〕フィラレートとテオフィル……。哲学者は、概念に精通し、しかも概念の欠如にも精通しており、どの概念が、永らえず、恣意的あるいは不整合(アンコンシスタン)[*3]で、一瞬たりとも持ちこたえないかを知っているし、反対にどの概念が、できのよいものであり、たとえ不安を呼び起こし危険をはらむ創造であろうと、とにかく創造の証拠になるかを知っているのである。

友とは、それが概念的人物に生成するときには、もしくは思考のいとなみのための条件に生成するときには、いったい何を意味しているのだろうか。あるいは愛する者（アマン）、そう、むしろ愛する者ではないか。とするなら、友なるものは、ひとが純粋思考から排除するつもりでいた或る死活的な《他者（オートル）》関係を、ふたたび思考のなかに導きいれようとするのではないだろうか。あるいはまた、友や愛する者とは別の誰かが問題になるのではないだろうか。ところで、哲学者が知恵の友あるいは愛する者であるのは、哲学者が、知恵を現働態（アクト）において所有するというよりも、まずもって知恵を潜勢態（ピュイサンス）において当然の権利として要求し、得ようと努めるからではないだろうか。したがってまた、友なるものは権利要求者でもある、ということになるのだろうか。そして、権利要求者がそれの友であると自称するときの当のそれは、要求の対象であるところの《物（ショーズ）》であって、逆に対抗者〔恋がたき〕へと生成するかもしれぬ第三者ではない、ということになるのだろうか。友愛（アミチエ）には、欲望の対象に向かう愛情に満ちた集中力と同じだけの、対抗者に対する競争心に満ちた不信が含まれているのでもあろう。友愛が本質を狙（ねら）う場合には、権利要求者と対抗者という二種類の友が存在することになるのでもあろう（しかし、両者を区別するのは誰なのか）。以上のような第一に挙げるべき特性のもとではじめて、哲学は、ひとつのギリシア的なものに見えるのだし、都市国家（ポリス）がもたらしたものと一致するのである。すなわち、都市国家は、友からなる社会つまり対等な者からなる社会を形成し、そればかりでなく、都市国家どうしで、またそれぞれの都市国家のなかで対抗関係を促進し、たとえば恋愛、競技、裁判、執政官の職務、政治、そして思考にいたるまでの、すべての領域において権利要求者たちを対立させたということである。このとき、思考は、友にだけでなく、権利要求者と対抗者にも、おのれの条件（プラトンが論争(アンピスベーテーシス)と定義している問答法(ディアレクティケー)）を見いだすだろう。自由人たちの対抗、一般化した陸上競技(アトゥレティスム)、すなわち競争(アゴーン)(4)。それは、まさに友愛こそが、本質の完璧さと、権利要求者たちの対抗とを和解させるのだ。それは、あまりにも大きな責務ではないだろうか。

友、愛する者、権利要求者、対抗者、それらは超越論的規定であるが、だからといってそれらの規定は、同じひとりの人物においても複数の人物たちにおいても、強烈な生き生きとした存在を失ってはいない。だが今日、友愛(フィロ)－知恵(ソフィー)〔哲学(フィロソフィー)〕における「友」という語の意味を考察するまれな思想家のひとりであるモーリス・ブランショが、思考そのものの諸条件に関するあの内的な問をふたたび取りあげるとき、かれがもっとも純粋な思考の内部に導きいれるのは、またもや、しかし新たないくつかの概念的人物ではないだろうか。そうだとすれば、それらは、今度はほとんどギリシア的ではなく、別の由来を持つ概念的人物であって、あたかもそれらの人物は、或るカタストロフを経てしまい、このカタストロフが、それらの人物を、ア・プリオリな諸特徴の水準にまで高められた新たな生ける諸関係に向かって引きずってゆくかのようである――新たな生ける諸関係とは、友どうしの、或る背けあい、或る種の疲労、或る種の苦しさなのであって、省でも、コミュニケーションでもないということだ。あらゆる学問分野がおのれ自身の錯覚を産み出すことができ、またみずからがことさらに放つ霧のうしろに隠れることができるので、哲学もまた、或るときは観照であり、或るときは反省等々であると信じることができたにしてもである。哲学は観照ではない。なぜなら、観照は、物自身の概念の創造において、見られたものとしてのかぎりにおける物そのものであるからだ。哲学が反省でないのは、何についてであれ反省するために、哲学など誰も必要としないからである。ひとは、哲学を反省の技術とすることによって、哲学に多くを与えていると信じているが、実際には哲学からすべてを取り去っているのであって、それというのも、数学者であるかぎりでの数学者は、数学について反省するために哲学者を待つことなどけっしてなかったし、芸術家も、絵画や音楽について反省するために哲学者を待ちはしなかったからである。彼らは反省するときに哲学者に生成するなどと言えば、それは悪い冗談にしかならない。それほど、数学者や芸術家の反省は、それぞれがおこなう創造に属しているのである。そこで哲学だが、哲学はコミュニケーションをいささかも最後の逃げ場とはしていないのであって、それというのもコミュニケーションは、概念をではなく「コンセンサス」を創造するために、潜勢態（ピュイサンス）において、オピニオン[*5]にしか働きかけないからである。友どうしの西洋的な民主的会話という観念は、どれほどささいな概念すらまったく生産しなかったのである。このような観念は、おそらくギリシア人たちに由来するものであるが、ところがギリシア人たちは、そうした観念をたいへん信用していなかったし、またその観念をはなはだ粗雑に扱っていた。だから、概念の方はむしろ、対抗しあって疲労困憊（こんぱい）したオピニオンたち（饗宴における酔った客たち）の戦場を俯瞰（ふかん）するアイロニックな独白の鳥に似ているほどであった。哲学は、観照も、反省も、コミュニケーションもしない。たとえ哲学が、そうした能動的あるいは受動的な行為のために概念を創造しなければならないとしてもである。観照、反省、コミュニケーションは学問分野なのではなく、すべての学問分野において或るいくつかの《普遍（ユニヴェルソー）》[6]を構成する機械なのである。観照の《普遍》は、さらに反省の《普遍》は、かつて哲学が、他のすべての学問分野を支配する夢のなかで相ついで見ていった言わば二つの錯覚である（客観的観念論と主観的観念論）。そして哲学は、おのれを新たなアテナイとして提示することによっても、また、コミュニケーションの《普遍》、すなわち市場とメディアに対する空想的制御の諸規則を提供するでもあろう《普遍》にたよること（相互主観的観念論）によっても、名誉を得ることなどないのだ。あらゆる創造は特異的＝単独的なものであり、そして哲学に固有な創造としての概念は、つねにひとつの特異性＝単独性である。《普遍》は何も折り開く（エクスプリケ）[7]〔説明する〕ことはなく、かえってそれ自身折り開かれる〔説明される〕べきものである、というのがまさに哲学の第一原理である。

自分自身を認識すること――思考することを学ぶこと――何も自明ではないかのようにおこなうこと――驚くこと、「存在者が存在するということに驚くこと」……――以上のような哲学についての規定や、さらに他の多くの規定は、やがて陳腐なものになるかもしれないが、やはり興味深い態勢を形成している。だがしかし、それらの規定は、教育的な観点からしてさえも、よく定義された仕事、あるいは明確な活動を構成してはいないのである。反対に、〈純粋な概念による認識〉という哲学の定義こそ、決定的な定義とみなしてよい。けれども、概念による認識と、可能的経験もしくは直観における概念の構築とを対立させる必要はない。なぜなら、ニーチェの判決によれば、ひとは、まずはじめにそのひとが概念を創造したのでなければ、すなわち概念をその概念に固有な或る直観のなかで構築したのでなければ、概念によっては何ものも認識しないだろうからである。この直観は、概念と混じりあってはいないが、概念の芽を守り、またそれを培（つちか）う人物を守るような、或る野、或る平面、或る土地なのである。こうした構成主義（コンストリユクテイヴイスム）〔構築主義〕によれば、あらゆる創造はそれに自律的存在を与えるひとつの平面のうえでの構築でなければならない。概念を創造すること、それは少なくとも、何かをつくることである。哲学の用途や効用に関する問、あるいはまた哲学の有害性に関する問（哲学は誰を害するのか？）があるだろうが、それは以上のような立場が変更された問なのである。

多くの問題が、ひとりの老人の幻覚に襲われた目のまえにひしめき、彼は、あらゆる種類の哲学的概念どうしが、そしてあらゆる種類の概念的人物どうしが対峙しているのを見るだろう。そして概念たちは、まずもって、署名が入ったものであり、署名をずっと残すものである——アリストテレスの〈実体〉、デカルトの〈コギト〉、ライプニッツの〈モナド〉、カントの〈制約〔条件〕〉、シェリングの〈勢位〉、ベルクソンの〈持続〉……。しかしそればかりでなく、いくつかの概念はそれぞれ、それらを指し示すための、ときには粗野でひんしゅくを買う、法外な語を要請し、他方、別の概念たちはそれぞれ、きわめてありふれた普通の語で満足するのだが、ただしこの語は、非哲学的な耳には聞きとれない恐れがあるほどの、とても離れたいくつもの倍音をはらんでいる。いくつかの概念は、アルカイックな言葉遣いをこいねがい、他の概念たちは、ほとんど発狂した語源学的操作に貫かれた造語を切に求めている。哲学固有の陸上競技としての語源学があるのだ。それぞれのケースにおいて、それらの語の、そしてそれらの語の選択の或る奇妙な必要性が、スタイルのエレメントとして存在しなければならない。概念の命名は、哲学固有の或る趣味〔美的判断力〕を必要としている。この趣味は、暴力あるいはほのめかしによってことに当たるものであり、またこの趣味は、民族の言語のなかで、哲学の言語を——語彙だけでなく、さらに崇高さやひとつの偉大な美しさに達しているシンタックスをも——構成するものである。ところで概念たちは、日付をもち、署名され、命名されたものではあるが、死に絶えないためのそれなりの方途をそなえている。とはいえ、概念たちはやはり、革新、置き換え、変異といった強制に従うものであって、こうした強制が、哲学に、不安定な或る歴史とさらには或る地理を与えているのである。しかもその各時期、その各場所は、時間のなかでは保存されるものであり、しかし時間の外では過ぎ去るものである。概念たちが変化してやむことがないのであれば、ひとは、諸哲学にはいったいどのような統一が存続するのかとたずねるだろう。概念によって作業するのではない科学と芸術にとっても、事情は同様なのだろうか。そして、哲学、科学、芸術のそれぞれの歴史はどうなっているのだろうか。哲学がそのような〈概念の連続創造〉である以上、当然、哲学的《理念》としての概念とは何かという問が生じるだろう。だがさらに、そうした概念ではない他の創造的な《諸理念》、すなわち、科学や芸術に帰属し、自分自身の歴史と自分自身の生成をそなえた《諸理念》、しかも、自分たち相互の可変的な関係をそなえ、かつ哲学に対する自分たち自身の可変的な関係をそなえた《諸理念》、こういった《諸理念》の本質は那辺（なへん）にあるのか、という問もまた生じるだろう。概念創造の独占権は、哲学にひとつの機能を保証するものではあっても、いかなる卓越性もいかなる特権も与えるものではない。というのも、他の思考様式や創造様式が存在するのだし、たとえば科学的思考のように、概念を経由する必要のない他の理念形成の方式も存在するからである。だからひとは、科学および芸術の活動とは異なるものとしてのそうした概念創造の活動は、いったい何の役に立つのかという問につねに立ち戻るだろう。なぜ概念を創造しなければならないのか、しかもなぜ新たな概念をつねに創造しなければならないのか、どんな必要があってのことなのか、何に用いるためなのか。何のためにそうするのか。哲学の偉大さはまさに何の役にも立たないという点にある、などという答があるかもしれないが、それは、もはや若者をさえ面白がらせない粋（いき）がりである。いずれにせよ、このわたしたちは、形而上学の死だの、哲学の超克だのといった問題にかかずらったことはない。そんな死やそんな超克を言うのは、それこそ何の役にも立たず、かえって我慢ならぬたわ言である。今日、〔哲学〕体系の破産が言われるけれども、実は体系の概念が変化しただけのことである。概念を創造する場所と時期が存在する以上、それを遂行する活動はつねに哲学と呼ばれるだろうし、たとえ別の名前が与えられたところで、その活動は哲学と区別されることはないだろう。

けれどもわたしたちは、権利要求者としての友あるいは愛する者が、対抗者なしでは済まされないということを知っている。哲学が、好んで言われるように、ギリシア的起源をもっているとすれば、それは、都市国家（ポリス）が、帝国や国家とは異なって、「友」からなる社会、すなわち対抗者であるかぎりの自由な男たち（市民）の共同体、これの規則としての競争（アゴーン）なるものを発明したからである。それは、プラトンによって次のように記述されたつねに変わらぬ状況なのである——すなわち、どの市民も、何ものかを当然の権利として要求するときには、必然的に対抗者に出会い、その結果、諸要求の正当性（ビアン・フォンデ）〔よく根拠づけられていること〕を判断する能力が必要になる。指物師が木を当然の権利として要求すると、「私が、この私が木の友である」と言う森の番人、きこり、大工が出てきて、彼らとぶつかることになる。人間の世話を問題にするなら、自分は人間の友だと主張する多くの権利要求者たちがいる——人間に食糧を提供する農夫、かれに衣服を与える機織（はた）り、彼の治療をする医者、彼を守る戦士(7)。そしてどのケースにおいても、選択は、やはり多少は限定されたメンバーのなかでなされる。してみれば、プラトンが目撃しているようなアテナイの民主主義においては、誰でもが何でも当然の権利として要求できる政治がおこなわれている以上、そうした政治は、もはやそれらのケースと同様な事情にはない。だからこそ、プラトンにとって、〔政治において〕秩序を回復する必要があったのであり、諸要求の正当性を判断しうる審廷を創造する必要があったのだ。その審廷が、哲学的概念としてのイデアなのである。しかし、その審廷においてもなお、「真の哲学者は私だ、私こそ《知恵》の友、あるいは《正当性》の友だ」と主張するあらゆる種類の権利要求者に出会うことになるのではないか。そうした対抗関係は、かの老賢者の地位を得ようとして争う哲学者とソフィストとの対抗関係においてクライマックスに達するのだが、しかしどのようにして偽りの友を真の友から区別すればよいのか、そして概念をみせかけ(シミュラクル)から区別すればよいのか。〈みせかける者と友〉、そこにこそ、概念的人物に喜劇的なものと悲劇的なものの諸力(ピュイサンス)を付与することによってその概念的人物を増殖させるプラトン的演劇のすべてがある。

　さらにわたしたちの時代に近くなると、哲学は多くの新しい対抗者と交差するようになった。それらの対抗者は、何よりもまず、哲学に取って代わろうとした人間諸科学であり、とりわけ社会学であった。ところが哲学は、概念を創造するというおのれの使命をしだいに理解できなくなり、《普遍(ユニヴェルソー)》のなかに逃避してしまったので、何が問われるべきか、もはやよくわからなくなっていたのである。一個の厳密な人間科学の利益のためにあらゆる概念創造を放棄することが重要視されていたのだろうか、あるいは反対に、諸民族によって創造された、さらにはかれらの生命的、歴史的、そして精神的な力（フォルス）によって創造された集合表象だの世界観だのへと、概念を仕立てあげることによって、概念の本性を変えることが重要視されていたのだろうか。つぎに、哲学の対抗者になるのは、科学認識論（エピステモロジー）の番であった。そればかりでなく、言語学に、あるいは精神分析にさえ番がまわり――さらには論理分析にも番がまわってきたのである。試練につぐ試練で、哲学が立ち向かうようになるのは、ますます傲慢（ごうまん）になり、ますます厄介になった対抗者たちであろう。それは、プラトン自身が、彼のどれほど喜劇的な諸契機においても想像だにしなかった対抗者であろう。最後には、情報科学、マーケティング、デザイン、広告など、コミュニケーションのすべての分野が、概念（コンセプト）という言葉そのものを奪い取って、「それはわれわれの問題だ、創造的人間（クリエーター）とはわれわれのことだ、われわれこそコンセプトゥール〔概念立案者〕だ！」と言いだし、恥辱はそのどん底にまで達したのである。概念の友とはわれわれのことだ、われわれが概念をわれわれのコンピュータにインプットしてやるのだというわけだ。情報と創造性、概念と企業、そうした問題に関してはすでに詳しい文献目録がある……。マーケティングは、〔もちろん哲学の場合とは異なる〕概念〔コンセプト〕と出来事〔イベント、催し〕との或る種の関係の理念を保持することにはなった。しかしその場合、見よ、概念は、〔歴史、科学、芸術、セックス、実際的な用途などに関する〕産物や製品の紹介の総体に成り下がってしまい、出来事は、そうしたさまざまな紹介を演出する展示会や、その展示会で発生するとみなされている「アイディア交換」に成り下がってしまったのである。出来事は展示会でしかなく、概念は売ることのできる製品でしかない。《批判》をセールスプロモーションに置き換える一般的な運動は、哲学に悪影響を及ぼさずにはおかなかった。一束のめん類の模造（シミュラクル）、あるいはそのシミュレーションが、真の概念になってしまい、製品や商品や芸術作品の紹介者－展示者が、哲学者や概念的人物や芸術家になってしまったのである。だが、どうして一個の老人たる哲学が、概念の或る商業用の形態、つまり《メルツ》[*8]を決定するために、コミュニケーションの普遍（ユニヴェルソー）を目ざす競争に参加して、若い管理職たちと戦うなどということがあろうか。《概念（コンセプト）》なる言葉で、情報処理サービスや情報処理エンジニアリングの会社が指し示されていることを知るのは、たしかに苦痛である。しかし哲学は、厚顔無恥で愚かしい対抗者たちにぶつかればぶつかるほど、また自分自身の内部でそうした者どもに出会えば出会うほど、ますます自分に元気を感じるものだ。商品というよりもむしろ隕石であるような或る概念たちを創造する責務を果たすための元気をである。哲学は、爆笑して、涙をぬぐうのみである。こうして結局、かの問は、すなわち哲学についての問は、そこで概念と創造が互いに関係しあう特異点なのである。

　哲学者たちは、哲学的実在として概念の本性を十分に考察してこなかった。彼らは、概念を、与えられる認識あるいは表象とみなしたがった。与えられる認識あるいは表象は、概念を形成することのできる能力（抽象もしくは一般化）か、さもなければ概念を使用することのできる能力（判断）によって折り開かれる〔説明される〕ものである。

しかし概念は、与えられるものではなく、創造されるものであり、かつ創造されるべきものである。しかも概念は、形成されるものではなく、自分を自分自身において定立するもの、つまり自己定立である。創造されるということ、自分で自分を定立すること、ということの二つのことは、たがいに折り込み（アンプリケ）[*9]〔含意し〕あっている。なぜなら、生物から芸術作品にいたるまでの本当の意味で創造されるものは、創造されるということからして、自己の自己定立を享受するからであり、言い換えるなら、本当の意味で創造されるものが認知されるための自己創作的（オートポイエティック）な特徴を享受するからである。概念は、創造されればされるほど自分を定立するのであり、自分を定立すればするほど創造されるのである。自由な創造活動に依存するものはまた、他の何にも依存せずにかつ必然的に、自分自身において自分を定立するものでもある。つまり、もっとも主観的・主体的なものがもっとも客観的・対象的なものである、ということになるだろう。哲学的実在としての概念に、そのような意味でもっとも注意を払ったのはドイツ観念論者たち、とりわけシェリングとヘーゲルである。ヘーゲルは、概念の創造の諸《形態》と、概念の自己定立の諸《契機》によって、力強く概念を定義した。すなわち、一方では、概念が諸精神の継起を通じて意識のなかでかつ意識によって創造されるといった側面を、そうした諸形態が構成するがゆえに、その諸形態は概念に帰属するものへと生成したのであり、他方では、概念が自分自身を定立して諸精神を《自己》たる絶対者のなかへと再統合するといった別の側面を、そうした諸契機が打ち立てるのである。こうしてヘーゲルが指摘したのは、概念は、或る一般的あるいは抽象的な観念とはまったく関係がないということであり、また、哲学そのものには依存しないような或る非被造の《知恵》〔神知〕にもまったく関係がないということである。しかし、彼がそうできたのは、哲学の無際限の拡張という代価を支払ったからである。事実、そのような拡張された哲学は、哲学自身の諸契機において或る普遍（ユニヴェルソー）たちを再構成してしまうがゆえに、また哲学自身の創造行為にかかわる〔哲学的〕人物たちを幽霊のような端役としてしか扱わないがゆえに、科学と芸術の独立した運動をほとんど存続させなかったのだ。ドイツ観念論者たちは、概念創造をひとつの純粋な主観性に送り返すような、概念の或る普遍的エンチュクロペディー〔百科全書〕をめぐって活動していただけであり、かれらは、自分に、もっと謙虚な責務、すなわち、或る〈概念の教育法〉を課すことはなかったのである。概念の教育法とは、〔概念の〕創造の諸条件を、特異なものであり続ける諸契機というファクターとして分析するはずのものである[8]。百科全書、教育法、商業的職業訓練が、概念の三つの時代だとすれば、第二の時代だけが、第一の時代のいくつもの峰から第三の時代の絶対的な災いのなかへのわたしたちの転落を防いでくれるのである――普遍的になった資本主義の観点からすれば、もちろん、その災いがどれほどの社会的利益をもたらそうとも、思考にとっては絶対的である災いのなかへの転落をである。

I 哲学

1　ひとつの概念（コンセプト）とは何か

単純な概念[*1]というものは存在しない。あらゆる概念は、いくつかの合成要素をもち、それらによって定義される。概念は、したがって、或る数字〔番号〕[*2]をそなえている。多様体がみな概念であるというわけではないが、ともかく概念はひとつの多様体である。ただひとつの合成要素しかもたない概念というものは存在しないのである。ひとつの哲学がそれから「開始する」その最初の概念ですら、複数の要素をもつということだ。なぜなら、哲学がひとつの開始をもたなければならないということは自明ではないからであり、また、哲学がひとつの開始を規定するにしても、さらにその開始にひとつの観点あるいはひとつの理由を結び付けなければならないからである。デカルト、ヘーゲル、フォイエルバッハは、たんに、同じ概念から開始してはいないというだけでなく、そもそも同じ開始概念をもっていないのである。あらゆる概念は少なくとも二重のものであり、あるいは三重、四重等々である。一切の合成要素をそなえた概念というものもまた存在しない。なぜなら、〔もしそんな概念があるということにでもなれば〕それはひとつの純然たるカオスになってしまうだろうからだ。究極的な諸概念としてのいわゆる普遍（ユニヴェルソー）でさえも、そうした普遍（ユニヴェルソー）を折り開く（エクスプリケ）〔説明する〕世界（ユニヴェール）〔観照、反省、コミュニケーション……〕を画定することによって、カオスを脱するのでなければならない。あらゆる概念には、それがもつ複数の合成要素の数字によって定義される不規則な輪郭がある。だからこそ、プラトンからベルクソンにいたるまで、概念は、分節の、裁断の、そして交截（こうせつ）の問題であるという考えがいく度も見いだされるのだ。概念は、その諸合成要素の総和であるのだから、たしかに一個の全体ではあるのだが、ただし一個の断片的な全体なのである。以上のような条件のもとで、はじめて概念は心的カオスを脱することができるのであり、しかもこの心的カオスの方は、絶えず概念を狙い、概念に貼りつき、概念をふたたび吸収しようとするのである。

ひとつの概念が、絶対的にではなく、別の概念との関係において第一のものになるためには、どのような条件が必要だろうか。たとえば、他者は、必然的に、ひとつの自我（モワ）〔私〕との関係において二次的なものであるのだろうか。そうであるならば、そうした事態は、他者（オートリユイ）の概念が、自我との関係において〈特別な－ひとつの対象〉として現前する〈ひとつの他（オートル）の－主体〉の概念であるかぎりのことである。それら〔特別な対象と他の主体〕は、〔他者概念の〕二つの合成要素なのである。事実、わたしたちが他者を特別なひとつの対象と同一視するならば、他者は、もはやすでに、この私たる自我に現れるものとしての他の主体でしかない。そして、わたしたちが他者をひとつの他の主体と同一視する場合には、私の方が、他の主体に現れるものとしての他者になる。あらゆる概念は、或るひとつの問題、あるいは或るいくつかの問題を指し示している。すなわち、それがなければ概念が意味をもたなくなるようなその諸問題を、そしてそれが解かれるにつれてようやくそれ自身際立たせられたり理解されたりすることができるようなその諸問題を指し示しているのである。もちろんわたしたちはここで、諸主体の複数性、諸主体の関係、諸主体相互の呈示のしあいを問題にしているのだが、しかし、わたしたちがそれとは別の問題を見いだしていると思う場合には、明らかに事態はすっかり変わってしまう。すなわち、〈他の主体〉が〈特別な対象〉として〈私〉に現れるときに、そうした主体がたんに「占める」ようになる〈他者の位置〉、また今度は、〈私〉が〈他の主体〉に現れるときに、その〈私〉が〈特別な対象〉として占めるようになる〈他者の位置〉、こうした〈他者の位置〉は本質的に何であるのかという問題である。この観点からすれば、他者（オートリュイ）は、誰でもない、つまり主体（スユジエ）でもなければ対象（オブジエ）でもないのである。他者が存在するからこそ複数の主体が存在するのであって、その逆ではない。その場合、他者には或るひとつのア・プリオリな概念が必要になり、この概念から、〈特別な対象〉、〈他の主体〉、そして〈自我〉〔という概念〕が生じなければならないのであって、その逆ではない。諸概念の本性についても、その諸概念が答えているとみなされる諸問題についても、同様に秩序が変わってしまったのである。科学における問題と哲学における問題との差異はどのようなものかと問うのは、いまは棚上げにしておこう。だが、哲学においてさえ、わたしたちは、よく理解されていない、あるいはよく立てられていないと自分が評価する諸問題に対処するかたちでしか、概念を創造しないのである（概念の教育法）。

簡潔に論をすすめよう。ひとつの経験野（たとえば映画の画面）をリアル（現実的、実在的）な世界とみなして、それを、もはやひとつの自我（私）と関係させるのではなく、むしろひとつの単純な「……がある（イリヤ）」と関係させて考察してみよう。しかじかの時点で、穏やかで心安らぐひとつの世界がある。野（画面）の外にある何かを見つめているおびえた顔が、突然、出現する。この場合、他者（オートリュイ）は、主体としても対象としても現れず、それとはまったく違って、ひとつの可能的世界として、ひとつのおびえさせる世界の可能性として現れる。この可能的世界は、リアルではない、あるいはまだリアルになっていない、がしかし、それでもなお存在するのだ。その可能的世界は、その世界の表現（エクスプレッシオン）のなかでのみ、すなわち顔のなかでのみ、もしくは顔との等価物のなかでのみ存在するひとつの表現されたもの（エクスプリメ）である。他者とは、さしあたって、そのように存在するひとつの可能的世界のことである。そしてこの可能的世界もまた、可能的であるかぎりにおいて、それ自身においてひとつの固有なリアリティーをもっている。可能的であるかぎりでの可能的な世界に或るリアリティーを与えるためには、表現者（エクスプリマン）が「私はこわい」と語ったり言ったりすれば、（たとえそうした言葉が嘘であっても）それだけで十分である。言語的インデックスとしてのこの「私」には、それ以外の意味はない。そのうえ、その「私」は必要不可欠なものではないのだ。たとえば、中国をひとつの可能的世界としてみよう。しかしこの中国は、ひとつのすでに与えられた経験野〔画面〕のなかで、ひとが中国語を話したり、あるいは中国について語ったりすれば、たちまち或るリアリティーをおびるのである。そうした事態は、中国が経験野そのものに生成することによってリアルになるケースとはたいへん異なっている。したがって、ひとつの感性的世界を規定することよりほかに何も前提しないような或る条件としての他者概念がある。そうした条件のもとでは、他者は、ひとつの可能的なものの表現（エクスプレッシオン）として出現することになる。〔しかし先ほど述べた〕他者は、可能的世界を表現するひとつの顔〔表現〕のなかで存在するような、そして、可能的世界にリアリティーを与えるひとつの言語活動のなかで実現されるような、そうした可能的世界である。以上のような意味で、他者は、〈可能的世界〉、〈存在する顔〉、〈リアルな言語活動あるいはパロール〉という三つの分離不可能な合成要素からなるひとつの概念である。

もちろん、どの概念もひとつの歴史をもっている。わたしたちは、いま述べた他者概念によって、ライプニッツ、ライプニッツにおける可能的世界、そして世界の表現としてのモナド、この三つにまで遡ることができる。しかし、問題は同じではない。なぜなら、ライプニッツにおける可能的世界はリアルな世界のなかに存在するわけではないからである。その他者概念はまた、命題を扱う様相論理学をも指し示している。しかし命題は、その真理条件に対応するリアリティーを、可能的世界に与えることはない（ウィトゲンシュタインは、他者を、ひとつの他の主体とひとつの特別な対象のあいだで揺れ動くままにしておくので、恐怖や苦痛についての命題を考察するときでさえ、そうした命題に、或る〈他者の位置〉のなかで表現可能な諸様相〔可能性、現実性、必然性〕を見ることはないのである)。可能的世界〔という概念〕は長い歴史をもっている[1]。要するに、あらゆる概念についてわたしたちが言わんとしているのは、概念にはつねに歴史があるということだ。もちろん、この歴史がジグザグである場合もあるし、この歴史が、必要に応じて、他の諸問題を通過したりいろいろな平面のうえを通ったりする場合もある。一個の概念のなかには、たいてい、他の諸概念に由来する断片あるいは合成要素が存在するのであって、これらの断片や合成要素の方は、以前、他の諸問題に答え、他の諸平面を前提していたものなのである。それは当然のことである。なぜなら、概念はどれも新たな裁断をおこない、いくつもの新しい輪郭を身につけるものであるからだし、復活されるべきもの、あるいは裁ち直されるべきものであるからだ。

しかし他方では、ひとつの概念は、ひとつの生成をもっており、この生成（ドゥヴニール）は、今度は、同じ平面のうえに身を置く〔他の〕いくつかの概念と当の概念との関係にかかわっている。この場合、概念はそれぞれ、互いに繋（つな）がりあい、交截（こうせつ）しあい、自分たちのいくつもの輪郭を連係させ、自分たちそれぞれの問題を合成し、たとえ異なる歴史をもってはいても、同じ哲学に属している。事実、あらゆる概念は、有限な個数の合成要素をもっており、自分とは別の、そして別の仕方で合成されたいくつかの概念の方へと分岐していくのだが、しかしこの別の概念たちが構成しているのはやはり同じ平面の他の領域なのであり、しかもその概念たちは、連結可能ないくつかの問題に答えており、或る共ー創造の性格をもっているのである。一個の概念が必要としているものは、その概念をして先行的な諸概念を修正するようにさせ、それらに取って代わるようにさせる一個の問題だけではない。それが必要としているものは、さらに、その概念と他の共存する諸概念とが同盟する場であるところの〈諸問題の交差点〉でもある。ひとつの知覚野のなかでのひとつの可能的世界の表現としての《他者》の概念のケースでは、わたしたちはおのずから、その知覚野の合成要素を、その知覚野そのものと関連させて新たな仕方で考察するようになる。そうなると、他者は、もはや知覚野の主体でもその知覚野のなかの対象でもなく、むしろ或る条件であることになるだろう——すなわち、〈対象と主体〉のみならず、さらに〈図と地〉、〈周辺と中心〉、〈動体と基準座標系〉、〈推移するものと実体的なもの〉、〈長さと奥ゆき〉等々が再配分される条件であることになるだろう。他者（オートリュイ）は、つねにひとつの他のもの（オートル）として知覚されるのだが、しかし他者概念としては、他者は、わたしたちにとっても他のものたちにとっても同じく、あらゆる知覚の条件なのである。それは、ひとがひとつの世界から他の世界へ移り行く（パッセ）ための条件なのである。〔条件としての〕他者は、世界をして過ぎ去る（パッセ）ようにさせるものであり、「私」なるものは、もはやひとつの過ぎ去った世界しか示していないのである（「私はかつて安らかであった……」）。たとえば、空間のなかで、あらゆる長さをひとつの可能な奥ゆき〔深さ〕にしたり、その逆をおこなったりするには、《他者》〔という概念〕があれば十分なのであり、そうであればこそ、その概念が知覚野のなかで機能しない場合には、〔ひとつの世界から他の世界への〕もろもろの推移とその逆転は不可解なものになってしまうだろうし、可能的なものは消失している以上、わたしたちは絶えず諸物に突き当たってしまうだろう。あるいは、哲学的には少なくとも、わたしたちが諸物に突き当たらない理由を別に見いださなければならないだろう……。このようにして、ひとつの規定可能な平面のうえで、ひとは一種の橋を渡ってひとつの概念から他のひとつの概念へと移り行くのである。すなわち、上で挙げた合成要素をもつひとつの《他者》概念の創造は、規定されるべき他の合成要素をもった、ひとつの新しい知覚空間概念の創造をもたらすだろうということだ（突き当たらないこと、突き当たりすぎないこと、これが後者の合成要素の一部をなすだろう）。

　わたしたちは、かなり複雑な例から出発してしまった。けれども、単純な概念というものは存在しないのだから、どうして別の出発点をとることができようか。読者ならば、自分の好みで、どのような例から出発してもかまわない。思うに、概念の本性あるいは概念の概念に関して、読者はそこから〔以下のような、わたしたちと〕同じ諸帰結を取り出すはずである。第一に、どの概念も、その歴史においてだけでなく、その生成においても、あるいは現前しているその諸連結（コネクシオン）*3においても、他のいくつかの概念を指し示している。どの概念も、いくつかの合成要素をもっており、それらの合成要素は、それはそれでまた、概念とみなすことができるものである（たとえば、《他者》は、その合成要素のひとつとしての顔をもっているのだが、《顔》はそれ自身、これまたいくつかの合成要素をもつ概念とみなされるだろう）。したがって、概念は無限に進行するものであり、しかも、創造されるものではあっても、けっして無から創造されるものではない。第二に、概念に固有な性格は、合成諸要素を概念のなかで互いに不可分なものにしているという点にある。〈区別がある、異質である、けれども互いに不可分である〉というのが、合成諸要素の身分規定である。言い換えるなら、概念の共立性[*4]、すなわち概念の内部－共立性（コンシスタンス）を定義するものである。ということは、区別される合成要素のそれぞれは、〔それらどうしの〕或る部分的重なり合い、〔それらのあいだの〕或る近傍ゾーン[*5]、あるいは他の合成要素との或る不可識別閾を示しているということだ。たとえば、他者概念において、表現されるもの（エクスプリメ）としての可能的世界は、表現（エクスプレッシオン）としての顔から区別されるにせよ、可能的世界は、それを表現する顔の外に存在するわけではない。そして顔の方はといえば、パロールに近似したものであり、顔はすでにパロールの代弁者になっているのだ。合成諸要素は区別されていながらも、しかし何かが、一方の合成要素から他方の合成要素へ移行する——二つの合成要素のあいだの決定不可能な何かが。aにもbにも同様に属するひとつの領域abが存在し、そこにおいてaとbとが識別不可能なものに「生成する」、ということだ。概念の内的な共立性（コンシスタンス）を定義するのは、まさに、そのようなゾーン、閾、あるいは生成であり、そのような相互不可分性である。しかし、概念はさらに、他のいくつかの概念との外部－共立性(コンシスタンス)をもち、そのとき、それぞれの概念の創造は、同じ平面のうえでの或る橋の構築を伴っている。ゾーンと橋は、概念にそなわるジョイントである。

第三に、概念はしたがって、どれも、それ自身の合成諸要素の合致点、凝縮点、あるいは集積点とみなされるだろう。そうした概念としての点[*6]は、絶えずおのれの〔集積した〕合成諸要素を〔垂直に〕走り抜け、それらのなかで上昇したり下降したりする。その意味で、合成要素はそれぞれ、ひとつの強度的＝内包的特性、ひとつの強度的＝内包的縦座標(オルドネ)[*7]であって、これは、一般的なものとしても特殊的なものとしても理解されるべきではなく、かえって、純然たる特異性(サンギュラリテ)＝単独性として——たとえば、「ひとつの」可能的世界、「ひとつの」顔、「いくつかの」語として——理解されるべきものである。そして、そうした特異性＝単独性は、それにいくつかの可変的(ヴァリアブル)な価値を与えるか、あるいは、それにひとつの定常的(コンスタント)な機能を指定するかによって、特殊化されたり、あるいは一般化されたりするのである。しかし、科学において生起する事態とは反対に、概念のなかには変数(ヴァリアブル)も定数(コンスタント)も存在しないし、また、ひとつの定常的な属に対して可変的ないくつかの種がそれとして確定されるということもなければ、いくつかの可変的な個体に対して定常的なひとつの種がそれとして確定されるということもない。概念のなかの諸関係は、〔論理学的な〕内包にも外延にもかかわらず、ただ順序づけ(オルディナシオン)だけにかかわるのであり、概念の合成諸要素は、定数でも変数でもなく、むしろ自分たちの近傍に即して順序づけられた（オルドネ）純然たる変化＝変奏[*8]なのである。それらの合成要素は、プロセスに従ったものであり、モジュール状のものである。一羽の鳥の概念は、その属や種のなかにではなく、その色々な姿勢の、いくつもの色の、様々な囀り（さえずり）の合成のなかに、すなわち、共感覚というよりも共知であるような、何か識別不可能なもののなかにある。ひとつの概念は、ひとつのヘテロゲネシス、すなわち近傍ゾーンを介したおのれの合成諸要素の順序づけ（オルディナシオン）である。ひとつの概念は順序的（オルディナル）なものであり、それは、おのれを合成するすべての特性に現前する或る強度的内包（アンタンシオン）[*9]なのである。或る〈距離なき順序〉に即しておのれの合成諸要素を絶えず走り抜ける概念は、それら合成要素に対して俯瞰の状態[*10]にある。概念は、おのれのすべての合成要素つまり変化（ヴァリアシオン）＝変奏に、いかなる距離もとらず、無媒介的に共‐現前しており、それら合成要素を通り抜けてはまた引き返すのだ。つまり、概念とは、ひとつのリトルネロであり、それ自身の番号をもったひとつの音楽作品である。

　概念は、体（コール）[*11]のなかで受肉されあるいは実現されるにもかかわらず、〈体なきもの〉である。しかし、だからこそ、概念は、それがそこにおいて実現される〈物の状態〉[*12]〈事態〉と混じりあっていないのだ。概念は、時空座標（コオルドネ）などもたず、ただいくつかの強度的＝内包的縦座標（オルドネ）だけをもつ。概念は、エネルギーをもたず、ただいくつかの強度（アンタンシテ）＝内包量だけをもつ。概念は非エネルギー的なものである（エネルギーとは、強度（アンタンシテ）＝内包量ではなく、強度＝内包量がひとつの延長的（エクスタンシフ）な〈物の状態〉のなかで広げられたり消去されたりするその様態なのである）。概念は出来事（エヴェヌマン）のことであって、本質あるいは物ではない。それは、ひとつの純粋な《出来事》、ひとつの此性[*13]、ひとつの存在態（アンテイテ）である。たとえば、《他者》という出来事、あるいは（今度は顔が概念として受け取られるときには）顔という出来事。あるいはまた、出来事としての鳥。概念は、絶対的俯瞰の状態にあるひとつの点によって、無限な速度で走り抜けられる、有限個の異質な合成諸要素の相互不可分性として定義される。概念は、「絶対的表面あるいは絶対的容積」であって、区別のあるもろもろの変化（ヴァリアシオン）＝変奏の相互不可分性よりほかに何も有していない形（フォルム）である。(2)「俯瞰（ふかん）」とは、概念の状態、あるいは概念に固有の無限性である。たとえ無限なものたちが、合成要素の、閾の、そして橋の番号からすれば、より大きかったり小さかったりするにしてもである。概念はまさに、そうした意味で、思考の現働態＝行為（アクト）である。それは、無限な（しかしそれにもかかわらずより大きかったりより小さかったりする）速度で働く思考なのである。

したがって、概念は、絶対的であると同時に相対的である。相対的というのは、それ自身の合成要素に対して、他の諸概念に対して、当の概念がそこで限定されるその場としての平面に対して、また概念がそれらの解であるとみなされるその諸問題に対して相対的ということだ。しかし絶対的というのは、当の概念が遂行する〔その合成諸要素の〕凝縮によって、当の概念が平面のうえで占める場所によって、また、当の概念が問題に付与する諸条件によって絶対的ということである。〔断片的全体としての〕概念は、全体的なものとしては絶対的であり、断片的なものであるかぎりは相対的である。概念は、その俯瞰もしくはその速度からすれば無限であるが、合成諸要素の輪郭を描くその運動からすれば有限である。哲学者たるものは、絶えずおのれの諸概念を手直しし、それらを変化させてしまうことさえする。肥大するひとつの末梢（まっしょう）的な点だけでときには十分な場合もあり、それが、新たな凝縮を生産し、いくつかの合成要素を付け加えたり引き去ったりする。かの哲学者はときおり、彼をほとんど病人にしてしまうひとつの健忘症を示す。つまりニーチェは、「それとしてはっきり認めないままに、自分がもっていた諸観念を修正して、それらから新たな観念をつくろうとしていたが、病状が悪化するときなどは、以前彼が到達していた結論を忘れていたのである」、とヤスパースは語っている。他方、ライプニッツは、「私はてっきり港に入っているものだと思っていたが、しかし……海の真ん中に押し戻されていた」と語っている。[3] それでもなお依然として絶対的なままであるのは、創造された概念が、自分自身において自分を定立したり、他のいくつかの概念とともに自分を定立したりするその仕方である。概念の相対性と絶対性は、言わば、概念の教育法と存在論、概念の創造と自己定立であり、さらには概念の理念性（イデアリテ）と実在性（レアリテ）である。現働的（アクチュエル）であることなしに実在的であり、抽象的であることなしに理念的である……。概念は、その共立性（コンシスタンス）、すなわち内部－共立性と外部－共立性によって定義されるものであるが、ただしこの概念は指示〔準拠〕はもたず、むしろ自己指示的〔自己準拠的〕なものである。概念は、創造されると同時に、自分自身を定立し、かつ自分の対象を定立するのである。構成主義〔としての哲学〕は、相対的なものと絶対的なものを結びつけるのだ。

最後に、概念は言説＝論証的(ディスキュルシフ)ではないし、哲学は、諸命題を連鎖させるものではないがゆえに、ひとつの言説＝論証形成ではない。概念と命題を混同するからこそ、ひとは科学的概念なるものの存在を信じるようになるのであり、命題を正真正銘の〈カルナップの意味での〉「内包(アンタンシオン)」（文が表現することがら）とみなすようになるのである。そうなれば、哲学的概念は、たいていの場合、意味の欠けた命題のようにしか見えない。そうした混同は論理学を支配しており、論理学が抱く幼稚な哲学観の説明になる。ひとが、或る「哲学的」文法によって概念を考量するとき、この文法たるや、概念が現れている文から抽出された命題を、概念の代わりに用いるといった体(てい)のものである。ひとは、わたしたちを、諸命題間の選言〔二者択一〕のなかに絶えず閉じ込めようとしているが、そのときひとは、概念が〔排中律によって〕排除された第三項のなかにすでに移っているのを理解しないのである。概念は断じてひとつの強度的内包ではない。概念は命題的ではないのだ。そして命題はけっしてひとつの強度的内包(アンタンシオン)ではない。命題はその指示(レフェランス)によって定義されるのだが、指示は《出来事》にはかかわらず、〈物の状態〉あるいは〈体(コール)の状態〉との関係にかかわるのであり、さらにはその関係の諸条件にかかわるのである。こうした諸条件は、ひとつの強度的内包(アンタンシオン)を構成するどころか、反対にまったく外延的である。というのも、その諸条件は、次のような横座標化(アブシス)*14あるいは線形化という継起的な操作をもたらすからである。すなわち、強度的＝内包的縦座標（オルドネ）〔概念の合成要素〕を、時空座標（コオルドネ）やエネルギー座標（コオルドネ）のなかに含ませてしまう操作、さらには、先に述べたようにして限定されたもろもろの集合〔概念〕どうしを対応させてしまう操作をである。そのような継起とそのような対応こそが、いくつかの外延的体系の言説＝論証的性格を明確に示しているのだ。だから、命題における変項たちの独立性は、概念における諸変化＝変奏の相互不可分性と対照をなしているのである。共立性（コンシスタンス）のみを、あるいは〔時空〕座標（コオルドネ）の外にある強度的＝内包的縦座標（オルドネ）のみをもつ諸概念は、いくつかの非〈言説＝論証〉的な共振関係のなかに自由に入り込む。なぜなら、一方では、ひとつの概念の合成諸要素が、つねに異質な別の合成諸要素をもった概念へと生成するからであり、他方では、諸概念のあいだには、いかなる水準においても、まったく階級差が存在しないからである。諸概念はそれぞれ、それ自身において、かつ互いに、振動の中心である。だからこそ、一切の概念は、整然と並ぶかわりに、あるいは対応するかわりに、共振するのである。諸概念が互いに整然と並ぶ根拠はまったくない。断片的全体としての諸概念は、それらの不規則な輪郭が対応しないのだから、ジグソーパズルのピースでさえない。諸概念はなるほどひとつの壁を形成しているのだが、それはつなぎのセメントなどを用いない石積みの壁であり、いくつもの分岐する道筋をたどってようやく、全体がひとまとまりのものとして捉えられるものである。ひとつの概念からもうひとつの概念へ架けられた橋でさえ、やはり交差点であり、あるいはいかなる言説＝論証的総体をも画定することのない迂回である。それは可動橋なのである。以上のような観点からすれば、哲学は絶えることなき逸脱あるいは脱線の状態にあると考えても、けっして誤りではないのだ。

だからこそ、哲学における断片的概念の言表行為は、科学における部分的命題の言表行為と大きく異なるのである。第一の局面では、あらゆる言表行為は定立にかかわっている。ただし、言表行為は、命題に対しては外的なままである。なぜなら、命題にとって、おのれの対象は、指示対象（レフェラン）としての〈物の状態〉〔事態〕だからであり、おのれの条件は、真理値を構成する指示性だからである（たとえこの条件が、それ自身では、対象の内部にあるとしてもである）。反対に、定立に関する言表行為は、概念に厳密に内在するものである。なぜなら、〔点としての〕概念が通り抜けてはまた引き返すおのれの合成諸要素の相互不可分性、しかも概念の共立性を構成する相互不可分性、これよりほかに、概念はいかなる対象ももっていないからである。他の局面では、すなわち創造あるいは署名にかかわる言表行為を問題にするなら、たしかに、科学的諸命題とその相関項は、哲学的諸概念におとらず、署名が入ったもの、あるいは創造されたものである。たとえば、プラトンのイデアとかデカルトのコギトなどと言われるように、ピタゴラスの定理、デカルト座標、ハミルトン数、ラグランジュ関数といった言い方がされる。しかし、言表行為がそのようにして結びついている固有名は、どれほど歴史的であろうと、また歴史的であることが証明されていようと、他のいくつかの生成にとっての仮面である。そうした固有名は、より密やかないくつかの特異な存在態（アンテイテ）につけられる偽名としてのみ役立つ。命題について言うなら、しかじかの座標軸との関連において科学的に定義可能な、外在的な部分観測者が問題になるのだが、概念について言えば、しかじかの共立性平面に取りつく、内在的な概念的人物が問題になる。哲学と科学と芸術のそれぞれにおいて用途がたいへん異なるものは、固有名だけではないだろう。統辞法の諸要素も、とりわけ前置詞や、「ところで」とか「ゆえに」などの接続詞も、用法は異なってくる。哲学は文をもって作業にあたるのだが、必ずしも命題が、文一般から抽出されるわけではない。わたしたちが所有しているのは、まだ、とても広範囲にわたるひとつの仮定でしかない。すなわち、いくつかの文あるいはその等価物から、哲学が引き出すのは、（一般観念や抽象観念と混同してはならない）概念 *concepts* であり、科学が引き出すのは、（判断と混同してはならない命題としての）見通し *prospects* であり、そして芸術が引き出すのは、（やはり知覚（ペルセプシオン）および情緒（サンチマン）と混同してはならない）被知覚態 *percepts* と変様態 *affects* である、という仮定である。言語活動は、それぞれのケースで相違する試練と用法に服するのだが、その試練と用法は、（哲学、科学、芸術という）諸学問分野の差異を明示するときには必ず、それら学問分野の絶えざる交差を成立させるのである。

例1

まずはじめに、署名の入った哲学的概念でもっとも有名なもののなかからひとつ例を挙げて、これまでおこなってきた分析を確認しなければならない。そこで、デカルト的コギト〔私は思考する〕、あるいはデカルトの《私》、すなわちひとつの自我概念を取りあげてみよう。この概念は、〈疑う〉、〈思考する〉、〈存在する〉という、三つの合成要素をもっている（けれども、そこから、あらゆる概念は三重であると結論しないようにしよう）。その概念が多様体であるかぎりにおいて、それのトータルな言表は、〈私は思考する、「ゆえに」、私は存在する〉であり、より完全には、〈疑う自我たる、私は思考する、私は存在する、私は思考するものである〉である。これは、デカルトが理解していたように、つねに更新されてゆく〈思考の出来事〉である。この〔私Jeという〕概念は《J〔私〕》という点において凝縮し、この《J》はすべての合成要素を通過し、しかもその《J》において、〈J′〔私′〕－疑う〉、〈J″〔私″〕－思考する〉、〈J‴〔私‴〕－存在する〉が合致するのである。強度的＝内包的縦座標としての合成諸要素は、もろもろの近傍ゾーンあるいは不可識別ゾーンのなかで配列される。そしてこれらのゾーンが、合成要素たちの一方から他方への通過を可能にし、それら合成要素の相互不可分性を成立させるのである。第一のゾーンは、〈疑う〔D〕〉と〈思考する〔P〕〉のあいだにある〈疑う自我たる、私は、私が思考するということを

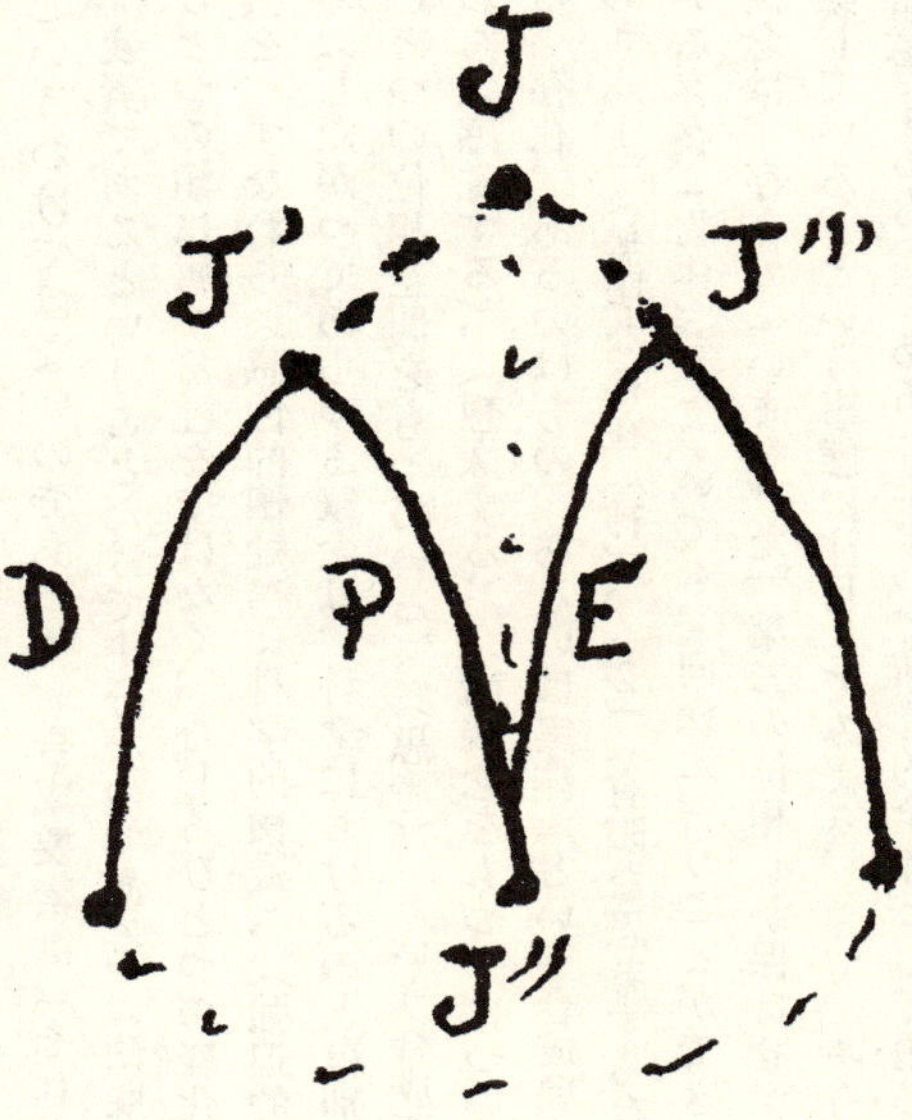
J
J'
J''
D
P
E
J'''

疑うことができない）。そして第二のゾーンは、〈思考する〉と〈存在する〔E〕〉のあいだにある（思考するためには存在しなければならない〔『方法序説』第四部〕）。それらの合成要素は、ここでは、動詞として提示されているのだが、それは別にルールだというわけではないのであって、合成要素は〔それもまた概念なのだから〕変化＝変奏（ヴァリアシオン）であるということだけで十分なのである。〈懐疑〉[*15]という合成要素は、事実、ひとつの類に属する種をではなく、むしろひとつの変化＝変奏（ヴァリアシオン）の位相である複数の契機を、すなわち〈感性的懐疑〉、〈科学的懐疑〉、〈強迫的懐疑〉という契機を含んでいる（したがってあらゆる概念は、科学におけるのとは別の仕方によってではあるが、ひとつの位相空間をもっている）。〈思考〉〔という合成要素〕の諸様態〔位相〕、すなわち〈感覚する〉、〈想像する〉、〈諸観念をもつ〉についても、同様に言うことができる。存在、あるいはもの（レース）、あるいは実体〔という合成要素〕の諸タイプ〔位相〕、すなわち〔1〕〈無限な存在〔神〕〉、〔2〕〈有限な思考する存在〔精神〕〉、〔3〕〈延長している存在〔物体〕〉についても、同様に言うことができる。存在のケースでは、自我概念は、存在の〔いま挙げた〕第二の位相しか保持せず、変化＝変奏（ヴァリアシオン）の他の位相は放棄している、という事態に注目してみよう。さて、そうした事態は、自我概念が「私は思考するものである」によって断片的全体として閉じられるということの徴（しるし）にほかならないのである。存在の他の諸位相に移り行くためには、わたしたちを他のいくつかの概念に連れてゆく〈橋‐交差点〉を通らざるをえない。かくして、「私がもっている諸観念のなかには、無限なるものの観念がある」というのが、自我概念から神概念へ通じている橋である。そしてこの新しい概念は、それ自身三つの合成要素をもっており、これらの合成要素は、無限な出来事としての神の〔三つの〕存在「証明」を形成している。第三証明（存在論的証明）は、神概念が閉じられていることを保証しているのだが、そればかりでなく、その第三証明は、わたしたちがもっている別の明晰判明な諸観念の客観的な真理値を保証するかぎりにおいて、今度は延長〔物体の本性〕の概念へ向かってひとつの橋あるいは分岐した道筋を投げかけているのである。

〔デカルト的〕コギトに先駆するものはあるのか、と問われることがあるが、それは、以前のあれこれの哲学者の署名が入った概念はいくつかあるのか、という問を意味していることになる――ただし、この諸概念は、〔コギト概念と〕類似したあるいはほぼ同じの、いくつかの合成要素をもっているのだが、その諸概念においてはそれらの合成要素のひとつが欠けているか、あるいは他のいくつかの合成要素が付加されており、その結果、合成諸要素がまだ、ひとつの自我のなかで合致しないので、ひとつのコギトが結晶するに至らないのである。準備はすべて整っていたように見えるのだが、しかし何かが欠けていたのだ。〔デカルト〕以前の概念は、おそらく、コギト問題とは別の問題を指し示していたのだろう〔デカルトのコギトが現れるためには、問題の変異が必要なのだ〕。あるいはまた、以前の概念は、〔デカルトのケースとは〕別の

〈内在〉平面のうえで繰り広げられていたのである。どの概念も他のいくつかの概念を指し示しているようなあらゆる表立った客観的前提（たとえば、理性的動物としての人間）を忌避すること、ここにデカルト的平面の本領がある。この平面が援用するのは、或る哲学以前的な理解、つまり暗黙の主観的な前提である。すなわち、〈思考する〉、〈存在する〉、〈私〉が何を意味するかは、すべてのひとが知っている、といういるのだから、それを知っている）。これは、たいへん斬新な区別である。そのような平面は、客観的なものは何も前提するはずのないひとつの第一の概念を必要とする。その結果、問題はこうなる——この平面のうえでは、第一の概念はどのようなものか、あるいは、真理を絶対的に純粋な主観的確実性として規定しうる者は、どのような概念から始めるべきか。以上のような第一の概念が、コギトなのである。それ以外の諸概念は、客観性を獲得することができるだろう。ただし、その諸概念がいくつかの橋によって第一の概念に結びつけられること、同じ諸条件下のいくつかの問題に答えること、そして同じ平面のうえにとどまること、これが必要条件になる。それは、ひとつの確実な認識が獲得する客観性であって、あらかじめ存在するものとして、あるいは〈すでにそこに〉あるものとして再認されるひとつの真理を前提するような客観性ではないだろう。

デカルトが正しいのか誤っているのかを問題にしても、無駄である。主観的かつ暗黙の前提は、客観的で表立った前提よりも優れた価値があるのだろうか。「開始する」ということは必要なのだろうか。もしそうなら、主観的確実性という観点からして、開始することが必要になるのだろうか。思考は、思考であるかぎりにおいて、ひとつの《私》の動詞であることができるのだろうか。〔そのように問うても〕直接の答はない。デカルトの諸概念は、それらが答えている諸問題との連関を離れては、そしてその諸概念がそのうえで生起する当の平面との連関を離れては評価することができないのだ。一般的に言うなら、先行する諸概念が、ひとつの概念を準備することができるからといって、それを構成するには至らなかったのであれば、それは、その先行的諸概念の問題が、まだ〔デカルトの場合とは〕別のいくつかの問題のなかに取り込まれていたからであり、その平面がまだ必要不可欠な湾曲あるいはもろもろの運動をもっていなかったからである。そして、いくつかの概念が他のいくつかの概念に取って代わられるとすれば、それは、いくつかの新たな問題と他のひとつの平面を条件にして可能になることであり、その新しい諸問題と他の平面とに応じて、（たとえば）「私」はあらゆる意味を失い、開始はあらゆる必然性を失い、諸前提はあらゆる差異〔たとえば主観的か客観的かの違い〕を失うのであって——あるいは反対に、それらは、他の意味、他の必然性、他の差異を受け取るのだ。ひとつの概念がもっている真理は、つねに、その概念の創造の諸条件如何（いかん）によってその概念に帰属するような真理なのである。他のすべての平面よりいっそう善いひとつの平面は存在するだろうか、また他の諸問題に対して優位に立つようないくつかの問題は存在するだろうか。その点については、それこそ何も言うことができない。平面、それはつくるべきものである。問題、それは立てるべきものである。そうしたことは、概念が創造するべきものであるのと同じことだ。哲学者は最善を尽くそうとしているが、しかし、どの平面がもっとも善いものであるかを知るためには、あるいはそうした問に関心をもつためには、〔それ以前に〕彼にはつくるべきものが多すぎる。もちろん、新しい諸概念は、わたしたちのものである数々の問題と、わたしたちの歴史と、そしてことに、わたしたちのもろもろの生成と関係していなければならない。しかしそれにしても、わたしたちの時代のいくつかの概念、あるいは或る一定の時代のいくつかの概念とは、いったい何を意味しているのだろうか。諸概念は永遠のものではない、が、だからといって諸概念は一時的なものであるということになるのだろうか。この時代の諸概念の哲学的な形式はどうなっているのだろうか。ひとつの概念が以前の概念より「いっそう善い」とするなら、それは、そのいっそう善い概念がいくつかの新しい変化（ヴァリアシオン）＝変奏と未知の共振を理解させてくれるからであり、いくつかの奇異な裁断を遂行するからであり、わたしたちを俯瞰（ふかん）する〔つまり、わたしたちに共‐現前する〕《出来事》をもたらすからである。しかし、そうしたことは、以前の概念がすでにおこなっていたことではないか。だとすれば、今日、ひとがプラトン主義者、デカルト主義者、カント主義者であり続けることができるのは、彼らの諸概念が、わたしたちの諸問題のなかで再活性化されうると、また、彼らの諸概念が、この創造しなければならぬ諸概念に生気を与えると、当然ひとはそう考えてよいからである。では、それら大哲学者たちに追随する最良の仕方はどのようなものだろうか。それは、彼らが言ったことを反復するということだろうか、それとも反対に、彼らがおこなったことをおこなうということ、すなわち、必然的に変化するいくつかの問題に即していくつかの概念を創造するということだろうか。

哲学者が、議論するのをまったくと言ってよいほど好まないのは、以上のような事情があるからだ。哲学者はみな、「ちょっと議論しよう」という文句を聞いただけで逃げだしてしまう。議論は、円卓会議にふさわしい。だが、哲学者が数字の入ったいくつかのさいころを投げるのは、別の卓においてである。最小限言えることは、対話者たちはそれぞれけっして同じことがらを語らないので、議論は仕事を進めないだろうということだ。誰かがしかじかの意見をもち、あれよりもこれを考えているとしても、焦眉(しょうび)の問題が言われていなければ、そんなことが哲学に何をしてやれるというのか。しかし、当の問題がついに言われるとき、肝心なことはもはや議論することではなく、かえって、ひとが自分に割り当てる問題のために議論の余地なきいくつかの概念を創造することである。創造行為に対しては、コミュニケーションが到来するのは、いつだって早すぎるか遅すぎるかのどちらかであり、対話は、つねに余計なものである。ときにひとは、哲学について、「コミュニケーション的合理性」あるいは「普遍的な民主的対話」としてのひとつの絶えざる議論という観念を抱く。だが、これほど不正確なものはない。だから、ひとりの哲学者が他の哲学者に対しておこなう批判は、他の哲学者のものではなかった諸問題の方から、そして他の哲学者のものではなかった平面の上で遂行されるのであって、さながら新しい武器をつくるために大砲を溶かすことができるように、この諸問題と平面は、古い諸概念が溶けるように仕向けるのである。ひとは、けっして〔他の哲学者とは〕同じ平面のうえにはいないということだ。批判するというのは、次のような事態を確認することにすぎない――すなわち、ひとつの概念がひとつの新たな中間＝環境（ミリウ）〔平面〕のなかに浸っているときにこそ、その概念は、消え去ったり、おのれの合成要素のいくつかを失ったり、あるいは反対に、おのれを変化させる合成要素を獲得したりするという事態である。ところが、批判ばかりして創造しない者、概念が消え去らないように守りを固めるだけでそれに復活の諸力を与えることのできない者、これは哲学にとって厄介者である。あの議論屋たち、あのコミュニケーターたちのすべては、ルサンチマン〔恨み（うら）み〕によって駆り立てられている。彼らは、いくつかの空疎な一般論を戦わせておきながら、語ることといったらそれは自分のことばかりである。哲学は議論を嫌悪している。哲学にはつねに他のなすべきことがある。討論は、哲学にとって耐え難いものであって、そうであるのは、哲学が自分を過信しているからではなく、反対に、自分に確信がないため、より孤独な他のいくつかの道を進まざるをえないからである。けれども、ソクラテスは、哲学を、友どうしの自由な議論に仕立てあげていたのではないだろうか。それは、自由人の対話として、ギリシア的社会性の極致をなすものではないだろうか。しかし実際は、ソクラテスは、問と答の競技（アゴーン）という短い形式においてであれ、複数の演説の対抗という長い形式においてであれ、あらゆる議論を不可能たらしめて飽くことがなかったのである。ソクラテスは、友なるものを〈概念だけの友〉に仕立てあげ、そして概念を、次々に対抗者たちを打ち破っていく容赦なきモノローグに仕立てあげたのである。

例2

プラトンがいかに概念の巨匠であるかは、『パルメニデス』が示している通りである。《一》は、二つの合成要素（存在（ある）と非存在（あらぬ））と、それら合成要素の複数の位相〈存在より優れた《一》、存在に等しい《一》、存在より劣った《一》、また、非存在より優れた《一》、非存在に等しい《一》〉と、不可識別ゾーン（〈それ自身と関連して〉、〈他なるものたちと関連して〉）をもっている。それは、モデルとなる概念である。

しかし、《一》〔という概念〕は、あらゆる概念に先行しているのではないか。まさしくここで、プラトンは、自分がおこなっていることの逆を教えているのである。すなわち、プラトンは諸概念を創造するのだが、しかしそれら諸概念を、それらに先行する非創造的なもの〔創造されずに存在するもの〕の代理として定立する、ということを必要としているのである。彼は、〔イデアの〕概念のなかに時間を置くのだが、ただしこの時間は、《先》なることでなければならない。彼は、〔イデアの〕概念を構築するのだが、ただしそれを、ありうべき構築者からの遠さと近さを測りうるひとつの時間的差異という形式で、或る対象性〔イデア〕の先行的存在を証示するものとして構築するのである。というのも、プラトン的平面のうえでは、真理は、前提されたものとして、つまり〈すでにそこに〉あるものとして、定立されているからである。そうしたものが、《イデア》なのである。プラトンの《イデア》の概念において、第一のということは、ひとつのきわめて正確な意味をもち、この意味は、デカルトにおいてもつであろう意味とはたいへん異なるのである。イデアは、ひとつの純粋な質を客観的に所有するもの、あるいは、それが何であるかという場合のその何にほかならないものである。ひとり《正義》〔というイデア〕だけが正しく、《勇気》だけが勇ましいのであって、イデアとはそうしたものなのである。母以外のものではない（つまり若いころ娘であった人物ではないであろう）ひとつの母が存在するならば、母というイデアが存在するのであり、毛以外のものではない（やはりケイ素であったのではないであろう）毛が存在するのであれば、毛というイデアが存在するのである。ところが、諸物〔個物〕は、それが何であるかという場合のその何〔質〕とはつねに他なるものであると理解されている。したがって、諸物は、せいぜいのところ、二番目でしかない〔質の〕所有者であり、質を当然の権利として要求することしかできないものであり、それも、諸物が《イデア》を分有しているかぎりでのことなのである。こうしてみると、《イデア》の概念は次のような合成諸要素をもっていることになる。〔1〕所有された、あるいは所有されるべき質。〔2〕質を、第一に、分有というかたちではなく所有する《イデア》。〔3〕質を当然の権利として要求し、それを、二番目、三番目、四番目……にしか所有できないもの。〔4〕いくつかの権利要求を判定する、分有された《イデア》。《父》〔分有されざるイデアそのもの〕、分身としての父〔分有されたイデア〕、娘〔質〕、そして求婚者たち〔権利要求者たち〕、と言ってもよさそうである。それらは、《イデア》の強度的＝内包的縦座標（オルドネ）〔合成要素〕なのである。つねに先なる、必然的に先なるひとつの時間の俯瞰（ふかん）〔共‐現前〕のなかで、《イデア》に対してひとが「もっていた」大きかったり小さかったりする近さによってでしか、つまり近傍によってでしか、権利要求は根拠づけられないのである。そのような〈先〉という形式をとった時間は概念に属するのであり、そうした時間は、言わば概念に属するゾーンである。〔デカルト的〕コギトが出現することができるのは、そうしたギリシア的平面、そうしたプラトン的土地のうえではない、ということは確かだ。《イデア》の先行的存在が〔たとえ神の知性のなかにある原型というキリスト教的な様式をとってでも〕維持されるであろうかぎりは、コギトは準備されうるだろうが、けっして成就されることはない。デカルトがコギトという概念を創造するためには、

「第一の」ということは特異なかたちで意味を変えて、ひとつの主観的な意味を得ることが必要になるだろうし、あらゆる時間的差異は、観念と、それを形成する心すなわち主観とのあいだで消去されることが必要になるだろう（だからこそ、〔プラトンにおけるイデアの〕想起に反対するデカルトの言及が重要になるのであって、事実デカルトは、生得観念（イデ）は、心より「先に」ではなく、心と「同時に」存在すると述べている）。概念の瞬間性に到達する必要があるだろうし、神は諸真理さえ創造するということが必要になるだろう。権利要求はその本性を変えることが必要になるだろう。すなわち、権利要求者〔求婚者〕は、もはやひとりの父から娘を手渡してもらうのではなく、自分自身の騎士風の勲功によってのみ……、自分自身の方法によってのみ、娘を得ようとするのである。マルブランシュは、真にデカルト的な平面のうえで、プラトン的合成要素のいくつかを再び活性化することができるのだろうか、またそのためにはいかなる代価を支払っているのだろうかという問題は、以上のような観点から分析するべきであろう。だが、わたしたちが指摘したいと思ったのはただ、ひとつの概念はつねにいくつかの合成要素をもつということ、それら合成要素は他のひとつの概念の出現を妨げることができるということ、あるいは反対に、それら合成要素は他の諸概念の消失と引き換えにしてようやくおのれの出現を可能にするということだけである。けれども、ひとつの概念は、自分が妨げるものによって有効になるのではけっしてない。それは、自分の比類なき定立と、自分の固有な創造によってのみ有効になるのである。

ひとつの概念にひとつの合成要素が付け加えられる事態を想定してみよう。きっと、その概念は破裂するだろう。あるいは、その概念は、或る完全な変異——おそらく他のひとつの平面を折り込んでいる〔含意している〕か、あるいはいずれにせよ他のいくつかの問題を折り込んでいる変異——を示すだろう。それが、カントにおけるコギトのケースである。なるほどカントは、「超越論的〔先験的〕」なひとつの平面を構築し、それによって、〔デカルトの〕懐疑を無用のものとし、そして諸前提の本性を変えている。しかし、この平面のおかげでこそ、彼は次のように宣言できるのである——「私は思考する」ということがひとつの規定であり、それがそれとしてひとつの未規定な存在（「私は存在する」）を折り込んでいるのではあるが、そうしたことだけでは、この未規定なものが、どのようにして規定可能なものになるのかはわからないし、したがってまた、どのような形式のもとで規定されたものとして現れるのかもわからない。だからカントは、「私はひとつの思考する実体である」と言ったデカルトを「批判」するのである。なぜなら、《私》についてのそのような権利要求〔実体であること〕を基礎づけるものは何もないからである。カントは、コギトのなかへ、ひとつの新しい合成要素を、すなわちデカルトがかつて追い払った合成要素を、つまりまさに時間を導入することを求めている。なぜなら、私の未規定な存在が規定可能になるのは、ひたすら時間においてであるからだ。しかし、私が時間においてどのようなものとして規定されるかと言うなら、それはもっぱら、受動的かつ現象的で、つねに触発可能で、変容可能で、変化可能な自我としてである。見よ、いまやコギトは、四つの合成要素を示している。〔1〕私は思考し、そのかぎりにおいて能動的である。〔2〕私はひとつの存在を有している。〔3〕この存在は、受動的自我の存在として時間においてのみ規定可能である。〔4〕ゆえに私は、ひとつの受動的自我として規定されるのだが、この受動的自我は、私自身の〈思考する能動性〉を、その自我を触発するひとつの《他なるもの（オートル）》として表象するのである。それは、一個の他なる（オートル）主観ではなく、むしろ、ひとつの他なるものへと生成する主観なのである……。では、それは自我が他者（オートリュイ）へ転換する方途であろうか。「私なるものはひとりの他者（オートル）である」〔ランボー〕を準備するものであろうか。それはひとつの新たな統辞法なのであって、これは、図式によって、さらに自己による自己触発によって確固たるものにされた、他のいくつかの縦座標（オルドネ）〔合成要素〕と、他のいくつかの不可識別ゾーンをともなっており、それらのものが、《私》と《自我》を分離不可能にしているのである。

カントがデカルトを「批判する」ということ、これが意味しているのはただ、カントが、デカルト的コギトによっては占拠されえないひとつの平面を打ち立て、デカルト的コギトによっては実現されえないひとつの問題を構築したということだけである。

デカルトは、すでに概念としてのコギトを創造していた。ただし、彼がそうできたのは、〈先〉という形式としての時間を排除して、この形式のかわりに、〔神による〕連続創造を指し示す継起という単純な様態をもってきたからである。カントは、コギトのなかにふたたび時間を導入するのだが、それは、プラトンにおける〈先〉という時間とはまったく別の時間である。概念が創造されるということだ。カントは、時間を、ひとつの新しいコギトの一合成要素たらしめている。ただし、彼は、今度はひとつの新しい時間概念を提供しなければならなかったのだ。すなわち、時間は、三つの合成要素を、つまり継起ばかりでなく同時性と恒久性をともなった、内面性の形式へと生成するのだ。それは、さらにひとつの新しい空間概念をも折り込んでおり、これは、もはやたんなる同時性によっては定義されえず、外面性の形式へと生成するものである。それはひとつの重大な転回なのである。それぞれが交差点であるもろもろの橋によって結びつけられた三つのオリジナルな概念、すなわち〈空間〉、〈時間〉、〈私は思考する〉。新しい諸概念の疾風。哲学史は、哲学者によって創造された諸概念の歴史的な新しさばかりでなく、それらの概念が互いに相手のなかへ移り行くときの、その諸概念の生成の力（ピユイサンス）をも評価する営みを意味しているのである。

わたしたちは、いたるところで、概念に関する同じ教育法的身分規定を見いだしている。すなわち概念とは、ひとつの多様体、ひとつの絶対的表面あるいはひとつの絶対的容積であり、これらは、ひとつの近傍的順序に即した一定の個数の互いに不可分なもろもろの強度的=内包的変化=変奏（ヴァリアシオン）から合成され、そして俯瞰（ふかん）状態におけるひとつの点によって走り抜けられる、自己-指示的なものなのである。概念は、来たるべきひとつの出来事の輪郭、その要素配置（コンフィギュラシオン）、その要素布置（コンステラシオン）である。その意味での諸概念が哲学そのものに属しているのは、まったく正当なことだ。なぜなら、まさに哲学こそがそうした諸概念を創造するからであり、創造して飽くことがないからである。概念はもちろん認識であるのだが、ただしそれは、それ自身の認識であり、そして概念が認識するものは純粋な出来事なのであって、これは、概念がそこで受肉する当の〈物の状態〉とはけっして混同されないものである。哲学が、いくつかの概念を、いくつかの存在態（アンティテ）を創造するとき、ひとつの出来事をつねに諸物や諸存在者から解き放つことが、哲学の責務となる。諸物や諸存在者に関して新しい出来事を打ち立てること、諸物や諸存在者に、ひとつの新しい出来事をつねに与えること、出来事としての空間、時間、物質、思考、可能なものを……。

いくつかの概念を科学に属するものとみなしても、無駄なことだ。たとえ科学が同じ諸「対象」を扱っているのだとしても、それは、概念の視点からなされているのではないし、概念を創造しようとしてなされているのでもないからである。ひとは、それは言葉のうえの問題だと言うかもしれないが、言葉が用いられる以上、そこにはたいてい意図や策略がひそんでいるものである。ひとが、概念という言葉を科学のために取っておき、その結果、哲学がなすべき仕事を指すために他の言葉を探すことになってもかまわないと決めこんでしまうなら、それはたんなる言葉上の問題でもあろう。しかし、たいていの場合、ひとは別のやり方をする。ひとはまず、概念の能力を科学に帰し、概念を科学の創造的な手続きによって定義し、概念を科学にもとづいて評価し、こうしてひとは、哲学が今度は二流の概念を形成する可能性は残っていないかと自問するのである。二流の概念とは、漠然と体験なるものにすがりついて、おのれ自身の足りないところを補うといった底（てい）のものである。たとえば、ジル＝ガストン・グランジェは、概念を科学的な命題もしくはファンクションと定義することから始めて、そのうえで、哲学的概念がそれでもなおいくつか存在してよいと認めるのであるが、この哲学的概念たるや、対象指示の代わりとして、或る「体験の全体」の相関項をもってくるような代物である。(4) しかし実際は、哲学は、概念をまったく知らないか、あるいは、概念を正当にかつ直接に認識しているかのいずれかである。後者の場合、科学には、まったく概念を残しておかないほどであって、科学は、そもそも概念を必要とせず、もろもろの〈物の状態〉とそれらの諸条件しか扱わないのである。科学には、命題あるいはファンクションがあればそれで十分である。他方、ひとつの体験が、それ自体からして貧血症の二次的ないくつかの概念に、幽霊のような外因的な生命しか与えないとき、哲学の方としては、こんな体験を援用することが必要であるわけがない。哲学的概念は、体験に補いとして準拠することなどせず、反対に、あらゆる〈物の状態〉ばかりでなくあらゆる体験をも俯瞰（ふかん）

するひとつの出来事を打ち立てる営みを、それ自身の創造からして本領としているのである。概念はみな、それなりの仕方で、出来事のかたちを切り抜いては、また切り抜きなおすのだ。ひとつの哲学の偉大さは、その哲学の諸概念がわたしたちを出来事へと呼び出すときのその出来事の本性によって、あるいは、その哲学のおかげでわたしたちがいくつかの概念のなかから取り出すことができる出来事の本性によって評価されるのである。だから、創造的学問分野としての哲学と諸概念とのユニークでそれ以外のものが介入できない絆を、哲学のもっとも小さなディテールのなかにまで、吟味していかなければならないのだ。概念は、哲学に属するものであり、哲学にしか属さないものである。

2 内在平面

哲学的諸概念は、たがいの縁(へり)が合致しないがゆえに、それぞれたがいにぴったりと組み合わない断片的全体である。それらは、ジグソーパズルを構成するというよりも、むしろ、さいころ振りのゲームから生まれるものである。それにもかかわらず、そうした諸概念は共振しあい、それらを創造する哲学は、ひとつの開かれたままであるにせよ非断片的な力強い《全体》をつねに提示している。そうした全体は、限界(リミット)のない《一者‐全体》であり、或る総体(オムニトゥードー)である――すなわち、ただ一つの同じ平面[*1]のうえでそれら哲学的概念をすべて包含している総体(オムニトゥードー)なのである。それは、或るひとつの卓であり、或るひとつのプラトーであり、或るひとつの断面である。それは、或るひとつの共立性平面であり、あるいはさらに正確に言うなら、諸概念の内在平面であり、それはまさに揺動面(プラノメヌ)[*2]である。諸概念と平面は、厳密に相関しているが、だからといって一緒くたにされてはならないものである。内在平面は、ひとつの概念ではないし、すべての概念を包括する概念でもない。もし諸概念と内在平面を混同することにでもなれば、どう防いだところで、諸概念は結局、まとまって一個の概念をなしてしまうか、あるいはそれぞれ普遍（ユニヴェルソー）になったり、特異性＝単独性を失ったりするかのいずれかになるだろうし、そればかりでなくさらに、そうした平面はその開きをなくしてしまうだろう。哲学はひとつの構成主義（コンストリュクティヴィスム）なのであって、この構成主義には、相補的ではあるが本性上異なっている二つのアスペクトがある。すなわち〈いくつかの概念を創造すること〉および〈ひとつの平面を描くこと〉である。諸概念は、言わば上昇したり下降したりする多様（ミュルティプル）な波であり、他方、内在平面は[*3]、諸概念を巻き込んだり繰り広げたりする唯一（ユニーク）の波である。そうした平面は、その平面を走り抜けては戻ってくる無限運動を包み込んでおり、他方、諸概念は、そのつどその諸概念自身のもろもろの合成要素のみを走り抜ける有限運動の無限速度である。エピクロスからスピノザにかけて（かの驚嘆すべき〔『エティカ』〕第五部）、スピノザからミショーにかけて、思考に関する問題は無限速度にある。だが、この無限速度は、それ自身において無限に運動するひとつの中間（ミリウ）＝環境を、つまり平面、真空、地平を、必要としている。必要なのは、概念の弾性であり、さらに中間（ミリウ）＝環境の流動性でもある。(1) ほかならぬわたしたちがそれであるところの「緩慢な存在」を合成するために必要なのは、それら二つのもの〔諸概念と内在平面〕である。

諸概念は、列島あるいは骨格をなしており、また、ひとつの頭蓋というよりもむしろ一本の脊柱〔垂直に重なっているもの〕をなしている。他方、〔内在〕平面は、それら個々の部分が浸っている息である。諸概念はそれぞれ、形の歪んだ、断片的な、絶対的表面もしくは絶対的容積である。他方、平面は、一定の形のない、限界（リミット）なき絶対者であり、表面でも容積でもなく、つねにフラクタルなものである。諸概念はそれぞれ、ひとつの機械が有する様々な要素配置（コンフィギュラシオン）としての具体的なアジャンスマン[*4]である。他方、平面は、それらのアジャンスマンが部品になっている抽象機械である。諸概念はそれぞれが出来事である。だが、平面は、それら出来事の地平であり、すなわち、純粋に概念的なもろもろの出来事の貯蔵所、あるいはそれらの蔵（ぞう）[*5]である。しかし地平といってもそれは、相対的な地平、すなわち、ひとつの限界（リミット）として機能し、一個の観察者とともに変化し、そして観察しうる〈物の状態〉を包含するような地平ではなく、かえって、あるゆる観察者から独立した、絶対的地平なのである。しかも概念としての出来事は、見える〈物の状態〉のなかで実現されるにせよ、まさにその絶対的地平のおかげで、当の〈物の状態〉から独立しているのだ。[(2)] 諸概念は、平面を一片ずつ敷石のように覆ってゆき、そこを占拠しあるいはそこに生息する。他方、平面それ自身は、不可分の中間（ミリウ）＝環境であり、諸概念は、その中間（ミリウ）＝環境の無傷の完全さやその連続性を破らずに、その中間（ミリウ）＝環境のなかで配分されるのである。諸概念は、計算することなく占拠するということ（概念の数字は数値ではない）、あるいは分割することなく配置されるということだ。平面は砂漠のようなものであり、諸概念は、その砂漠を分かつことなく、そこに生息するのである。平面が有する唯一の諸領域は、まさに諸概念であり、諸概念を保持する唯一のものが、まさに平面なのである。平面は、その平面で生息し居場所を変える諸部族よりほかの諸領域を有していないのだ。つねに増大してゆく複数の連結によって、諸概念の繋がりあいを確固たるものにするのは、まさに平面であり、つねに更新され、つねに変化しうる湾曲に沿って平面上の生息を確実に遂行するのは、まさに諸概念である。

内在平面は、思考されたもしくは思考可能な概念ではなく、むしろ、思考のイメージ[*6]である。それは、思考すること、思考を用いること、思考のなかでみずからを方向づけることを等々を意味するもののイメージ、しかも思考がみずからに与えるイメージなのである。このイメージは、ひとつの方法ではない。なぜなら、あらゆる方法は、偶発的に概念にかかわることができるだけであり、しかもそうしたイメージを前提しているからである。それはまた、脳とその働きにもとづくひとつの認識状態でもない。なぜなら、思考は、その用途や方向づけがどうであろうと、科学的に規定可能な〈物の状態〉としての緩慢な脳のなかで実現されるほかはないのだが、ここでは、思考は、そうした脳に関係づけられてはいないからである。そうしたイメージはまた、思考について、その諸形態について、その諸目的について、そしてその諸手段について、あれこれの機会にひとが抱くオピニオンでもない。思考のイメージのなかに折り込まれているのは、事実と権利との或る厳格な割り振りである。すなわち、思考であるかぎりでの思考に帰属する〔権利上の〕ものは、脳や歴史的なオピニオンを指し示す〔事実上の〕偶発的な事態から切り離されているのでなければならないということである。「権利問題」[*7]。たとえば、記憶を失うことや、発狂していることは、思考であるかぎりでの思考に〔権利上〕属しうるのだろうか、あるいは反対に、たんなる事実とみなすべき脳の偶発的な事態であるのだろうか。また、観照すること、反省すること、コミュニケートすることは、思考に関して人々がしかじかの時期にしかじかの文明において抱くオピニオンとは、別のことがらであるのだろうか。思考のイメージは、思考が権利上要求しうるものしか保持していないのである。思考は、「ただひたすら」、無限に担われる[*8]運動しか要求しないのだ。思考が権利上要求するもの、思考が選択するもの、それは、無限運動、もしくは無限なものの運動である。まさにそれこそが、思考のイメージを構成しているのである。

運動体の継起的なもろもろの位置と、それらの位置変化の基準となる固定座標とを定義するような時空座標があるとしても、そのようなものに、無限なものの運動はかかわっていない。「思考のなかでみずからを方向づける」という事態は、もちろん客観的な基準点を折り込んでいないし、おのれを主体〔主観〕として感受するような運動体、しかもそのようなものとして無限なものを欲し、あるいはそれを必要とするような運動体、これも折り込んではいないのである。運動そのものが一切を押さえてしまったので、概念でしかありえないような主体〔主観〕や対象〔客観〕のために残されている余地はまったくないのだ。運動としてあるのはまさに、地平そのものである。言い換えるなら、〔主体に対して〕相対的な地平は、主体が前進するにつれて遠ざかるものであるが、しかし、わたしたちは、〔それ自身運動する〕絶対的地平に、つねにすでに、存在してしまっているのだ、つまり内在平面のうえにである。無限運動の定義は、〈行くと帰る〉である。なぜなら、〔極を指す〕磁針がまた磁極でもあるように、そうした運動は、目的地へ向かって進めばすでに自己に戻っているからである。「……へ向かう」ということが、真理へ向かう思考の運動であるとするなら、どうして真理がまた思考へと向かわないことがあろうか。そしてまた、思考が真理から遠ざかるときには、どうして真理そのものも思考から遠ざからないことがあろうか。とはいうものの、それはひとつの融合ではないのであって、むしろそれは、或る可換性、或る瞬間的な永久の直接的交換であり、或る稲妻である。無限運動は二重であり、そこにあるのはただ、一方から他方への折り返し（プリ）〔襞〕でしかない。〔たとえばパルメニデスにおいて〕思考と存在はただひとつの同じものであると言われるのは、まさにこの意味においてである。あるいはむしろ、そうした運動は、〈存在の質料〉でもあるというのでなければ〈思考のイメージ〉であることがないと言ってもよい。ターレスの思考が跳ね上がるとき、その思考はまさに水として戻ってくる。ヘラクレイトスの思考が戦い（ポレモス）を抱懐するとき、その思考に戻ってくるのは火である。それ〔運動〕は、思考の側でも存在の側でも同じ速度なのである。「原子は思考と同じ速さで動くのだ[3]」。内在平面は、《思考》と《自然》、あるいは《ヌース〔精神〕》と《ピュシス〔自然〕》という、二つの面をもっている。だからこそ、一方が回帰すると瞬間的に他方が投げ返されるかぎりにおいて、たがいに一方が他方に取り込まれ、一方が他方のなかに折り畳まれるような多くの無限運動がつねに存在するのであり、その結果、内在平面〔思考のイメージ〕が絶えず織り上げられてゆくのである。巨大な杼(ひ)だ。〈……へ向かう〉という運動は、たんに〈遠ざかる〉という運動を折り込んでいるばかりでなく、〈立ち向かう〉、〈反転する〉、〈振り返る〉、〈迷う〉、〈わきに寄る〉という運動をも折り込んでいる。(4) ネガティヴな事態でさえも、いくつかの無限運動を生産する。たとえば、虚偽を避けもすれば誤謬に陥りもするという運動、情念に支配されるがままになりもすれば情念に打ち勝ちもするという運動である。無限なものの様々な運動は、たがいにひどく混ざりあっているので、内在平面たる〈一者－全体〉を破壊するどころか、反対にそうした〈一者－全体〉の可変的湾曲、その凹状、その凸状を、言うならばそのフラクタルな本性を構成するのである。そうした揺動面(ブラノメヌ)〔内在平面〕を、ひとつの無限なものに仕立てあげているのは、すなわち、概念として指定しうるあらゆる表面や容積とはつねに他なる無限なものに仕立てあげているのは、まさにそのフラクタルな本性である。それぞれの運動は、平面全体を走り抜けるや、直ちにそれ自身に回帰し、それぞれおのれを折り畳み、またそればかりでなく、他のいくつかの運動を折り畳み、またそれらに折り畳まれるがままになるのであって、さらには、無限に折り畳まれ直されるそうした無限性のフラクタル化〔平面の可変的な湾曲〕のなかで、いくつものフィードバックを、いくつもの連結(コネクシオン)を、いくつもの増殖を産みだすのである。しかし、内在平面はつねに唯一のものであり、それ自身純粋な変化(ヴァリアシオン)＝変奏であるということが真実であってみれば、それだけにますます、わたしたちは以下の点を折り開く〔説明する〕必要にせまられる——すなわち、選択され保持されるもろもろの無限運動にまさに対応して、歴史のなかで相ついで生じたり対抗したりする、たがいに区別される様々な内在平面が、なぜ存在するのか、という点をである。平面は、なるほど、古代ギリシア人たちのあいだでも、十七世紀においても、今日においても同じものではない（それに、それらの時代区分もまた、漠然としているし大雑把である）。つまり、平面は、〔時代によって〕同じ〈思考のイメージ〉でも、同じ〈存在の質料〉でもないということだ。したがって、平面は或る無限な〔果てしない〕種別化の対象なのであって、そうであればこそ、平面は、〔無限〕運動の選択によって種別化されたそれぞれのケースのなかでしか、〈一者－全体〉であるように見えないのである。内在平面の究極的な本性に関する以上のような難しさは、少しずつ徐々に解決するほかはない。

肝心なことは、内在平面とそれを占拠する概念とを混同しないことである。ところが、同じ諸エレメントが、二度にわたって、すなわち平面のうえで、および概念のなかで、現れることができるのだが、それ〔そのように現れること〕は、それらのエレメントが同じ動詞や同じ語で表現されるときでさえ、同様では〔同じ特性のもとにあるのでは〕ないだろう。そのことを、すでにわたしたちは、存在、思考、一者について見ておいた。それら〔三つのもの〕は、概念の合成要素にもなれば、それら自身が概念でもあるのだが、そうしたケースは、それらがイメージあるいは質料としての平面に属するケースとはまったく意味を異にしているのである。逆に言うなら、平面のうえでは、真なるものは、「……へ向かう」あるいは「思考がそれへ向かうその当のもの」によってでしか定義されえないのだが、しかしそうすることでは、わたしたちは、いかなる真理概念も意のままにすることはできないのである。誤謬がそれ自体、平面に属するひとつの権利上のエレメントである場合には、その誤謬はただ、偽なるものを真なるものと取り違える〔ころぶ〕ということにすぎない。しかし、誤謬がひとつの概念を受けとる〔誤謬概念が成立する〕のであれば、それは、その誤謬の合成要素（たとえば、デカルトによれば、有限な知性と無限な意志という二つの合成要素）が規定される場合でしかない。したがって、平面の諸運動つまり諸エレメントは、〔平面と概念との〕本性上の差異を無視するかぎりにおいて、概念に関連した名目的な定義のようにしか見えないだろう。しかし実際には、平面の諸エレメントはダイアグラム的特性であり、他方、概念〔の諸エレメント〕は強度的＝内包的特性である。平面の諸エレメントは、無限なものの運動であり、他方、概念〔の諸エレメント〕は、そうした運動の、独自の断面あるいは差異的位置としての、強度的＝内包的縦座標である、つまり、有限運動である。そして〔概念の場合〕、無限なものは、もはやその有限運動の速度でしかなく、その有限運動が、そのつどひとつの表面あるいはひとつの容積を構成し、増殖の度合いにおける停止を示すひとつの不規則な輪郭を構成するのである。平面の諸エレメントは、フラクタルな本性をもつ絶対的方向であり、他方、概念は、つねに断片的な表面あるいは容積としての、強度的＝内包的に定義された絶対的次元である。平面の諸エレメントは直観であり、概念〔の諸エレメント〕は強度的内包である。あらゆる哲学がひとつの直観に依存し、哲学の諸概念が、この直観を、強度の諸差異に即して、絶えず包み開く〔展開する〕という、この壮麗なライプニッツ的あるいはベルクソン的展望には根拠があり、この根拠は、直観とは、内在平面を倦むことなく走り抜ける思考の無限運動たちの包み込みだと考えれば明らかであろう。もちろんそこから、わたしたちは、概念が平面から演繹されると結論してはなるまい。概念は、平面の構築とは異なる或る特別な構築を必要としているのであって、それゆえにこそ、一方で平面が打ち立てられるべきものであれば、他方では概念は創造されるべきものなのである。〔概念の〕強度的＝内包的特性は、断じて〔平面の〕ダイアグラム的特性の帰結ではないし、〔概念の〕強度的＝内包的縦座標は、〔平面の無限な〕運動あるいは方向から演繹されるものではない。それら〔概念と平面という〕二つのものの照応は、単純な共振を超えてさえいるのであって、概念創造にとっての補助的審廷、すなわち概念的人物を介入させるのである。

哲学が概念創造から開始する場合には、内在平面は前－哲学的なものとみなされるべきである。内在平面は前提されているものなのだが、ひとつの概念が別の概念を指し示しうるような仕方で前提されているのではなく、諸概念自身が或る非概念的理解を指し示しているような仕方で前提されているのである。だがやはり、この直観的理解は、平面が描かれる仕方に応じて様々である。デカルトにおいては、〈私は思考する〉という第一概念の前提とされている或る主観的で暗黙の理解が問題になっていた。プラトンにおいて問題になっていたのは、あらゆる現働的（アクチュエル）な概念の裏打ちとなっている或る〈すでに－思考されたもの〔イデア〕〉の潜在的（ヴィルチュエル）なイメージであった。ハイデガーが援用するのは、或る「存在に関する前存在論的理解」、或る「前概念的」理解であり、これがまさに、思考の態勢と関連した存在の質料の把握を折り込んでいる〔含意している〕ように思われるのである。いずれにせよ、哲学が前－哲学的なものとして、あるいは非－哲学的なものとしてさえ定立するのは、諸概念が生息するようになる言わば動く砂漠のような《一者－全体》の力（ピュイサンス）である。前－哲学的なものは、何か前もって存在するようなものを意味するのではまったくなく、たとえ哲学によって前提されるにしても、何か哲学の外部に存在するのではないものを意味するのである。それは、哲学の内的な諸条件なのである。非－哲学的なものは、おそらく、哲学そのものよりも哲学の核心にある。そして非－哲学的なものは、このようなことを意味している――哲学は、哲学の本質においては、たんに哲学的あるいは概念的な仕方でのみ理解されることに甘んじることができず、さらには非－哲学者たちにも訴えかけるということである(5)。わたしたちがやがて見るように、非－哲学に対するそのような変わることなき関係のアスペクトは様々である。たとえば、第一のアスペクトからすれば、概念創造として定義された哲学が折り込んでいる前提は、そうした哲学とは区別されるにもかかわらず、その哲学から切り離されえない。哲学は、概念創造であると同時に平面の創建である。概念は哲学の開始であり、平面は哲学の創建である(6)。この平面（プラン）は明らかに、計画や意図や目的や手段ではない。それは、或るひとつの内在平面なのであり、この内在平面が、哲学の絶対的な土地、哲学の《大地》あるいは哲学の脱領土化、哲学の地盤固めを構成しているのであって、これらのうえで、哲学はおのれの諸概念を創造するのである。必要なのは、それら二つのこと、すなわち、あたかも二つの翼もしくは二つの鰭のような、〈概念を創造すること〉と〈平面を創建すること〉である。

思考するということは、一般的な無差異〔いずれの側にも傾かないこと〕の状態を引き起こす。それでもなお、思考することはひとつの危険な営みであると言っても間違いではない。無差異の状態が止むのは、もろもろの危険が明白になるときだけであるとさえ言えるのだが、しかしそれらの危険は、しばしば隠れたままであり、ほとんど気づかれず、企てに内属しているからである。ところで、内在平面は前-哲学的なものであり、もとより概念によって作動するわけではない。だからこそ、内在平面は、一種の手探り状態の実験を折り込んでいるのであり、内在平面の描出は、ほとんどおおっぴらにできない手段、ほとんど適切でなく合理的でない手段に依拠しているのである。それは、夢、病的なプロセス、秘教的な経験、酩酊あるいは過度といったレヴェルに属する手段である。ひとは、内在平面の上で、地平線に向かって走る。そしてひとは、たとえ精神の目であっても、自分の目を真っ赤にしてそこから戻る。デカルトでさえも、おのれの夢をもっている。思考すること、それはいつでも、魔女の飛翔の線を追うことだ。たとえば、猛り狂った無限運動と無限速度をそなえた、ミショーの内在平面。たいていの場合、そうした〔内在平面の描出の〕手段は、結果のなかには現れないものである。というのも、結果は、もっぱら結果そのものにおいてかつ冷静に把握しなければならないものだからである。しかしそのとき、「危険」は別の意味をもつ。明白になった諸帰結ばかり問題にしているときにも、純粋内在がオピニオンのなかに或る本能的な強い拒絶を引き起こし、創造された諸概念の本性がさらにそうした拒絶を激化させるということだ。それというのも、ひとは、思考するときには必ず、他のものへと、何か思考しないものへと、或る獣へと、或る植物へと、或る分子へと、或る粒子へと生成し、それらのものが、思考に回帰し、思考を再始動させるからである。

内在平面は、言わばカオスの断面であり、篩（ふるい）のように作用する。カオスを特徴づけるものは、実際、諸規定の不在というよりも、むしろ諸規定が粗描されたり消失したりするときの無限速度である。それは、二つの規定のあいだの相互的な運動ではなく、反対に、二つの規定のあいだの関係の不可能性である。なぜなら、一方の規定は、他方の規定がすでに消えているのでなければ、現れないからであり、また、他方の規定が粗描されてまた消えるとき、一方の規定は消失してまた現れるからである。カオスは、惰性的あるいは停留的な状態ではない。それは偶然の混合ではないのだ。カオスはカオス化する、すなわち無限のなかであらゆる共立性（コンシスタンス）を壊す。哲学の問題は、思考が浸っている無限を失うことなく、或る共立性を獲得することである（その点で、カオスは、心的であると同様に物理的な存在を有している）。無限をいささかも失うことなく共立性を与えること、それは科学の問題とはたいへん異なる。というのも、科学は、無限運動と無限速度を放棄するという条件で、また、まずはじめに速度に限界（リミット）〔光速〕を与えるという条件で、カオスにいくつかの準拠を与えようとするからである。科学において第一のものは、光、あるいは相対的地平である。反対に哲学は、内在平面を前提したりあるいは創建したりすることによって仕事を進めるのだ。それ自身の可変的な湾曲によって無限運動を保存する内在平面こそが、絶えざる交換のなかでそれ自身に回帰し、またそればかりでなく、保存されている他の無限運動を絶えず解放するのである。そのとき、諸概念は、それら無限運動の強度的＝内包的縦座標〔合成要素〕を、有限な運動として――すなわち平面のうえに書き込まれる可変的な輪郭を無限速度で形成するところのそれ自身は有限な運動として――描かなければならないのだ。内在平面は、カオスの断面をつくることによって、諸概念の創造を要請するのである。

　哲学はギリシア的なものとみなすことができるのか、あるいはギリシア的なものとみなすべきなのか、という問に対する最初の答は、つぎのようなものであると思われた――ギリシア的都市国家（ポリス）は事実、「友」という言葉がどれほど曖昧であるにせよ、とにかく或る新しい「友たち」の社会として出現した、という答である。ジャン＝ピエール・ヴェルナンは、それに第二の答を追加している。すなわち、ギリシア人たちは、カオスを或る平面の様式で切るコスモス的中間（ミリウ）＝環境に《秩序》が厳密に内在するという事態を初めて構想した者たちであろう、という答である。そのような〈平面－篩（ふるい）〉を

《ロゴス》と呼ぶならば、ロゴスは、（たとえば世界は理にかなっていると言われる場合の）たんなる「理」から遠く離れている。理というものは、ひとつの概念にすぎない。しかもそれは、平面およびその平面を走り抜ける無限運動を定義するにはきわめて貧困な概念にすぎないのである。要するに、〔ギリシア〕初期の哲学者たちは、内在平面を、カオスのうえに広がった篩として創建した者たちである。その意味で、かれらは、宗教的人物つまり祭司たる《賢者》と対立する者である。なぜなら、賢者が創建しようと構想する秩序は、つねに超越的なものだからである。また、その秩序は、ひとりの大いなる専制君主によって、あるいは他の神々に優越するひとりの神によって——すなわち、〔ギリシア神話における〕エリスの霊感を受けて、あらゆる競技を超える戦争を追求し、そして〔友たちの〕対抗関係の試練を前もって拒絶する憎悪を追求する神によって——外から押し付けられたものだからである[7]。超越が、垂直の《存在》が、天上もしくは地上の帝国的《国家》が存在するときには、つねに宗教が存在し、他方、内在がたとえ闘技場として競技および対抗関係にとって役立つにせよ、その内在が存在するときには、つねに《哲学》が存在するのである（古代ギリシアの僭主はそれに対する反論にはならない。というのも、友どうしの、この上なく逆上した、この上なく激烈な対抗関係を通じて現れるような、友たちの社会の側に、全面的に僭主は身を置いているからである）。哲学をギリシア的なものとする、以上のようなありうべき二つの規定は、おそらく深く結びついたものであろう。友たちだけが、内在平面を、偶像を寄せ付けない土地として広げることができる。エンペドクレスにおいては、まさしく《友愛（ピリアー）》が、内在平面を描いている。たとえ友愛が、自我に戻ってくるときには必ず《憎悪》を内に折り畳んでいるにしてもである。この場合、憎悪とは、カオスの〈下位－超越〉（火山）と、或る神の〈上位－超越〉を証言するような、ネガティヴになってしまった運動のことである。初期の哲学者たち、とりわけエンペドクレスは、やはり祭司の雰囲気を、あるいは王の雰囲気すらもっているかもしれない。だが、かれらは賢者の仮面を借りているのである。そして、ニーチェの言うように、哲学は、その初期において、どうして偽装しなかったことがあろうか。哲学は、偽装する必要がなくなるとでもいうのだろうか。哲学の創建が、前－哲学的な平面を前提することと一体になっている場合、哲学は、どうしてそれに乗じて仮面をつけないことがあろうか。いずれにせよ、初期の哲学者たちは、限界（リミット）のない諸運動が絶えず走り抜けるひとつの平面を、〈二つの側面のうえに〉描いているのだ――一方は、《存在》に質料を与えるかぎりにおいて、《ピュシス〔自然〕》として規定可能な側面であり、他方は、思考にイメージを与えるかぎりにおいて、《ヌース〔精神〕》として規定可能な側面である。もろもろの質（キャリテ）の運動〔自然〕と、或る絶対的地平、あるいは《アペイロン》つまり《限界（リミット）なきもの》の力（ピュイサンス）〔精神〕とを組み合わせることによって、このうえなく厳密にその二つの側面を区別するのは、ほかならぬアナクシマンドロスであるが、そのとき彼は、それをつねに〈同じ平面のうえで〉おこなうのである。この哲学者は、知恵の大規模な方向転換を遂行し、知恵を純粋内在に奉仕させる。

彼は、系譜学を或る地質学に置き換えているのだ。

例3

哲学史全体を、或る内在平面の創建という観点から提示することは可能であろうか。もし可能であれば、ひとは、《存在》の質料を強調する物理主義者たちと、思考のイメージを強調する精神主義者たちを区別するだろう。だがそうなると、ただちに取り違えの危険が生じてしまうだろう――すなわち、内在平面自体がこの《存在》の質料もしくはこの思考のイメージを構成しているのではなく、かえって、内在[*9]〔平面〕が、何か「与格」に置かれているもの――〔与格に置かれた〕《質料〔物質〕》あるいは《精神》――に関係づけられてしまうということだ。それこそ、プラトンおよびその後継者たちとともに明白になる事態である。内在平面が《一者－全体》を構成するかわりに、内在〔平面〕が、《一者》「に」〔内在して〕あるとすれば、内在〔平面〕がそのなかに広がっていたり、あるいはそれに属したりするその《一者》に、今度は超越的な別の《一者》が重なってしまうのである。つねに《一者》の彼岸に《一者》があるということ、それが新プラトン主義者たちの定式であろう。内在は、何か或るもの「に」〔内在して〕ある、と解釈するならば、いつでも概念と平面についての混同が生じてしまう。たとえば、概念は或る超越的普遍となり、〔内在〕平面はそうした概念の属性となる、などといった混同である。そのような誤解のもとでは、内在平面は超越的なものを投げ返してくるのであって、内在平面は、超越的統一性（ユニテ）に最初に属するものをもはや二次的にしか所有しないたんなる現象野になってしまうのである。

キリスト教哲学が登場するや、状況は悪化する。内在〔平面〕を定立するということは、依然として純粋な哲学的創建だとされているのだが、しかし同時に、そうした定立は、ほんの少しの分量しか許容されていないのであって、或る流出的なそしてとりわけ創造的な超越の諸要求によって厳格にコントロールされ、枠がはめられるのだ。哲学者が世界と精神に注入してやる分量の内在は、その内在が二次的にのみそこに属しているべきだとされるような当の神の超越とはかかわりがないということ、これを、各哲学者が、おのれの作品と、ときにはおのれの生命とを賭けて、証明しなければならないのである（ニコラウス・クサヌス、エックハルト、ブルーノ）。宗教的権威が欲しているのはこういうことだ――雛壇式（ひなだん）の泉では、水は、より高い水源から流れ出てより低い方へ降りてゆくかぎりにおいて、それぞれのプラトーで短いあいだ内在することができるのだが、内在は、いささかそのような雛壇式の泉の状態に似ていて、局所的にのみ、あるいは中間的なレヴェルでのみ許容されるということである（ヴァールが言ったような、超越（トランサンダンス）と超降（トランスデサンダンス））。内在は、あらゆる哲学にとって危険なまでに熱い試金石であると考えてよい。なぜなら、内在は、哲学が立ち向かうべきすべての危険を、哲学が被るすべての非難、迫害、否認を一身に引き受けるからである。そこから、少なくとも、内在の問題は、抽象的な問題でも、たんに理論的な問題でもないということがわかる。一見しただけでは、なぜ内在がかくも危険であるのかはわからないのだが、内在はやはり危険なものなのである。内在は、賢者たちと神々をむさぼり食ってしまう。内在にとっての分け前、あるいは火にとっての分け前のなかにこそ、哲学者というものが認められるのである。内在〔あるいは内在平面〕は、それ自身にしか内在しないのであり、そうであればこそ内在は、一切を取り込み、《全体－一者》を吸収するのであって、内在が何か或るものに内在しうるとされるような当の何か或るものを、その内在が存続させることはまったくないのである。いずれにせよ、内在を、《何か或るもの》に内在すること〔あるいは内在するもの〕と解釈するときにはいつでも、その《何か或るもの》によって超越的なものが再び持ち込まれてしまうと確信してよい。

デカルトに始まり、カントとフッサールとともに、コギトによって、内在平面はひとつの意識野として扱われうるようになる。すなわち、内在〔内在平面〕が、或る純粋意識に、或る思考する主体に内在するとみなされるのだ。こうした主体を、カントは、超越的ではなく超越論的主観と命名するだろう。なぜなら、あらゆる可能な経験は、何ものもそれが外的なものであろうと内的なものであろうと逃さないのだが、その主体は、まさにそのような可能な経験の内在野〔内在平面〕の主観だからである。カントは、総合のあらゆる超越的行使を忌避して、内在を、新たな統一性としての、つまり主観的統一性としての〈総合の主観〉に関係づけるのである。そのうえカントは、敢然として超越的諸《理念(イデー)》を暴露し、それを、〈主観に内在する野〔内在平面〕〉の「地平」に仕立てあげることができる。[8] しかしこうすることで、カントは、超越を救う近代的なやり方を見いだしているのである。この超越は、もはや《或るもの》の超越ではなく、あるいは、あらゆるものの上位にある《一者》の超越（観照）でもなく、かえって或る《主観》の超越になる。しかも、その主観に内在野が属するときには必ず、内在野は、自我にも、すなわち必然的にそのような主観を表象するような（反省するような）自我にも属するのである。誰にも属することのなかったギリシア的世界は、しだいに或るキリスト教的意識の所有物となってゆくのだ。

さらなる一歩が踏み出される。内在が、或る超越論的主観性「に」内在するようになるときには、まさにその主観性それ自身の〔内在〕野のただ中において、いまや他我を、あるいは他の意識を指し示す行為（コミュニケーション）としての超越の印あるいは暗号が現れなければならない。それこそ、フッサールにおいて、また多くの彼の後継者たちにおいて生じていることである。彼らは、内在それ自身のなかでの超越というモグラの作業を、《他者》もしくは《肉》[*10]のなかに見いだしている。フッサールは、内在を、体験〔生きられたもの〕の流れが主観性に内在することだと考えている。けれども、純粋で野性的でさえあるそうした体験の全体は、主観性を表象する自我にそっくりそのまま所属することはないので、まさに非－所属の諸領域のなかでこそ、何か超越的なものが地平において回復されることになる。この場合、超越的なものは、第一に、志向的諸対象が生息する世界の「内在的あるいは原初的超越」という形式をとり、第二に、他我たちが生息する相互主観的な世界の特権的な超越という形式をとり、第三に、もろもろの文化的形成と人間たちの共同性が生息する理念的世界の客観的な超越という形式をとる。この現代においては、ひとはもはや、〈超越的なものへの内在〉を思考することに満足していない。ひとは内在的なものの内部での超越を思考したがっており、そしてひとが期待している断絶は、まさに内在の断絶である。それゆえ、内在平面は、ヤスパースにおいて、「包括者」[*11]というこのうえなく深い規定を受け取るだろう。だが、この包括者なるものは、もはや超越の噴出用の池でしかないだろう。ユダヤ－キリスト教的な御言葉が、ギリシア的ロゴスに取って代わっているのだ。ひとは、もはや内在を〔超越的なものに〕属させることに満足していない。ひとは、内在をして、いたるところで超越的なものを吐きださせる。ひとは、もはや内在を超越的なものに送り返すことで満足していない。ひとが望んでいるのは、内在が超越的なものを送り返し、再生産し、内在それ自身が超越的なものを製造することである。実際、そうするのは難しいことではない。運動を止めるだけで十分だ。[9]

無限なものの運動が停止するや、超越がくだってくる。超越は、その停止に乗じて、再び出現し、跳ね回り、幅をきかせる。〔イデアの〕観照、〔自我による〕反省、〔他我を指し示す〕コミュニケーションという三種類の《普遍（ユニヴェルソー）》は、言わば哲学の三つの時代、すなわち《イデア的》時代〔プラトン〕、《批判的》時代〔カント〕、《現象学的》時代〔フッサール〕であり、それらは、ひとつの長い錯覚の歴史から切り離せないのである。諸価値をひっくり返そうとして、そこまで突き進まざるをえなかった——すなわち、内在は牢獄（独我論……）であり、《超越的なもの》こそがそこからわたしたちを救い出してくれるのだ、とわたしたちに信じ込ませるところまで突き進まざるをえなかったのである。

非人称的な超越論的野というサルトルの仮定が、内在に、その権利を取り戻させる[10]。内在がもはや、それ自身とは別のものに内在するのではないときにこそ、内在平面を語ることができる。そのような平面は、おそらく、或る根源的な経験論であろう。この経験論は、自我に属するもののなかで個体化される体験の流れとか、主観に内在する体験の流れといったようなものを提示することはないだろう。その経験論が提示するのは、概念である限りでの可能的世界としての出来事だけであり、可能的世界の表現あるいは概念的人物としての他者だけである。出来事は、体験を超越的主観＝《自我》に関係づけることはせず、反対に出来事が、主観なき野の内在的俯瞰に関係づけられるのである。《他者（オートリユイ）》は、一個の他我に超越を取り戻させることはなく、むしろ、あらゆる他我を、俯瞰された野の内在に立ち返らせるのだ。経験論は、出来事と他者しか知らない。それゆえ経験論は、概念の偉大な創造者である。経験論の威力（フォルス）は、経験論が主体を、或るハビトゥスとして、或る習慣（アビチュード）＝持ち前として、内在野における習慣（アビチュード）＝持ち前に他ならないものとして、「《私》は……」と言う習慣（アビチュード）＝持ち前として、定義する瞬間から発動するのだ。

内在はそれ自身〈に〉〔内在して〕あるのでしかないということ、したがって、内在は、無限なものの運動によって走り抜けられる平面、もろもろの強度的＝内包的縦座標によって満たされた平面であるということ、これを完全に知っていた者はだれあろう、その人こそスピノザであった。それゆえ、彼は哲学者たちの王である。おそらく彼は、超越といささかも妥協しなかった唯一の人物、超越をいたるところで追い払った唯一の人物であろう。彼は、『エチカ』最終巻において、無限なものの運動をつくり、そして思考に、第三種の認識[*12]における無限速度を与えたのである。彼はそこで、途方もない速度に達し、かくもまばゆい電光石火の短縮を成し遂げるので、わたしたちはもはや、音楽、竜巻、風、そして弦についてしか語ることができないほどである。彼は内在のなかに比類なき自由を見いだした。彼こそが哲学を完成したのである。というのも、彼は、哲学にとっての前‐哲学的な前提〔内在平面〕を満たしたからである。内在が、スピノザ的な実体と様態に関係づけられるというのではなく、反対に、実体と様態というスピノザ的な概念の方が、それらの前提としての内在平面に関係づけられるということだ。この平面は、延長と思考というその二つの面を、あるいはさらに正確に言うなら、存在する力と思考する力というその二つの力(ピュイサンス)を、わたしたちに差し出す。スピノザ、それは、かくも多くの哲学者たちがそこから逃げようとむなしく努力した内在の眩暈(めまい)である。わたしたちは、いつの日か、スピノザの霊感にふさわしい者へと成熟するだろうか。かつて、そうした成熟がベルクソンに到来したことがある。『物質と記憶』の冒頭で、カオスを切るひとつの平面が描かれている——絶えず伝播(でんぱ)してゆく物質〔質料〕の無限運動と、絶えず権利上の純粋意識をいたるところに分封(ぶんぽう)させる思考のイメージとが同時に描かれているのだ(内在は意識「に」〔内在して〕あるということではなく、その逆である)。

そうした〔内在〕平面に付きまといういくつかの錯覚がある。そうした錯覚は、抽象的な誤解ではなく、たんに外部からの圧力であるのでもなく、それはむしろ、思考の蜃気楼(しんきろう)である。そうした錯覚が生じるのは、わたしたちの脳の鈍重さによって、また支配的なオピニオンたちの出来合いの疎通(フレイヤージュ)によって説明がつく〔折り開かれる〕のだろうか。さらに、わたしたちを打ちのめすあの無限運動や無限速度に耐えたり、それらを制御したりすることがわたしたちにはできないがゆえに(またそうであれば、わたしたちは、そうした運動を止め、自分らを再び相対的地平の囚人にせざるをえないがゆえに)、そうした錯覚が生まれるのだろうか。けれども、内在平面の上を走ってゆくのは、このわたしたちであり、絶対的地平に存在しているのは、このわたしたちである。だから、少なくとも部分的には、錯覚がその平面それ自身から立ちのぼってくるのは当然のことだ。まるで、池から蒸気が立ちのぼるように、あたかも、つねに平面の上で活動している諸要素の変化から、ソクラテス以前的な臭気が発散するように。アルトーはこう語っていた。「意識平面」つまり限界（リミット）のない内在平面――アメリカインディアンたちがシグリと呼んでいたもの――はまた、幻覚や、知覚錯誤や、悪感情をも産みだす……。(11) ニーチェが、スピノザにしたがって、「四つの大きな誤謬」のリストをつくったように、そうした錯覚のリストをつくるべきかもしれない。しかし、そのリストは無限である。まず、超越の錯覚がある。それはおそらく、他のすべての錯覚に先行するものである（それは二重のアスペクトを、すなわち、内在〔平面〕を何か或るものに内在させるというアスペクト、および内在それ自身のなかに超越を再発見するというアスペクトをそなえている）。つぎに、概念と〔内在〕平面が混同されるとき、普遍の錯覚がある。ただし、そうした混同は、〈何か或るものへの内在〉を定立するとただちに発生するものである。なぜなら、この何か或るものは必然的に概念であるからだ。ひとは、普遍的なものが説明〔折り開き〕をしてくれると思っているが、しかし説明されなければならないのは普遍的なものの方であって、ひとは三重の錯覚に陥っているのである――観照の、あるいは反省の、あるいはコミュニケーションの錯覚。さらに、概念は創造されるべきものだということが忘れられるとき、永遠なるものの錯覚がある。さらにまた、命題と概念が混同されるとき、論証性の錯覚がある。……まさしく、それらすべての錯覚が諸命題のように論理的に連鎖していると考えるべきではないのであって、むしろ錯覚たちは共振しあるいは反響し、あの平面を取り巻く濃霧を形成しているのである。

内在平面は、カオスから、或るいくつかの規定を借用して、それを、おのれの無限運動あるいはおのれのダイアグラム的特性〔線〕としている。したがって、多数の平面を前提することができるし、前提しなければならない。なぜなら、いずれの平面も、〔ひとつだけで〕カオス全体を包含すれば、かならずカオスに再び落ち込んでしまうからであり、それぞれの平面が保持するものは、ともに折り畳まれたままになっている複数の運動でしかないからだ。哲学史が、あれほど多くのたいへん異なった平面を提示しているのは、たんに、いくつかの錯覚があるから、あるいは多種多様な錯覚があるからというだけではない。また、たんに、それぞれの平面が超越を回復するそれなりの仕方をもっていて、その仕方を絶えず繰り返すからというだけでもない。それればかりでなくさらに、内在をつくるそれなりのやり方を、いっそう深い理由として挙げることができるのである。それぞれの平面は、権利上思考に帰属するもの〔無限運動〕の選択をおこなう。が、それは、平面が変わればそれに応じて変わってくる選択である。内在平面はどれも、《一者－全体》である。内在平面は、ひとつの科学的な集合のように部分的であるのではないし、概念のように断片的であるのでもなく、それはむしろ、配分的なものなのであり、要するに「それぞれ〔のもの〕」なのである。内在平面ソノモノは、薄層が積み重なったものである。なるほど、それぞれのケースを比較してみても、同じ平面がひとつだけあるのか、それとも複数の異なる平面があるのかを見積るのは難しい。たとえば、ヘラクレイトスとパルメニデスのあいだには数々の差異があるにもかかわらず、ソクラテス以前の思想家たちはひとつの共通の〈思考のイメージ〉をもっているのだろうか。プラトンからデカルトへと連続するような、ひとつのいわゆる古典的な〈思考のイメージ〉、つまりひとつの内在平面を論じてよいのだろうか。変わるのは、たんに諸平面だけでなく、諸平面を配分する仕方でもある。共通に見えていたひとつの平面の上でいくつかの薄層を切り離すことを可能にするような、多かれ少なかれ互いに離れているいくつかの観点があるのだろうか、あるいは反対に、かなり長い期間にわたっていくつかの異なる薄層をグループとしてまとめるのを可能にするような、多かれ少なかれ互いに近づいているいくつかの観点があるのだろうか——しかも、〈内在平面の〉絶対的地平とはうらはらに、そうした観点たちはどこからやってくるのだろうか。この場合、ひとつのヒストリシズム、ひとつの一般化された相対主義で満足できるのだろうか。以上のすべての点において、〈一〉もしくは〈多〉についての問が、〈内在〉平面にもちこまれて、再び、このうえなく重要な問になるのだ。

　結局、新しい内在平面を描き、新たな存在の質料をもたらし、新たな思考のイメージを打ち立てるのは、それぞれの大哲学者ではないか。そして、結果的に、同じ平面の上には、大哲学者は二人はいない、ということになるのではないか。彼こそ思考するということの意味を変化させたと、そして彼こそ（フーコーによる表現を用いるなら）「別の仕方で考え」たと評価すべきではないような大哲学者などを、わたしたちが思いつかないのはたしかである。さらに、同一の著者において複数の哲学が区別されるとするなら、それは、彼自身が〔内在〕平面を変え、さらに新たな〔思考の〕イメージを見いだしていたからではないか。ひとは、死を間近に控えたビランのあの嘆きに、どうして無感覚でいられようか。「再び理論構築を始めるには、わたしはいささか年老いてしまったようだ[12]」。逆に、レディメイドの思考〔思想〕は、哲学者たちをおのれのモデルだと言い立てておきながら、その哲学者たちの労苦すら知らないものだが、そうしたレディメイドの思考〔思想〕に恍惚となって、思考のイメージを新たにつくることをせず、またそれが問題だということに気づきもしない者は、哲学者ではなく、むしろ官吏である。しかしそうなると、あるときは互いにくっついたり、あるときは互いに離れたりするようなあの〔内在平面の〕薄層がすべて存在する場合には、わたしたちは、哲学においてどのような理解を分かちあえばよいのだろうか。わたしたちは、わたしたち自身の平面が他のどのような平面と交截するようになるのかもわからずに、わたしたち自身の平面を描くよう試みることを強いられているのではないか。それは、一種のカオスを再構成することになるのではないか。だからこそ、どの平面も、薄層が積み重なっているばかりでなく、さらに、穴があいていて、そこからあの霧を通し、そしてその霧が平面を取り巻き、こうしてしばしば、平面を描いた哲学者がその霧のなかに紛れてしまう最初の人物になるおそれがあるのだ。そこでわたしたちは、あれほどの立ちこめる霧が存在する理由を、二つ挙げよう。まず、思考は、内在〔平面〕を、何か或るものに、すなわち観照の大いなる《対象》に、反省の《主体》に、コミュニケーションの《他の》主体に内在する〔もの〕として解釈せざるをえないからである。そうなると、いやおうなく、超越が再びもちこまれてしまう。しかも、ひとがそこから逃げることができないのは、それぞれの内在平面が、おのれが払いのけるべきであったカオスを再構成してしまうときにしか、おのれは唯一のものである、おのれは平面ソノモノであると主張できないように思われるからである。超越でも、カオスでも、お好みのままに……。

例4

〔内在〕平面は、権利上思考に帰属するものを選択して、それを、その平面の特性、その直観、そのダイアグラム的な方向あるいは運動に仕立てあげるとき、それらとは異なる諸規定を、たんなる事実や、〈物の状態〉の特徴や、体験内容といった身分に送り返す。もちろん哲学は、〈物の状態〉から出来事を抽出するかぎりにおいて、〈物の状態〉から概念を引き出すことができるだろう。しかし、それが問題なのではない。権利上思考に属するもの、ダイアグラム的特性〔線〕として即自的に保持されるもの、それは、それとは別の対抗的諸規定を押し返すのである（たとえこの諸規定が、ひとつの概念を受け取ることになっていてもである）。たとえばデカルトは、誤謬を、思考が有するネガティヴなものを権利上表現している特性あるいは方向とみなしている。そうするのは、デカルトが最初ではない。だから、「誤謬」は、古典的な〈思考のイメージ〉の主要特性のひとつにすぎないと考えることができる。そうしたイメージのなかには、思考を脅かすものが他にもたくさんあるし、それをわたしたちは知らないわけではない。すなわち、愚鈍、健忘、失語症、妄想、狂気……。しかし、それらの規定はすべて、事実に属するものとみなされてしまうだろう。ここでいう事実とは、思考のなかに権利上内在する唯一の結果しか、つまり誤謬しか、しかもつねに誤謬しかもっていないような事実である。誤謬とは、ネガティヴなものをすべて取り集めている無限運動である。ところで、ソクラテスにとって、（事実上の）悪意ある人間は、権利上は「過ちをおかす」者であるのだが、そのような特性を、ソクラテスにまでさかのぼって求めてよいのだろうか。しかし、『テアイテトス』が誤謬の根拠づけであるということが本当であるとしても、プラトンは、誤謬と並ぶ別の対抗的諸規定の権利を取っておくのではあるまいか――たとえば『パイドロス』における妄想〔狂気〕の権利を。だからわたしたちには、プラトンにおける思考のイメージは、多くの別の道筋をも描いていると思えるほどなのである。

無知と迷信が、誤謬と先入見に代わって、権利上思考のネガティヴな面を表現するようになるとき、概念ばかりでなく思考のイメージにも大きな変化が訪れる。このとき、大きな役割を演じるのはフォントネルである。そして変化するのは、無限運動のすべてであり、そのなかで思考は失われ、奪い取られるのだ。さらに大きな変化がやってくる。思考は、誤謬によってというよりも、むしろ避けがたい錯覚によって脅かされるのであり、そうした錯覚は、どのような羅針盤もその針が狂う言わば内なる北極圏としての理性の内部から到来するのだ、と指摘するのはほかならぬカントである。そのとき、権利上の或る種の妄想が思考に浸透し、それと同時に、まさに思考の全体の再方向づけが必要になってくる。思考が内在平面のうえで脅かされるのは、もはや、思考がたどる道の穴や轍によってではなく、一切を覆いつくすあの北欧の霧によってである。「思考のなかでみずからを方向づける」という課題そのものが意味を変えるのだ。

〔内在平面の〕特性をひとつだけ孤立させるということはできない。事実、ネガティヴな徴のついた運動は、それ自身、ポジティヴなあるいは両義的な徴のついた他のいくつかの運動のなかに折り畳まれているからだ。古典的な〔思考の〕イメージにおいては、誤謬は、もとより思考に生じうる最悪のことがらを権利上表現しているのだが、しかしそのときには必ず、思考は、真なるものを「欲する」ものとして、真なるものに方向づけられたものとして、真なるものに向けられたものとして、おのれ自身を提示するのである。〔デカルトにおいて〕前提されているのは、誰でも思考することが何を言わんとするのかぐらいは知っており、したがって、誰でも権利上思考することは可能である、ということである。若干のユーモアを伴うそうした信頼感こそが、古典的な〔思考の〕イメージに生気を与えているのであって、それが、認識の無限運動をダイアグラム的特性〔線〕として構成するひとつの〈真理との関係〉なのである。反対に、十八世紀における光(リュミエール)の変異、すなわち「自然の光(リュミエール)〔理性〕」から「啓蒙(リュミエール)」への変異については、認識を信仰に置き換えたということによってその事情がはっきり見えてくる。ここで信仰というのは、他の〈思考のイメージ〉を折り込んでいるひとつの新たな無限運動のことである。問題になるのは、もはや、……へ向かうということではなく、むしろ、跡をつけていくということである。問題になるのは、把握したり把握されたりするということよりも、むしろ、推論するということである。では、ひとつの推論は、どのような条件のもとで正当であるのだろうか。世俗的になった信仰は、どのような条件のもとで正当でありうるのだろうか。そうした問の答は、〔ヒュームにおける〕偉大な経験論的諸概念（〔観念〕連合、関係、習慣(アビチュード)＝持ち前、蓋然性、黙約……）の創造によってはじめて見いだされるだろう。しかし、逆に、それらの概念は、信仰自体が受けとる概念をも含めて、次のようなダイアグラム的諸特性を前提しているのである——すなわち、何よりもまず信仰を、宗教から独立して新たな内在平面を走り抜けるひとつの無限運動たらしめる、もろもろの特性をである（だが反対に、宗教的信仰こそが概念化しうる事例になるのだろうし、そうした事例が正当であるのか不当であるのかは、無限なもののレヴェルに即して測定することができるだろう)。なるほど、カントに見いだされるそうした特性の多くは、ヒュームから受け継いだものであろうが、しかしそれらは、ひとつの新たな平面の上で、あるいはひとつの別のイメージにしたがって、やはり深い変異を被っているのである。それらは、それぞれが大胆不敵な試みである。権利上思考に帰属するものの配分が変化するときに、ひとつの内在平面からもうひとつの内在平面へと変化するのは、たんにポジティヴなもしくはネガティヴな諸特性ばかりでなく、さらに両義的な諸特性でもある。しかもそれらは、ますます数多くなる場合がありうるのであって、もはや諸運動のベクトル的対立にしたがって折り畳むだけではないのである。

わたしたちは、現代的な〈思考のイメージ〉の諸特性を、やはり簡略に描いてみよう。けれどもわたしたちは、それを得意げに試みるわけではないし、また嫌悪感にかられておこなうのでもない。ところで、いかなる〈思考のイメージ〉も、いくつかの平穏な規定を選択するだけで済ませるわけにはいかない。すべての〈思考のイメージ〉は、権利上、何か忌まわしいものに出会う――たとえば、思考が絶えずおちいってしまう誤謬、思考がそのなかで絶えずきりきり舞いをする錯覚、思考が絶えずそのなかでのたうつ愚鈍、思考が絶えずそのなかでおのれ自身や神からそれてゆく妄想(デリール)。ギリシア的な〈思考のイメージ〉がすでに、そうした二重の逸脱という狂気を引き合いにだしていた。そうした狂気は、思考を、誤謬(エルール)よりもむしろ無限な彷徨(エランス)のなかに投げ込むものであった。真なるものに対する思考の関係は、無限運動の両義性においては、けっして単純な問題ではなかったし、ましてや確固たる問題ではなかったのである。それゆえ、哲学を定義するためにそのような〔真なるものに対する思考の〕関係を援用するのは無駄なことである。現代的な〈思考のイメージ〉の第一の特徴は、おそらく、真理というものを、たんに、思考によって創造されるものとみなすために、そのような関係を完全に放棄するところにある。思考がおのれに前提として与える〈内在平面〉、および、ポジティヴでもあればネガティヴでもあり識別不可能になった〈内在平面のすべての諸特性〉、その二つが、そうした創造に際して考慮されているのはもちろんのことである。要するに、ニーチェが知らしめることができたように、思考は創造活動であって、真理への意志ではないということだ。しかし、古典的な〔思考の〕イメージにおいて自明であった事態とはうらはらに、なぜ真理への意志が存在しないかというなら、思考は、思考することの単純な「可能性」を構成するだけであって、それ以上には、思考することが「可能」であり、《私》と言うことが可能であるような思考者を定義することはないからである。では、わたしたちが思考しうるようになるために、思考に加えられなければならない暴力とは、どのようなものか。それは同時にわたしたちから《私》と言う能力を剥奪する或る無限運動の暴力なのであるが、そのような暴力とはどのようなものか。そうした〔現代的な思考のイメージの」第二の特徴を、ハイデガーとブランショのいくつかの名高きテクストが明かしてくれている。しかし、それゆえにまた、第三の特徴として思考の「《無能力》」が存在し、それは、思考が創造活動として規定しうる能力を獲得したときにさえ思考自身のただ中にありつづけるのだが、その場合、浮上してくるのはまさに或る一団の両義的な徴（しるし）であり、それらの徴は、ダイアグラム的特性あるいは無限運動へと生成し、或る権利上の価値を身につけるのである。ところが、それらの徴はかつて、他の思考のイメージのなかでは、選択の対象にもならずに投げ捨てられた嘲笑されるべきたんなる事実であった。クライストまたはアルトーが示唆しているように、まさに思考が思考のかぎりにおいて、笑いと見まがう唇のひきつりを、歯ぎしりを、どもりを、舌語（グロソラリ）を、叫びをもち始め、それらが、思考を創造活動に誘い、あるいはその試みに導くのである。(13)そして思考が何かを探すのであれば、それは、方法を操る一個の人間のように探すというよりも、むしろめちゃくちゃに跳ねまわるように見える一個の犬のように探すのだ……。そのような思考のイメージを誇示することなどできるわけがない。というのも、そのイメージは、栄光なき受苦をかくも多く抱え込んでおり、どれほどまでに思考することの困難さが増大してしまっているかを示しているからである――内在。

哲学史は、肖像画の技術に比せられるものである。しかし肝心な点は、「本物に似せる」こと、すなわち哲学者が言ったことを反復することにあるのではなく、むしろ、哲学者が創建した内在平面と、彼が創造した新たな諸概念とを同時に際立たせることによって、類似を生産することにある。諸概念は、機械状の、ノエシス的な、心的肖像である。それらはふつう、哲学的な手段によってつくられるのだが、さらには美学的にも生産されうるものである。たとえば、最近、ティンゲリーが、哲学者たちの記念碑的な機械状の肖像をいくつか展示した。それらは、音と、閃光とによって、さらには湾曲した複雑な平面に即した存在の質料および思考のイメージとによって、連言的もしくは選言的な、そして折り畳まれることと広げられることが可能な、様々な力強い無限運動を遂行する作品である。[14] しかし、かくも偉大な芸術家にいささか批判の言を呈してよいとするなら、彼の試みは、いまだ完成の域に達していないように思われる。ティンゲリーは、『ニーチェ』以外の作品においては、たいへんうまくもろもろの機械をダンスさせることができたにもかかわらず、作品『ニーチェ』においては、何もダンスをするものがない。〔根拠律の〕四つの《根》すなわちマーヤのヴェールは、意志と表象としての世界という二面的な平面をいまにも占拠してしまいそうに見えていたのに、作品『ショーペンハウアー』は、わたしたちに、決定的なものは何も与えてくれない。作品『ハイデガー』は、まだ思考をおこなっていない思考の平面の上で、〈隠蔽性‐非隠蔽性〔真理性〕〉をまったく保持していない。機械として描かれる内在平面と、その機械の部品として創造される諸概念に、おそらくいっそうの注意を向ける必要があったのだろう。そのような観点からすれば、かの錯覚を含むカントの機械状の肖像を思い描くことができるだろう（一〇三ページの図を見られたい）。

1――音響装置をつけて、《自我》＝《自我》と絶えず反復する、牛の頭部をそなえた「私は思考する」。2――普遍概念としてのカテゴリー（四つの大きな表題）、この図では、3の円運動に応じて外に伸びたり引っ込んだりする四つの軸。3――〔超越論的〕図式の可動式の車輪。4――それほど深くない水の流れ、すなわち、図式の車輪がそこに潜ったりそこから浮上したりするその内面性の形式としての《時間》。5――外面性の形式としての《空間》、この図では、岸と底。6――それら二つの形式の接合としての、流れの底にある、受動的自我。7――時空を走り抜ける総合判断の諸原理。8――《私》に内在する、可能的経験の超越論的野（内在平面）。9――三つの《理念》、あるいは超越の錯覚（絶対的地平において回転する円環、《魂》、《世界》、《神》）。

ここで生じてくる多くの問題は、哲学史ばかりでなく哲学にもかかわっている。内在平面のもろもろの薄層は、或る場合には、互いに対立するほどまでに、またそのひとつひとつがあれこれの哲学者に適合するほどまでに、たがいに離れ、或る場合には反対に、少なくともかなり長い期間通用するようになるために寄り集まる。そのうえ、ひとつの前－哲学的平面〔内在平面〕の創建と、哲学的諸概念の創造とのあいだの関係は、それら自身複雑なものである。長期間にわたって、いく人かの哲学者は、おのれの師として援用するひとりの先行的な哲学者と同じ平面の上にとどまりながらも、また彼と同じイメージを前提しながらも、いくつかの新たな概念を創造することができる――たとえば、プラトンと新プラトン主義者たち、カントと新カント主義者たち（あるいは、カント自身がプラトン哲学の或るいくつかの部分面を復活させるやり方についても、そう言うことができる）。けれども、或る疑いが生じるまでは、以上のすべての場合において、もとの平面に新たな湾曲を与えることによって、その平面の延命を許らざるをえないだろう――或る疑いとは、これは最初の平面の〔篩の〕網目を用いて編まれてはいても、やはり別の平面ではないだろうか、という疑いである。哲学者たちが別のひとりの哲学者の「弟子」であるのはどのような場合であろうか、またそれはどの程度までのことであろうか、反対に、哲学者たちが、平面を変え、別のイメージを打ち立てることによって、その別の哲学者に対して批判を遂行するのはどのような場合であろうか、という問は、したがって、複雑で相対的な評価を折り込んでいる。なぜ複雑で相対的かというなら、ひとつの平面を占拠する諸概念は、けっして単純に演繹されることはないからである。たとえ時代はきわめて異なっていても、そして特別な仕方で互いに繋がりあっていても、ひとつの同じ平面に生息しにやってくる諸概念があれば、わたしたちは、それを同じ群に属する概念と呼ぶだろう。反対に、いくつかの相異なる平面を指し示している諸概念については、そうではない。創造された諸概念と創建された平面の対応は厳密であるが、しかしその対応は、なお規定される必要のあるいくつかの間接的な関係のもとで成立するのである。

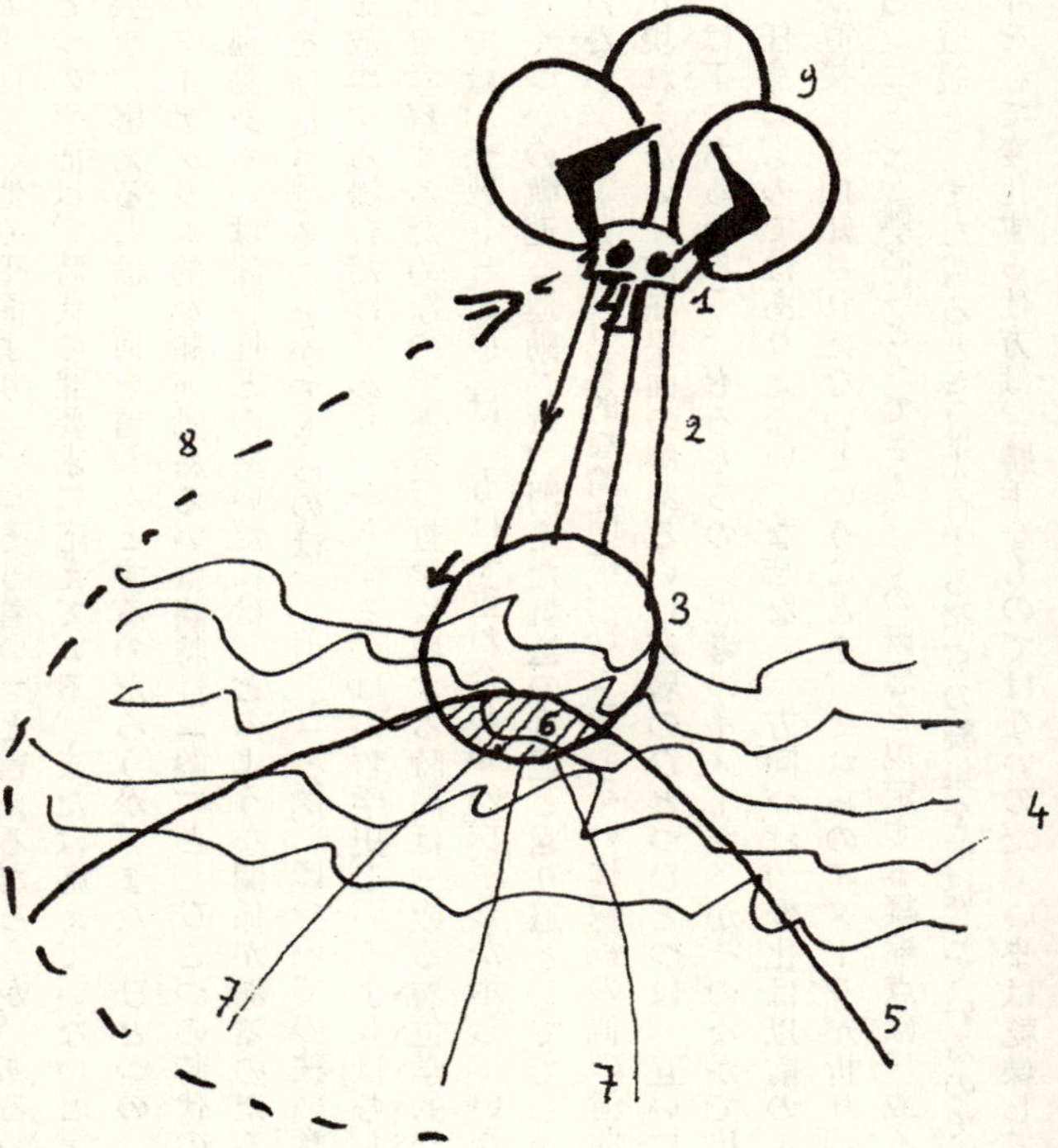
9
1
2
8
3
6
4
7
5
7

ひとつの平面は、他の平面より「いっそう善い」と言えるだろうか。あるいは少なくとも、ひとつの平面は、時代の諸要求に応えている、または応えていないと言えるだろうか。諸要求に応えるとは、何を言わんとするのだろうか。また、ひとつの〈思考のイメージ〉のダイアグラム的な諸運動あるいは諸特性〔線〕と、ひとつの時代の社会的－歴史的な諸運動あるいは諸特性とのあいだには、どのような関係があるのだろうか。そのような問を前進させることができるのは、〈前〉と〈後〉についての狭い意味で歴史的な観点を放棄する場合だけであり、そうするのは、哲学史というよりはむしろ哲学に属する時間を考察するためなのである。哲学に属する時間は、或る層位学的な時間であって、そこでは、〈前〉と〈後〉は、もはや重ね合わせの秩序しか示していないのである。或るいくつかの軌道（運動）は、消えた軌道の近道と回り道としてでしか、意味と方向をもたない。〔平面の〕可変的な湾曲は、ひとつあるいは複数の他の湾曲の変形としてでしか現れえない。内在平面の層あるいは薄層のひとつひとつは、互いに、かならず上にまたは下にあるだろう。もろもろの〈思考のイメージ〉がそのなかで出現する当の秩序は、任意のものではありえない。なぜなら、方向づけの変化は以前のイメージのうえでしか直接には探知されえないということを、それらのイメージが折り込んでいるからである。（そして概念にとってさえ、その概念を規定する凝縮点は、或るときはひとつの点の破裂を、また或るときは先行する諸点の凝集を前提しているのである）。心の風景が年を経て変化する仕方は、勝手なものではないのだ。いまは乾燥して平坦になっているその土地が、そのような外観を、そのような組成をもつためには、最近までなお、山がここにそびえ、川があそこに流れていたのでなければならない。はるか昔の層が上昇し、それらを覆っていた様々な形成物を押しのけ、現在の層の上に直接露出し、この層に昔の層が新たな湾曲を伝えるというのは、まことにありうべきことである。そのうえ、問題にされる地域ごとに、重ね合わせは必ずしも同じではなく、また同じ秩序をもつわけではない。このように、哲学的時間は、〈前〉と〈後〉を排除せずにかえってそれらを層位学的な秩序のなかで重ね合わせるような、共存の或る壮大な時間なのである。この時間は、哲学史と交截しながらも混同されることのない哲学に属する或る無限生成である。哲学者たちの人生は、そして彼らの作品が有するもっとも外面的なものは、ふつうの継起の諸法則にしたがっている。けれども、哲学者の固有名は、わたしたちがひとつの概念の合成諸要素をいくども通過するように仕向ける光点として、また同時に、絶えずわたしたちに戻ってくるひとつの層あるいはひとつの薄層の方位点として、さらにはかつてないほど激しく光る死星として、共存し輝くのだ。哲学は、歴史ではなく、生成である。哲学は、諸体系の継起ではなく、諸平面の共存である。

だからこそ、諸平面は、ときにはたがいに離れ、ときには寄り集まる——それは、よきにつけ悪しきにつけ〔最善の平面にとっても最悪の平面にとっても〕真実である。諸平面には、超越と錯覚を復活させるという共通点がある（それらは、そうせざるをえないのだ）。だが、諸平面にはまた、超越と錯覚に対して激しく闘いをいどむという共通点がある。しかも、それぞれの平面は、そのように復活させることと、そのように闘うことのそれ独自の方法をもっている。しかし、内在を《或るもの＝x》[*13]に引き渡すことのないような、そしていかなる超越的なものの身振りをも真似ることのないような「より善い」平面は存在するのだろうか。〈内在平面ソノモノ〉は、〈思考されなければならないもの〉であると同時に〈思考されえないもの〉である、と言ってもよさそうだ。それ自身はまさに、思考における思考されないものであろう。それ〔内在平面ソノモノ〕は、すべての平面の台座なのであり、しかも、それぞれの平面に——すなわち、おのれの方は思考されうるが、それ〔内在平面ソノモノ〕を思考することまではできないといったそれぞれの平面に——内在しているものなのである。それ〔内在平面ソノモノ〕は、思考におけるもっとも内奥のものでありながらも、絶対的な外である。絶対的な外とは、あらゆる内面的世界よりもさらに深い内部であるがゆえに、あらゆる外面的世界よりもさらに遠い外である。すなわちそれは、内在であり、「《外》としての内奥、息詰まる貫入へと生成した外部、両者の相互反転[15]」である。〔内在〕平面の絶えざる〈行ったり‐来たり〉——無限運動。それはおそらく、哲学の至高の行為である。すなわち、内在平面ソノモノを思考するというよりはむしろ、内在平面ソノモノが、それぞれの平面において思考されないものとして現にあるということを示す、ということである。内在平面を、そのような仕方で、思考の内部にして外部たるものとして、つまり、外面的ではない外部、もしくは内面的ではない内部として思考することが必要なのだ。思考されえないにもかかわらず思考されなければならないものとは、キリストがかつて、不可能なものの可能性をそのとき示すために受肉したように、かつて思考されたものなのである。したがって、スピノザこそ哲学者たちのキリストであり、そしてもっとも偉大な哲学者たちでさえも、この神秘から離れていたりそれに接近していたりする違いはあるにせよ、その使徒にすぎないと言ってよいだろう。無限な〈哲学者への－生成〉、スピノザ。「最善」の、すなわちもっとも純粋な内在平面、超越的なものに身をまかせることはなく、超越的なものを回復することもない内在平面、錯覚を、悪感情を、知覚錯誤を鼓舞することのもっとも少ない内在平面、これを、スピノザが示し、打ち立て、思考したのである……。

3 概念的人物

例5

デカルトのコギトは概念として創造されたものであるが、しかしそれにはいくつかの前提がある。けれども、ひとつの概念にとって他のいくつかの概念が前提になるようにして（たとえば「人間」にとって「動物」および「理性的」が前提になるようにして）、前提があるわけではない。いくつかの前提というのは、この場合、暗黙の、主観的な、概念以前的前提のことであって、それらが、ひとつの〈思考のイメージ〉を形成しているのである——すなわち、すべてのひとは〈思考する〉ということが何を意味するか知っている、すべてのひとは思考する可能性をもっている、すべてのひとは真理を欲している……〔という前提である〕。では、それら二つのエレメント以外に、すなわち概念と、内在平面つまり思考のイメージ以外に、何か他のものが存在するのだろうか。思考のイメージとは、同じ群に属するいくつかの概念（コギトおよびそれと繋がりうる諸概念）によって占拠されるはずのものである。デカルトのケースにおいて、創造されたコギト概念と、前提された思考のイメージのほかに、何か他のものが存在するのだろうか。いささか神秘的な他のものが、実際に存在するのである。それは、時おり出現し、あるいは透けて見えたりするものである。しかもそれは、前概念的〔内在〕平面と概念とのあいだで行ったり来たりする、中間的な、或る朧な存在をもっているように思われる。それは、さしあたって、《白痴》である。《私》と言うのはまさに彼であり、コギトを発するのはまさに彼であり、主観的諸前提を抱え込んだり平面を描いたりするのも、まさしく彼である。白痴とは、公的教授（スコラ哲学者）に対する私的思想家である。教授は、教えることのできる概念（人間－理性的動物）をたえず指示するのだが、私的思想家は、ひとつの概念（私は思考する〔コギト〕）を、誰でもがそれぞれの立場で権利上所有している生得的な諸力によって形成する。そこには、とても奇妙なタイプの〔概念的〕人物が現れている。それは、思考することを欲し、「自然の光〔理性〕」によって、自分自身で思考する者である。白痴とは、ひとつの概念的人物である。わたしたちは、コギトの先駆者たちは存在するのかという問を、さらに精密に言い表すことができる。すなわち、白痴という〔概念的〕人物は、どこからやって来るのか。その人物は、どのような仕方で出現したのか。それは、キリスト教的な雰囲気のなかで、ただしキリスト教の「スコラ哲学的」組織化に対する、つまり《教会》の権威主義的組織化に対する反作用として生じた事態なのか。その痕跡は、すでに聖アウグスティヌスに見てとれるのだろうか。白痴に、概念的人物のもつ完全な価値を与えているのは、まさにニコラウス・クサヌスであろうか。そうであれば、この哲学者は、たとえコギトを概念としてはまだ結晶させることができなかったにせよ、やはりコギトの近くにいるのだろう。(1) いずれの場合にも、哲学史は、それらの〔概念的〕人物、諸平面に応じた彼らの変異、諸概念に即した彼らの変化性（ヴァリエテ）、この三つの研究を通過しなければならない。そして哲学は、たえず概念的人物たちを生きさせるのであり、それらに生を与えるのである。

白痴は、別の時代に、やはりキリスト教的ではあるが今度はロシア的な文脈でふたたび現れるだろう。白痴は、スラブ系の白痴へと生成しつつも、いぜんとして特異なものあるいは私的思想家であったのだが、白痴は特異性を変更してしまったのだ。ドストエフスキー(2)に、私的思想家と公的教授の新たな対立の力を見てとるのは、まさにシェストフである。古い白痴は、自分ひとりで到達できるようないくつかの明証的真理を欲していた。それに到達するまでは、彼は、すべてを、〈3＋2＝5〉をさえ疑うだろう。彼は、すべての《自然》の真理に疑いをかけるだろう。しかし、新たな白痴はまったく明証的真理を欲することがない、彼はけっして〈3＋2＝5〉という事態に身を「委ねる」ことをしない、彼は不条理なものを欲するのだ——これは、〔古い白痴の場合と〕同じ〈思考のイメージ〉ではない。古い白痴は、真なるものを欲していたが、新たな白痴は、不条理を思考の最高度の力（ピュイサンス）とすること、すなわち創造をおこなうことを欲する。古い白痴は、根拠に対してのみ釈明することを欲していたが、ソクラテスよりもむしろヨブに近い新たな白痴は、ひとが彼に「《歴史》の犠牲の一人ひとり」について説明してくれることを欲する——それらは、同じ概念ではないのだ。新たな白痴は、《歴史》の真理というものをけっして受け入れないだろう。古い白痴は、何が理解可能であるのか、あるいは可能でないのか、何が合理的なのか、もしくはそうでないのか、何が失われているのか、または救い出されているのかを、自分自身で悟ることを欲していたが、新たな白痴は、ひとが彼に、失われたもの、理解不可能なもの、不条理なものを取り戻させてくれることを欲する。たしかに、それは同じ人物ではない。そこには、変異があったのだ。けれども、きわめて細い糸がその二人の白痴を結びつけている。それは、あらかじめ白痴ではない者が理性を勝ちとったときに失ったもの〔不条理なもの〕を、二番目の白痴が再び見いだすためにこそ、最初の白痴は理性を失わなければならない、とでも言えそうな事態である。きわめて細い糸がその二人の白痴を結びつけている。ロシアのデカルトは狂人になった……？

なるほど、概念的人物がそれ自身として現れるのはきわめて稀であるかもしれないし、また現れても暗示的にしか現れないかもしれない。けれども、概念的人物は現にそこに存在するのであり、しかもそれは、たとえ名をもたず、地下に潜行していても、かならず読者によって再構成されなければならないのである。ときには、それが現れて、固有名をもつ場合もある。たとえば、ソクラテスは、プラトン哲学の主要概念的人物〔概念的主人公〕である。多くの哲学者が対話篇を書いた。だが、対話の人物と概念的人物を混同するおそれがある。両者は、名前のうえでしか一致しないのであって、同一の役割をもっているわけではない。対話の人物は、いくつかの概念を提示する。もっとも単純なケースでは、対話のひとりで共感できる方が、著者の代理であり、対話の残りの連中で多かれ少なかれ反感をそそる方が、他の諸哲学を指し示し、その連中が、それらの哲学に属する諸概念を提示するのである。提示するといっても、それらの概念を、著者がそれら他の哲学に被（こうむ）らせたい批判や修正のために準備するような仕方で提示するのである。反対に、概念的人物は、著者の内在平面を記述する諸運動を遂行し、著者の諸概念の創造そのもののなかに介入する。したがって、概念的人物が「反感をそそる」場合でさえ、やはりその人物は、当該の哲学者によって描かれる平面と、彼によって創造される諸概念とに完全に属しているのである――その場合、概念的人物は、そうした平面に固有の危険を、悪しき知覚を、悪感情を、あるいはその平面から放たれるネガティヴな運動をさえ示しているのである。しかも、オリジナルな概念の不快な特徴がやはりその哲学を構成するひとつの固有性である場合でも、概念的人物それ自身が、そうしたオリジナルな概念に生気を与えようとするのである。ましてや、その平面のポジティヴな運動、魅力的な概念、そして共感できる人物については、すなわち或る哲学的な感情移入（アインフュールング）のすべてについては、なおさら以上のような視点をとることができる。しかも、いずれのケースにも、しばしば大きな両義性が存在するのだ。

概念的人物は哲学者の代理ではない。その逆でさえある。哲学者は、彼の主要概念的人物の、そして他のすべての概念的人物の外被にすぎず、それらの人物こそが、彼の哲学の仲介者、その真の主体である。概念的人物は哲学者の「等価語（エテロニム）」であり、哲学者の名前は彼の人物のたんなる偽名である。私（ジュ）はもはや自我（モワ）ではなく、思考のひとつの性向である。ひとつの性向とは、すなわち、おのれを見るという、そしてひとつの平面をつらぬいておのれを展開するという性向であって、この平面が私を複数の場所においてつらぬいているのである。概念的人物は、抽象的な擬人化や、シンボルや、アレゴリーとは何の関係もない。なぜなら、それは生きているからであり、内立（アンシステ）しているからである。哲学者なるものは、彼の概念人物たちの特異性格なのである。哲学者の概念的人物たち（プラトンの「ソクラテス」、ニーチェの「ディオニュソス」、クサヌスの「白痴」）が、それらの歴史的、もしくは神話的、あるいはまた普通の人物像（フィギュール）とは他なるものへと生成するとき、同時に哲学者が、おのれのひとりのあるいは複数の概念的人物へと生成するということは、まさにその哲学者の運命である。概念的人物は、生成である、あるいは、ひとつの哲学の主体——哲学者なるものとしての価値をもつ主体——である。そうであればこそ、クサヌスは、あるいはデカルトさえも、「白痴」と署名するべきなのであろうし、同様に、ニーチェは「アンチクリスト」あるいは「十字架にかけられたディオニュソス」と署名せざるをえなかったのであろう。隠れた三人称を事実において証拠立てているいくつかの社会心理学的類型を、日常生活における発話行為が指し示している。たとえば、〈私は、共和国大統領として動員令を宣告する〉、〈私は、父親としておまえに話しているんだ〉……。同様にして、つねに概念的人物が三人称において《私》と語る場合の、三人称における発話行為は、哲学的転位語である[*1]。たとえば、〈私は《白痴》として思考する〉、〈私は、ツァラトゥストラとして欲する〉、〈私は、ディオニュソスとして踊る〉、〈私は《愛するもの》として権利要求をする〉。ベルクソンの持続でさえ、或る走者を必要としているのだ。哲学的言表行為においては、何事かを言うことによってはその何事かをおこなうことにはならず、むしろ、概念的人物を仲介として、運動を思考することによって運動をおこなうのである。したがって、概念的人物は、言表行為の真の動作主である。《私》であるのは誰か。それは、いつでもひとつの三人称（ペルソン）〔第三のひと（ペルソン）〕である。

わたしたちがニーチェを引き合いにだすのは、共感できる概念的人物（ディオニュソス、ツァラトゥストラ）、もしくは反感をそそる概念的人物（キリスト、「祭司」、「高人」、反感をそそるようになったソクラテスそれ自身）とともに、あれほどまでに活動した哲学者はほとんどいないからである。ニーチェは概念を放棄しているのだと、ひとは考えることができるかもしれない。けれども、彼は、強烈で途方もない概念（「威力」、「価値」、「生成」、「生」といった概念、しかも「恨み（ルサンチマン）」、「疚（やま）しい良心」……といった嫌悪感を起こさせる概念）を創造しているのである。もちろんそれは、彼が新たな内在平面を描き（力の意志と永遠回帰の無限運動）、その平面によって思考のイメージを覆（くつがえ）す（真理への意志に対する批判）ということを条件としている。しかし、ニーチェにおいて、もろもろの概念的人物は、折り込まれた〔含意された〕ものではあっても、けっしてそれとなく示唆された状態にとどまるわけではない。たしかに、それら概念的人物をそれ自身として顕在化させてみれば、或る両義性が発生してしまい、それがために多くの読者は、ニーチェを、詩人だ、魔術師だ、あるいは神話作家だなどと考える。しかし、概念的人物というものは、ニーチェにおいても他の誰においても、神話的擬人化でも、歴史上の人物でも、文学あるいは小説の主人公でもない。プラトンのソクラテスが、《歴史》に登場するソクラテスではないように、ニーチェのディオニュソスは、神話に登場するディオニュソスではない。生成（ドゥヴニール）〔〜になる〕は、存在（エートル）〔〜である、〜がある〕ではないのであって、ニーチェがディオニュソスに生成すると同時に、ディオニュソスが哲学者に生成するのである。この場合でもまた、事態はプラトンから始まったのだ。プラトンがソクラテスを哲学者に生成させたと同時に、プラトンがソクラテスに生成したのである。

概念的人物（ペルソナージュ）と美的＝感性的人物像（フィギュール）は、何よりもまず以下の点で異なっている。すなわち、前者は、概念（コンセプト）の力（ピュイサンス）であり、後者は、変様態（アフェクト）と被知覚態（ペルセプト）の力である。前者は、〈《思考－存在》のイメージ〉〔可想体（ヌーメノン）〕としてのひとつの内在平面の上で活動し、後者は、〈宇宙のイメージ〉〔現象（フェノメノン）〕としてのひとつの合成（コンポジシオン）＝創作平面の上で活動する。思想と小説の、そればかりでなく絵画、彫刻、音楽の偉大な美的＝感性的人物像は、変様態を生産するのであり、そして概念が普通のオピニオンというものを超えているように、変様態〔と被知覚態〕は通常の変様＝感情と知覚を超えているのである。メルヴィルはこう語っていた――一編の小説には、興味深い登場人物は数え切れないほど含まれていても、オリジナルの《人物像》はただひとりしか含まれていず、それはまるで、宇宙の星座の唯一の中心恒星、ものごとの開始、あるいは、闇のなかから隠れた宇宙を引き出す灯台のようなものである。たとえばエイハブ船長、バートルビー。[3] いくつかの変様態は、クライストの宇宙を走り抜け、まるで矢のように貫通する。あるいは変様態は突然石化し、ホンブルクもしくはペンテジレーアという人物像が立ち上がる。人物像は、類似にもレトリックにもまったく関係がない。人物像というものは、芸術が、宇宙の合成＝創作平面の上で、石と金属の、弦と風の、線と色の変様態を生産するための条件なのである。芸術と哲学は、カオスと交截し、カオスに立ち向かう。けれども、切断平面は同じではなく、そこに生息する仕方も同じではない。すなわち、一方では宇宙の要素布置あるいは変様態と被知覚態があり、他方では内在的包括つまり概念があるということだ。芸術は、哲学におとらず思考するものである。が、芸術は、変様態と被知覚態によって思考するのだ。

　そうは言っても、やはり、二種類の存在態〔概念的人物と美的＝感性的人物像〕は、それらを二つとも運んでゆく生成において、またそれらを共－規定する強度において、しばしば互いに相手へ移行することがある。演劇的、音楽的人物像ドン・ファンは、キルケゴールによって概念的人物に生成し、ニーチェにおけるツァラトゥストラという概念的人物は、もとよりひとつの偉大な音楽的、演劇的人物像である。あたかも、互いに相手に対して、同盟ばかりでなく、分岐と置換が発生しているかのようである。ミシェル・ゲランは、現代思想において、哲学のただなかに概念的人物の存在を余すところなく明るみに出したひとりである。しかし彼は、思考のなかに変様態（アフェクト）を据えるような「ロゴス劇 logodrame」と「形像学 figurologie」において、概念的人物を定義している(4)。それは、とりもなおさず、変様態（アフェクト）が概念の変様態（アフェクト）でありうるのと同程度に、概念としての概念が変様態（アフェクト）の概念でありうるということだ。芸術の合成＝創作平面と哲学の内在平面は、一方に属する部分面が他方に属する存在態によって〔合成＝創作平面の部分面が概念的人物によって、あるいは内在平面の部分面が美的＝感性的人物像によって〕占拠されてしまうほどに、互いのなかに滑り込むことができる。事実、いずれの場合でも、平面とそれを占拠するものとは、区別が相対的でしかなく、異質性が相対的でしかない二つの部品のようなものである。したがって、思想家〔思考者〕は、〈思考する〉の意味を決定的な仕方で変更すること、新たな〈思考のイメージ〉を打ち立てること、つまり新たな内在平面を創建すること、これが可能なのだが、ただし彼は、内在平面を占拠する新たな概念を創造するかわりに、他のいくつかの力域（アンスタンス）とともに、他のいくつかの存在態（アンテイテ）とともに、すなわち詩的、小説的、あるいは絵画的もしくは音楽的でさえある存在態（アンテイテ）とともに、その内在平面に生息するのであり、そして、その逆の事態も同様である。〔マラルメの〕『イジチュール』は、まさしくそうしたひとつのケース、すなわち概念的人物が〔芸術の〕合成＝創作平面に運び込まれ、美的＝感性的人物像が〔哲学の〕内在平面に引き込まれるようなケースである――その固有名はひとつの接続詞である。かの思想家たちは「半ば」哲学者である。が、彼らはまた哲学者をはるかに超えた者でもある。けれども、彼らは〔宗教的〕賢者ではない。ヘルダーリン、クライスト、ランボー、マラルメ、カフカ、ミショー、ペソア、アルトーたちの、さらにはメルヴィルからローレンスあるいはミラーにいたるイギリスやアメリカの多くの小説家たちの、平衡を失ってぐらついたあの作品群には、何という威力（フォルス）があることだろうか。彼らを読む者は、彼らはスピノザ主義の小説を書いたのだと気づいて、驚嘆するのだ……。なるほど、彼らは芸術と哲学を総合しているのではない。彼らは分岐し、しかもたえず分岐してゆく。彼らはハイブリッドの天才なのであり、本性上の差異を消去することもなければ、それを埋め合わせてしまうこともないのであって、反対に、終わりなき力業のなかで引き裂かれたこの曲芸師たちは、自分たちのすべての「競技」能力を用いて、そうした差異そのもののなかに身を置こうとするのである。

概念的人物（と同様に美的＝感性的人物像）は、もろもろの社会心理学的類型にはなおのこと還元されえない。たとえそこには、〔一方から他方への〕絶えざる浸透があるにしてもである。外国人〔他所者（よそ）〕、排除された者〔のけ者〕、出稼ぎ人、渡り労働者、原住民〔土着民〕、帰国者……などの、それとして安定しているとは見えないことの多い類型の研究を、ひとつの社会の孤立した領域やその周辺のなかで徹底して推し進めたのは、ジンメルであり、ついでゴッフマンである(5)。そうした研究は、逸話というものへの好みからおこなわれているのではない。わたしたちが思うに、ひとつの社会的な場はいくつかの構造および機能を含んでいるのだが、だからといって、《仲間（ソシウス）》というものに影響を及ぼす或る種の運動について直接わたしたちに情報を与えるということはない。すでに、わたしたちは、動物に関して、次のような〔三つの〕活動の重要性を知っている。それは、テリトリーを形成するという活動、テリトリーを捨てる、あるいはそこから出るという活動、そして何か別の本性をもったもののうえで再びテリトリーをつくるという活動でさえある。〔或る動物行動学者によれば、一個の動物のパートナーもしくは友は「家（うち）に値する」のであり、また、家族は「動くテリトリー」である〕。ヒト科であれば、なおさらのことだ。ヒト科は、出生証書が交付されるや、前足を脱領土（テリトリー）化し〔前足をそのテリトリーから切り離し〕、すなわち地面から前足を引き離してそれを手に仕立てあげ、そうして、木の枝や道具のうえで〔手になった〕前足を再領土（テリトリー）化する〔前足に道具というテリトリーを再び与える〕のである。一本の棒を問題にするなら、それはそれでまた、脱領土（テリトリー）化された木の枝である。理解しなければならないのは、誰でもが、どの年齢にあるときでも、どんなにささいなことにおいても、どんなに大きな試練のなかでも、自分のためにテリトリーを求め、脱領土（テリトリー）化を被（こうむ）ったり導いたりし、さらに、思い出でも、物神（フェティッシュ）でも、あるいは夢でも、何でもかでも、そのうえで自分を再領土（テリトリー）化するのはどのようにしてか、ということである。リトルネロは、それらの力強い力動〔以上の三つの活動〕を表現している——カナダにある僕の小屋……さようなら、僕はゆくよ……そうさ、僕なんだよ、僕が戻らなきゃいけなかったんだ……。どれが最初に来るかを言うことさえできない。だから、あらゆるテリトリーは先行する脱領土（テリトリー）化をおそらく前提しているのであり、あるいは、すべてが同時に生じているのである。社会的な場は、以上の三つの運動〔活動〕が互いに絡みあっている錯綜した結び目なのである。それらの運動をほぐすためには、したがって、真の類型すなわち人物を診断する必要がある。商人は、ひとつのテリトリーのなかで製品を購入し、それを脱領土（テリトリー）化して商品に仕立てあげ、そうして、市場の流通機構のうえで自分を再領土（テリトリー）化する。資本主義において、資本あるいは所有財産は、脱領土（テリトリー）化され、土地資本や土地所有であることをやめ、こうして、生産手段のうえで再領土（テリトリー）化される。その一方で、労働の側は、賃金のうえで再領土（テリトリー）化された「抽象的」労働に生成する。だからこそ、マルクスは、たんに資本と労働を論じているばかりでなく、さらに、反感をそそったりあるいは共感できたりする真の社会心理学的類型、すなわち《資本家なるもの》と《プロレタリアなるもの》を打ち立てる必要を痛感しているのである。ギリシア世界の独自性を追究するのであれば、ギリシア人たちはどのような種類のテリトリーを創建するのか、彼らはどのように自分を脱領土（テリトリー）化するのか、彼らは何のうえで自分を再領土（テリトリー）化するのか、と問わねばなるまい。しかもそのためには、ギリシア固有の類型を際立たせなければならないだろう（たとえば《友》？）。一定の社会において、一定の時期によき類型を選びだすのは、必ずしも容易ではない。しかし、たとえば中国古代王朝の周における脱領土化の類型として、つまり《排除された者》という人物像として、解放奴隷を挙げることができる。その肖像は、中国学者トケイが克明に描いている。わたしたちの考えでは、社会心理学的類型の意味は、まさにこうなる――もっともくだらない状況、あるいは、もっとも重要な状況のなかで、テリトリーの形成、脱領土化のベクトル、再領土化のプロセスを、はっきりと見てとることができるようにすること。

しかしまた、心身的であるばかりでなく、さらに精神的であるようなテリトリーおよび脱領土化が――相対的であるばかりでなく、さらに、もっと先で規定しなければならない意味においてだが絶対的であるようなテリトリーおよび脱領土化が――存在するのではないだろうか。思想家や哲学者や芸術家によって引き合いに出される《祖国》あるいは《生地》とは、どのようなものなのだろうか。哲学は、〔カントの〕ア・プリオリなもの、〔デカルトの〕生得性、あるいは〔プラトンの〕想起もまたそれの証拠となるような或る《生地》から切り離すことができない。しかし、なぜこのような祖国は、未知であったり、失われていたり、忘却されていたり、思想家を《追放者》にしたりするものなのだろうか。〈家に値する〉ような、テリトリーとの等価物を、その祖国に取り戻してやろうとするのはいったい何であるのか。哲学的リトルネロとはどのようなものか。思考と《大地（テール）》は、どのような関係にあるのか。旅行を好まぬアテナイ人ソクラテスは、若いころにはエレアのパルメニデスによって指導され、老いては《外国人〔他所者〕》に取って代わられる。[6] あたかもプラトン哲学が、少なくとも二つの概念的人物を必要としているかのように。哲学者のなかには、どのような種類の外国人が存在するのだろうか、まるで黄泉の国から戻ってきたかのような外国人が存在するのだろうか。概念的人物の役割とは、思考のテリトリー、思考の絶対的脱領土化、さらにその絶対的再領土化を明示することなのである。概念的人物は思考者であり、ただひたすら思考者であって、それらの人物論的特性は、思考のダイアグラム的特性と概念の強度的＝内包的特性に緊密に連結している。おそらくわたしたち以前には存在していなかったしかじかの概念的人物が、わたしたちのなかで思考するのである。たとえば、ひとりの概念的人物がどもるという場合を取りあげるなら、彼は、ひとつの言語のなかでどもる類型なのではなく、言語活動全体をどもらせるような、そしてどもりを言語活動としての思考そのものの特性としているような思考者なのである。してみると、「どもることしかできないそのような思考とはいったい何か」と問うのは、興味深いことではないか。さらに例を挙げるなら、概念的人物が《友》である場合、あるいは裁判官や立法者である場合、もはや私的、公的、あるいは法的な身分が問題になっているのではなく、権利上思考に帰属し、しかも思考にのみ帰属するものが問題になっているのである。どもり、友、裁判官は、その具体的な存在を失っているわけではなく、むしろ或る新たな存在を得ているのである。すなわち、しかじかの概念的人物による思考の現実的な遂行のための、思考の内部にそなわる条件であるところの、新たな存在をである。二人の友が思考することの練習を遂行する、というのではない。思考が思考自身において分割され、遂行されうるために、まさしく思考こそが、思考者は友であるという事態を要求するのである。友たちのあいだでの思考の分割を要求するのは、思考そのものである。そうした概念的人物たちは、経験的、心理学的、さらには社会的規定ではなく、いわんや抽象ではないのであって、それらはまさに、思考の仲介者、結晶、胚芽なのである。

「絶対的」という語が厳密であることが明らかになるにしても、思考の〔絶対的〕脱領土（テリトリー）化と〔絶対的〕再領土（テリトリー）化は、社会心理学的な脱領土（テリトリー）化と再領土（テリトリー）化を超越してはいず、かといってそれに還元されもせず、またそれの抽象でもイデオロギー的表現でもないと考えよう。それはむしろ、或る接続詞なのであり、絶えざる送りの、あるいはリレーのシステムである。なるほど概念的人物の諸特性は、概念的人物が出現する歴史的な時期と環境に関係があり、しかもこの関係は、社会心理学的類型によってのみ評価されうるのである。しかし逆に、社会心理学的類型の心身的な諸運動、その病理学的症候、その人間関係的構え、その実存様態、その法的身分は、ひとつの純粋に思考しかつ思考される規定を受け入れうるようになる。そしてこの規定こそが、それら運動、症候……を、一社会の歴史的な〈物の状態〉からも個人の体験からも引き離して、概念的人物の特性に、あるいは思考の出来事に仕立てあげるのであり、それはもとより、思考がみずからのうちに描く平面のうえで、あるいは思考が創造する諸概念のもとでおこなわれるのである。概念的人物と社会心理学的類型は、互いに相手を指し示しあっており、けっして混同されることなく互いに結びついている。

概念的人物の特性のリストはどれも、網羅的なものではありえない。なぜなら、概念的人物は絶えず生まれてくるからであり、内在平面ごとに変化してしまうからである。さて、ひとりの人物が合成されるためには、一定の平面の上で、異なるジャンルの特性〔線〕が互いに絡みあう必要がある。わたしたちの推定では、まず、病的特性が存在する。《白痴》。それは、自分自身で思考することを欲する者であり、脱皮することができ、別の意味を帯びることができる人物である。そればかりでなく、或る《狂人》。それは、狂人の一種、思考のなかに思考できないという無力を見いだす、強硬症（カタレプシー）の思考者、あるいは「ミイラ」である。あるいはまた、或る大いなる偏執狂、或る妄想患者。それは、思考に先立つものを探し求める者、或る《すでに－そこに》を探し求める者、ただし、それを思考そのもののただなかに探し求める者である……。ひとは、しばしば哲学と精神分裂病を関連づけた。しかし、精神分裂病患者とは、一方では、思考者〔思想家〕のなかで激しい強度をもって生き、思考者に思考せよと強いる概念的人物であり、他方では、生ける思考者を抑圧し、彼から思考を盗む社会心理学的類型である。そして、強すぎるひとつの出来事と、支えるのが難しすぎるひとつの体験状態とが呼応しているかのように、それら人物と類型は、ときには、互いに結びついて、密着するのである。

人間関係的特性が存在する。《友》。しかしそれは、対抗関係を引き起こす愛の対象をめぐってでしか、もはやおのれの友と関係をもたないようなひとりの友である。それは、《権利要求者》であり、《対抗者》であって、物あるいは概念を求めて競いあう者たちである。しかし概念の方は、眠りこんだ、無意識的な、感性的なひとつの身体、つまり《若者》を必要としており、この若者なるものが、概念的人物の列に加えられるのである。ひとはすでに、他の平面の上に移っているのではないだろうか。なぜなら、友愛は少しばかりの善意しか要求しないものであったのに、恋愛は、思考せよと強制する暴力のようなものであるからだ――「恋するソクラテス」。ならば、今度は《婚約した女》が、身の破滅を招くことになろうとも、概念的人物の役割を引き受けようとするのを、どうして妨げることができようか――もちろんその場合、哲学者自身が女へと「生成」せざるをえない。キルケゴール（もしくはクライスト、もしくはプルースト）が語っているように、女は、それに精通している友よりもさらに価値がある、ということになるのだろうか。では、女自身が哲学者へと生成するのであれば、いったい何が到来するのだろうか。あるいは、それは、思考の内にあるような、そして「結婚したソクラテス」を概念的人物に仕立てあげるような《夫婦》であろうか。さもなければ、ひとは《友》へ連れ戻されるだろう。ただし、或る強すぎる試練のあとで、或る名状しがたいカタストロフのあとで、したがってさらに新たな意味で、すなわち、思考の新たな権利をなす相互の苦悩、相互の疲労において、友へ連れ戻されるだろう（ユダヤ人に生成したソクラテス）。コミュニケートしあい、ともに思い出を暖めあう二人の友ではなく、反対に、思考を引き裂き、思考をそれ自身において分割しうるような健忘症あるいは失語症を通過する二人の友。概念的人物たちは、増殖しそして分岐し、ぶつかりあって、置き換えられてゆく……[7]。

力動的特性が存在する。前進する、登る、下る、というのが、概念的人物の力動であるならば、互いに相手へと還元されえないそれぞれの哲学的アスリートにとっては、キルケゴール風に跳ぶ、ニーチェのように踊る、メルヴィルのように潜るというのが、別の力動である。そして、今日のわたしたちの〔哲学的〕スポーツが全面的に変異しているのであれば、また、古いエネルギー生産活動が、或るいくつかのエクササイズに道を譲って、これらのエクササイズが、反対に、現存のエネルギー・ビームに付着するのであれば、そこで起きているのは、たんに類型における変異ではないのであって、他の力動的特性がさらに、ひとつの思考のなかに忍び込んで、この思考が、新たな〈存在の質料〉すなわち波あるいは雪とともに「滑る」のであり、思考者を、概念的人物としての一種のサーファーに仕立てあげるのだ。だからわたしたちは、ひとつの新たな概念的人物のなかで表現される純粋な力動的差異を明るみに出すために、スポーツ的類型のエネルギー的価値を放棄するのである。

思考が、権利上おのれに帰属するものをたえず要求し、ソクラテス以前の思想家たち以来たえず《裁き〔正義〕》に取り組んでいるかぎりにおいて、法的特性が存在する。

しかし、哲学がギリシア悲劇における裁判から取りだすような裁きは、《権利要求者》の権限、あるいは《告訴人》さえもが有する権限であるのだろうか。哲学者は、彼自身が告訴されていないかぎりは、神による裁きに参じた神学博士であるぐらいが関の山であり、こうした哲学者には、長きにわたって、《裁判官》たることが禁じられるのではないだろうか。ライプニッツが、哲学者を、いたるところで脅かされた或る神の《弁護士》に仕立てあげるとき、それは新たな概念的人物なのだろうか。そして経験論者たちは、《調査者》でもって、奇妙な人物を投げかけるのだろうか。ほかならぬカントが最後に哲学者を或る《裁判官》に仕立てあげ、同時に、理性はひとつの法廷を形成するのだが、そこには、規定をなすひとりの裁判官の立法権、もしくは、反省をなすひとりの裁判官の司法権、彼の法解釈があるのだろうか。まったく異なった二つの概念的人物が存在する。さもなければ、思考は、一切を——裁判官を、弁護士を、原告を、起訴者を、そして被告を——ひっくり返す。あたかもひとつの内在平面のうえにいるアリスのように。そこでは、《正義》は《無実》〔無垢(むく)〕に等しく、またそこでは、《無実の人》〔無垢なる者〕が、もはや自己正当化するにはおよばぬ概念的人物、けっして逆らえないような一種の〈こども－遊戯者〉、超越という錯覚をまったく存続させなかったひとりの《スピノザ》に生成するのだ。裁判官と無実の人が混じりあうということが必要になるではないか。すなわち、存在者たちが内部から判定されるということ、しかも、けっして《法》あるいは《価値》の名においてではなく、それら存在者たちの意識によってでさえもなく、反対に、それら存在者の生存の純粋に内在的な諸基準によって判定されるということが必要ではないか（「〈善悪の彼岸〉とは、少なくとも、〈よいとわるいの彼岸〉を意味しているのではない……」）。

生存的特性〔実存的特性〕が実際に存在する。ニーチェによれば、哲学は、生存（エグジスタンス）様式あるいは生の可能性をいくつか発明するものである。したがって、生活上の逸話が二、三あれば、一個の哲学の肖像を描くことができる。たとえば、ディオゲネス・ラエルティオスは、哲学者たちに関する枕頭の書もしくは黄金伝説〔聖者伝〕を書くことによって、そうすることができた――エンペドクレスと彼の火山、キュニコス派のディオゲネスと彼の樽。近代の哲学者たちのほとんどは、たいへんブルジョア的な生活を送った。ひとはこれに抗議するかもしれないが、カントの靴下留めの話は、《理性》の体系にいかにもふさわしい生活上の逸話ではあるまいか(8)。またスピノザが好んで蜘蛛どうしを闘わせたのは、蜘蛛の闘いが、高次のエソロジー〔エートスの学〕としての『エティカ』の体系における諸様態のあいだのいくつかの関係を純粋に再現するからである。要するに、以上の逸話は、たんに、一哲学者の社会的あるいは心理学的でさえある類型（王者エンペドクレスあるいは奴隷ディオゲネス）を指し示しているのではなく、むしろ、哲学者たちに棲（す）んでいる概念的人物を明示しているのである。生の諸可能性つまり生存諸様式は、概念的人物の力（ピュイサンス）を展開する内在平面のうえではじめて発明されうるのだ。哲学者の顔と身体は概念的人物を受け入れ、そしてこの概念的人物は、哲学者に、とりわけ彼のまなざしに、しばしば奇妙な様子を与えるのである。まるで、誰か他の者が、哲学者の目を通して見ているかのように。生活上の逸話が物語っているのは、ひとりの概念的人物が、動物と、植物と、あるいは岩山と結ぶ関係であり、こうした関係にしたがってこそ、哲学者それ自身が、何か予想外のものへと生成し、彼ひとりでは得ることのできなかった或る悲劇的かつ喜劇的な豊かさを獲得するのである。哲学者たることのわたしたちは、まさにわたしたちの〔概念的〕人物によって、つねに他のものへと生成し、公園あるいは動物園に生まれかわるのである。

例6

超越の錯覚でさえ、わたしたちの役に立ち、いくつかの生活上の逸話を提供してくれる。というのも、わたしたちが、内在における超越なるものに出会っているのだと自負するとき、わたしたちがおこなっているのは、ただ、内在平面に内在そのものを再充塡することでしかないからである。たとえば、キルケゴールは平面の外へ跳ぶのだが、しかし、この運動の中断、停止において、彼に「取り戻される」ものは、婚約者もしくは失われた息子であり、内在平面の上での生存（エグジスタンス）〔実存〕である。(9) キルケゴールはこう言ってためらうことがない――超越に関しては、いささか「忍従」しておけばそれで十分であろうが、それ以上に、内在が取り戻されるということが必要である。パスカルは、神の超越的存在（エグジスタンス）［の信仰］のために賭をおこなうのだが、この賭の賭金、つまり神の存在に賭けられるものは、神が存在するということを信じる者の内在的生存（エグジスタンス）である。ひとりそうした生存のみが、内在平面をカバーすることができ、無限運動を獲得することができ、いくつかの強度を生産し再現することができるのであり、それに反して、神の存在を信じない者の生存は、否定的なもの［否定的な運動］に陥るのである。以上の場合についてさえ、フランソワ・ジュリアンが中国思想について語っていることを、わたしたちも主張してかまわないだろう——すなわち、超越はそこでは相対的であり、もはや或る「内在の絶対化」の代理でしかない[10]。もろもろの生存様式が或る超越的価値を必要としていて、その超越的価値によってこそ、それら生存様式は互いに比較され、選択され、それら様式の一方が他方よりも「いっそう善い」と決定されるだろう、などと考える理由はまったくない。反対に、内在的でしかない基準が存在するのであり、個々の〈生の可能性〉は、それが内在平面のうえで描くいくつもの運動と、それらがそこで創造する数々の強度に関して、生の可能性それ自身において評価されるのである。描くことをしないもの、創造することをしないものは斥（しりぞ）けられる。個々の生存様式は、《善》と《悪》から、そしてあらゆる超越的価値から独立に、よいかわるいか、高尚か低俗か、充実しているか空虚か、のいずれかである。生存（エグジスタンス）の内容、生（ヴィ）の強度の増大、これ以外の基準はまったく存在しないのだ。それは、パスカルとキルケゴールが十分理解していることなのである。というのも、彼らはあの無限運動に精通しており、ソクラテスに反抗しうる何人かの新たな概念的人物を、旧約聖書から取りだしているからである。キルケゴールの「信仰の騎士」つまり跳ぶ者と、パスカルの「賭ける者」つまり骰子（さいころ）を投げる者は、なるほど、或る超越のすなわち或る信仰の人である。しかし、それらの者は、たえず内在を〔内在平面に〕再充塡する。それらの者は、哲学者であり、あるいはむしろ、仲介者であり、その二人の哲学者としての価値をもつ概念的人物であり——神の存在を信じる者の生存がもたらす無限な内在的諸可能性だけを気にかけて、もはや神の超越的存在は気にかけない概念的人物なのである。

かりにこれが他の内在平面であるとしたら、問題は変わってしまうだろう。だからといって、神の存在を信じない者が、その場合、幅を利かせるようになるというわけではない。なぜなら、そのような者は、否定的な運動としての古い平面にいぜんとして属しているからである。だが、新たな平面のうえでは、問題はいまや、世界を信じる者の生存（エグジスタンス）にかかわることが可能になるだろう。世界を信じるといっても、それは、世界の存在（エグジスタンス）を信じるということですらない。それはむしろ、新たな生存様式を、しかも動物や岩山にいっそう近似した生存様式をふたたび誕生させるために、運動と強度とにおける世界の諸可能性を信じるということである。この世界を、この生を信じることは、わたしたちのもっとも困難な責務になったということ、言い換えるなら、今日のわたしたちの内在平面のうえで発見されるべきひとつの生存様式の責務になったということ、それはありうべきことだ。それは経験論的な回心である（わたしたちは、人間たちの世界を信じない理由をかくも多く手にしている——ひとりの婚約者よりも、ひとりの息子よりも、あるいはひとつの神よりもさらに悪いその世界を、わたしたちは失った……）。そうとも、問題は変わってしまったのだ。

概念的人物と内在平面は、相互に前提しあっている。あるときは、人物は平面に先行するように見え、またあるときは後続するように見える。つまり、概念的人物は二度現れる、二度介入する、ということだ。一方で、彼はカオスのなかに潜り、そこから或るいくつかの規定を取りだし、それらでもってひとつの内在平面のダイアグラム的諸特性〔線〕をつくろうとする。言わば、〈偶然－カオス〉のなかから、一握りの〔数字の入った〕骰子（さいころ）をつかみとって、それらをひとつの卓のうえに投擲（とうてき）するような行為である。他方では、あたかも卓がもろもろの数字に従って分割されるように、卓のここかしこの領域を占拠しにくる概念の強度的＝内包的諸特性を、彼は、落下してくる骰子（さいころ）のひとつひとつに対応させる。したがって概念的人物は、その人物論的特性を携（たずさ）えて、ふたつの〈あいだ〉に介入することになる——ひとつは、カオスと、内在平面のダイアグラム的特性とのあいだであり、もうひとつは、内在平面と、内在平面に生息しにくる概念の強度的＝内包的諸特性とのあいだである。〔マラルメの〕『イジチュール』。概念的人物は、つぎのような諸観点と諸条件を構成する——前者は、複数の内在平面がそれに応じて区別されたり近づけられたりするその諸観点であり、後者は、それぞれの平面が同一の群に属する複数の概念によって満たされる諸条件である。あらゆる思考は或る《フィアット》[*2]であり、骰子(とうし)一擲(いってき)を表明するものである——構成主義。しかしそれは、とても複雑なゲームである。なぜなら、そうした投擲は、可逆的で互いのうちに折り畳まれたいくつもの無限運動からなっており、その結果、そうした落下は、それら無限運動の強度的＝内包的縦座標(オルドネ)〔合成要素〕に対応する有限な諸形式を創造しながら、無限速度でしかなされえないからである。あらゆる概念は、あらかじめ存在することはなかったひとつの数字であるということだ。概念は平面から導きだされるものではない。概念的人物は、概念を平面のうえで創造するために必要であり、同様に、平面それ自身を描くためにも必要である。けれども、それら二つの操作(オペラシオン)は、概念的人物のなかで入り混じることはなく、概念的人物は、それ自身、或る判明な操作者(オペラトゥール)として現前するのである。

　それら平面は無数にあり、それぞれ可変的な湾曲をそなえており、そして、それら人物たちによって構成される観点に従って、諸平面は、まとめられたり切り離されたりする。人物は一人ひとり複数の特性をもち、これらの特性が、同じ平面のうえで、あるいは他の平面のうえで、他の人物たちを生起させる。要するに、概念的人物は増殖するということだ。ひとつの平面のうえに、無数の可能な概念が存在する。それらの概念は、可動橋を通じて、共振し、繋(つな)がりあう。しかし、それらが〔平面の〕湾曲の諸変化＝変奏（ヴァリアシオン）に応じてとる足どりを予見することは不可能である。それらは、突風に煽（あお）られるようにして創造され、そしてたえず分岐してゆくからだ。思考が直面するリスクと危険、思考を取り巻く誤った知覚と悪感情、これらを表現しているいくつかの否定的な無限運動が、それぞれの平面のうえで、肯定的な無限運動のなかに包み込まれている。それだけに、ますますゲームは複雑である。さらに、反感をそそる概念的人物たちもまた存在する。それらは、共感できる概念的人物たちに密着して離れず、後者の人物たちは、前者と手を切ることができない（それは、「自分の」猿あるいは自分の道化に取りつかれているツァラトゥストラ、キリストと切り離されないディオニュソスだけではなく、「自分の」ソフィストと区別されえないソクラテスでもあり、自分の悪しき分身たちを払いのけることができない批判哲学者でもある）。最後に、魅力的な概念たちのなかに捉えられた反発させる概念たちが存在する。しかし、それらは、平面の上に、低いかあるいは空虚な強度の領域を描き、たえず互いに孤立し、互いに調子を狂わせ、もろもろの接合を断ち切るのである（超越はそれ自身、「おのれの」諸概念をもっているではないか）。しかし、平面、人物、そして概念という徴（しるし）は、ベクトルの割り振りよりもはるかに曖昧である。なぜなら、それらは、互いに相手を自分のなかに折り畳んでいて、密着したり隣接したりしているからである。だからこそ、哲学はつねにひとつずつ狙（ねら）い撃ちにしてことに当たるのである。

　哲学は、三つのエレメントを提示する。それぞれ、他の二つに呼応しているのだが、ひとつひとつ取りあげて考察するべきものでもある——哲学が描かねばならぬ前‐哲学的な平面（内在）、哲学が発明しなければならず、生きさせなければならない準哲学的な概念的人物そのものあるいは概念的人物たち（内立）、哲学が創造しなければならぬ哲学的な概念（共立）。描く、発明する、創造する、それは哲学的三位一体である。ダイアグラム的特性、人物論的特性、そして強度的＝内包的特性。諸概念が、それらを繋ぎあわせる同一の内在平面をカバーして、互いに共振し、いくつかの可動橋を投げかけるのに応じて、概念群が複数個できる。思考のもろもろの無限運動が互いに相手を自分のなかに折り畳んで、湾曲のいくつかの変化＝変奏を合成し、あるいは反対に、合成不可能ないくつかの変化性＝多様体を選択するのに応じて、平面族が複数個できる。同一の平面のうえでの、かつ一個の〔概念〕群のなかでの人物たちの敵対的でさえある出会いの諸可能性に応じて、人物類型が複数個できる。だが、それが同じ群なのか、同じ類型なのか、同じ族なのかを決定するのは、しばしば困難である。そこでは、まったき「趣味」が必要になるのだ。

三つのエレメントは、それぞれ他の二つから導きだされないということからしても、三者の相互適合が必要になる。わたしたちは、この相互適合という哲学的能力を趣味〔美的判断力あるいは好み〕と呼ぶわけだが、これは概念創造を統制する能力である。〔カントにならって〕平面の描出を《理性》と呼び、人物の発明を《想像力》と呼び、概念創造を《悟性》と呼ぶとすれば、趣味は、三重の——まだ規定されていない概念、いぜんとして漠然とした状態にある人物、いまだに透けて見える平面に関する――能力として現れる。だから、創造すること、発明すること、描くことが必要になるわけだが、その場合、趣味は、本性上異なるそうした三つの力域（アンスタンス）〔概念、平面、人物〕どうしの対応の規則のようなものである。それはたしかに、尺度の能力ではない。内在平面を合成するあの無限運動たち、輪郭をなさないあの加速された線たち、あの傾斜と湾曲たちのなかには、どのような尺度も見いだされないだろうし、ときには反感をそそるあのつねに法外な人物たちのなかにも、尺度は見いだされないだろうし、あるいは、不規則な形（フォルム）を、そしてかん高く軋（きし）る強度をもつあの概念たち、しかも、一種の「嫌悪（デグ）」を鼓舞することができるほど激しく荒々しい色彩をもつあの概念たち（とりわけ反発させる概念たち）のなかにも、尺度は見いだされないだろう。だが、それらすべてのケースに、哲学的趣味（グ）〔好み〕として現れるものは、できのよい概念への愛である。ただし、「できのよい」というのは、概念の抑制をいうのではない。概念的活動〔概念創造〕がそれ自身において限界（リミット）をもつのではなく、ただ限界（リミット）なき他の二つの活動〔平面の描出と人物の発明〕のなかでのみ限界（リミット）をもつ場合の、一種の再始動、一種の変化づけ、これを「できのよい」というのである。かりに概念が既製品のかたちであらかじめ存在するということにでもなれば、概念は遵守すべき限界（リミット）をもつというはめになるだろう。けれども、「前－哲学的」平面が前－哲学的と名づけられるのは、その平面が前提として描かれるからでしかなく、それが描かれもしないであらかじめ存在するからというのではけっしてない。それら三つの活動は厳密に同時的であり、それらがもつ諸関係は通約不可能でしかないのだ。概念創造の限界（リミット）は、諸概念が生息しにくる平面にほかならないのであるが、平面それ自身は限界（リミット）なきものである。しかも、平面によって繋（つな）ぎあわされる必要のある創造さるべき諸概念にしか、あるいは、平面によって維持される必要のある発明さるべき諸人物にしか、その平面の描出は合致しないのである。それは、絵画の場合と似た事態だ。モンスターやこびとでさえ、できがよいためには、ひとつの趣味に従わなければならない。つまらぬことを言っていると思わないでいただきたい。わたしたちが言わんとしているのは、モンスターやこびとの不規則な輪郭のことだ。その輪郭は、それに利用されているように見える生殖質の素材としての皮膚の肌理（きめ）や《大地》の背景と釣り合いを保っている。色彩についてもひとつの趣味が存在する。それは、ひとりの偉大な画家において色彩創造を抑制するようになる趣味ではない。それは、かえって、色彩が、輪郭でできたおのれの形像（フィギュール）〔人物像〕に出会い、単色ベタ塗りや、湾曲や、アラベスクでできたおのれの平面に出会うほどまでに、色彩創造を駆り立てるような趣味なのである。ゴッホは、〈人間－向日葵（ひまわり）〉を発明することによって、またコンマ状の無限な小さな点からなる平面を描くことによって、はじめて黄色を限界（リミット）なきものにまで駆り立てる。色彩の趣味は、色彩への接近に必要な敬意と、通り抜けねばならぬ長い期待を、同時に証言しており、さらに、色彩を存在させる限界（リミット）なき創造をも証言しているのである。概念の趣味についても、同様に言うことができる。哲学者は、恐れと敬意をもってようやく未規定の概念に接近するのであって、思い切ってやってみるまでは長いこと逡巡するものだ。しかし彼は、とうとう概念を規定することができる。が、概念を規定するといっても、彼が描く内在平面を唯一の規則として、彼が生きさせねばならぬ奇妙な人物たちを唯一のコンパスとして、尺度なしに概念を創造することよりほかに、いかなる手段もない。哲学的趣味は、そうした創造の代わりになることはないし、その創造を抑制することもなく、反対に、概念創造こそが、それに変化をつけるひとつの趣味に依拠するのである。規定された概念の自由な創造は、未規定の概念の趣味を必要としている。趣味とは、そうした力（ピュイサンス）であり、概念のそうした〈潜勢態（ピュイサンス）－に－あること〉である。個々の概念が創造されたり、個々の合成要素が選び取られたりするのは、たしかに、「合理的なもしくは道理のある」理由からではないということだ。ニーチェは、概念創造と、哲学に固有の趣味との以上のような関係を予感していた。そして、哲学者とは概念を創造する者であるというのは、ほとんど動物的な本能的に「味わう＝知ること（サペーレ）」としての趣味能力のおかげである――哲学者の一人ひとりに、彼の名に彫り込まれるひとつの刻印としての、彼の作品がそこから生じるはずのひとつの親和力としての、或るいくつかの問題に接近する権利を与える或る《フィアット》、或る《運命（ファトゥム）》。(11)

ひとつの概念が他のいくつかの概念に繋（つな）がっていず、それが解となるような、また解を出すのに貢献するような当の問題に結びついていないかぎりにおいて、その概念は意味を失っている。けれども重要なのは、哲学的な問題と科学的な問題を区別することである。なるほど哲学は「問」を立てるものであるが、そう言っただけでは、問（ケスチオン）は、科学（シアンス）に属する問題（プロブレム）には還元されえないような問題を指すための語にしかならず、それゆえに、大して得るものはないだろう。概念は、科学に属する命題と同一視しうる命題の拡張条件に関する問題を指し示すことはけっしてない。というのも、概念は命題的ではないからである。それでもなお、ひとが哲学的概念を命題として解釈することに執着するならば、それは、程度に多少はあっても本当らしいだけで科学的価値はまったくないオピニオンというかたちでしか可能にならないのである。しかしそのようにして、ひとは、ギリシア人たちがすでに直面していた難題に突き当たるのである。それは、哲学がギリシア的なものとみなされるようになる第三の特徴でさえある。すなわち、ギリシア的都市国家（ポリス）は、〈友好的であること〉あるいは〈対抗しあうこと〉を社会的関係として奨励し、ひとつの内在平面を描き、またそればかりでなく、自由なオピニオン（臆見（ドクサ））を支配的な位置につける。そのとき哲学は、もろもろのオピニオンから、それらのオピニオンを変化させるような「知」を引きださなければならないのだが、そうした知（サヴワール）はやはり科学（シアンス）的知識からは区別されるものである。対立しうる複数のオピニオンの真理値を測り、あるいは一方のオピニオンを他方のオピニオンよりも賢明であるとしてそれを選択し、あるいはそれぞれのオピニオンに帰属するそれなりの持ち分を決定する、ということが可能な力域（アンスタンス）をそれぞれのケースにおいて見いだすこと、これがしたがって、哲学的な問題の本領になるだろう。問答法（ディアレクティク）と呼ばれるもの、そして哲学を果てしなき議論に還元するものの意味は、つねにそうしたところにあったのである。[12] それはもちろんプラトンに見いだされるのであって、その場合、いくつかの〈観照の普遍(ユニヴェルソー)〉が、対抗しあうもろもろのオピニオンのひとつひとつの真理値を測り、それらを知にまで高めるものだとみなされている。だが、たしかに、いわゆる行き詰まり(アポリアー)に陥る対話のなかで、プラトンが残した諸矛盾のために、はやくもアリストテレスが、〔哲学的〕問題に関する弁証術的(ディアレクティク)探求を或る〈コミュニケーションの普遍(ユニヴェルソー)〉へと方向づけなければならなくなる(『トピカ』)。ふたたびカントにおいて、〔哲学的な〕問題の本領は、対立したもろもろのオピニオンを、ただしいくつかの〈反省の普遍概念(ユニヴェルソー)〉によって、選択したり割り振ったりすることになるだろう。ヘーゲルにいたるや、対抗しあうもろもろのオピニオンの矛盾を利用することによって、それらのオピニオンから、即自的にかつ絶対者において運動することが可能な、そして観照され、反省され、コミュニケートされることが可能な超科学的命題を引き出す、という考えが現れる(それが思弁的命題であり、そこでは、もろもろのオピニオンが概念の諸契機へと生成する)。しかし、どれほど大きなディアレクティク〔問答法、弁証法〕の野心をもってしても、また偉大な弁証家(ディアレクティシアン)たちのどれほど優れた天才をもってしても、ひとはふたたび、ニーチェによって哲学における平民の仕事あるいは悪趣味と診断された、この上なく悲惨な状態に陥ってしまうのである——たとえば、概念をたんなるオピニオンとしてのいくつかの命題に還元すること——内在平面を誤った知覚と悪感情のなかに飲み込まれるようにすること（超越の錯覚、および或るいくつかの普遍(ユニヴェルソー)の錯覚）――高次のオピニオンとみなされているものだけを、つまり根源的臆見(ウアドクサ)だけを構成するような或る知のモデルを設定すること――概念的人物を教授や学校の責任者に置き換えること――である。ディアレクティクは、哲学固有の論証性を見いだすのだと主張しているが、それがそうできるのは、ただもろもろのオピニオンを連鎖させることによってでしかない。ディアレクティクが、いくらオピニオンを越えて知に向かおうとしても、オピニオンは頭をもたげてくるし、それをやめることがない。たとえ根源的臆見(ウアドクサ)の全能力をもってしても、〔ディアレクティクとしての〕哲学はひとつの学説史(ドクソグラフィー)〔ドクサの記録〕にとどまるだけである。中世における論争の対象としての《問》と《討論課題(クオドリベット)》を惹起するメランコリーと、多くの哲学史のなかに再び見いだされるメランコリーは、いつでも同じものなのであって、一方では、そのような《問》と《討論課題(クオドリベット)》において、ひとは、神学者たちがみな思考する理由もわからずに思考したことがら（《出来事》）を学び、他方では、そうした哲学史において、問題はその問題に答として役立つ命題の複写にすぎないがゆえに、ひとは、問題がいかなるものであるかはまったくわからないままに、もろもろの解（アリストテレス、デカルト、ライプニッツ……における実体〔概念〕）を点検しているのである。

　哲学が本性上逆説的(パラドクサル)〔反ドクサ的〕であるのは、哲学が真実らしさのもっとも少ないオピニオンに与(くみ)するからというのではなく、また矛盾したオピニオンを主張するからというのでもなく、反対に、哲学が、標準的な言語に属する文章を用いて、何かオピニオンのレヴェルにも命題のレヴェルにさえも属さないことを表現するからである。なるほど、概念はひとつの解である。しかし、概念が答えている当の問題は、その問題にとっての強度的＝内包的共立性（コンシスタンス）の諸条件のなかにとどまっているのであって、科学のように、外延的命題の指示条件のなかにとどまっているわけではない。概念がひとつの解であるならば、哲学的問題なるものの諸条件は、概念の前提である内在平面のうえにある〔概念は、思考のイメージ〔内在平面〕のなかでどのような無限運動を指し示しているのだろうか〕。さらに、そうした問題に含まれる未知数は、概念が動員する概念的人物たちのなかにある（正確にはどのような概念的人物であろうか）。ひとつの概念、たとえば認識という概念は、それが指し示す〈思考のイメージ〉との関係においてのみ、しかも、それが必要とする概念的人物との関係においてのみ意味をもつ。他のイメージ、他の人物であれば、それらは他の概念を呼び寄せる（たとえば、信仰と《調査者》）。もとより問題はその諸条件とその未知数において規定可能であるのだが、解は、そのようにして規定されうる問題と無関係に意味をもつことはない。だが、その諸条件と未知数にしたところでやはり、概念として規定可能な解と無関係に意味をもつことはないのである。以上の三つの力域（アンスタンス）〔概念、平面、人物〕は互いに含みあっているのだが、しかし同じ本性をもっているわけではない。それらは、共存し存続して、互いに相手のなかで消え去ることがない。哲学的な問題というものが何であるのかを理解させることに多大な貢献をしたベルクソンは、正しく立てられた問題は解かれた問題であると述べていた。しかし、だからといって、問題はその解の影もしくは付帯現象にすぎないというわけではなく、解は問題からあふれ出たもの、もしくはその分析的帰結にすぎないというわけでもない。それはむしろ、こういうことなのだ——構築主義(コンストリュクシオニスム)〔としての哲学〕の合成要素をなす三つの活動、すなわち、解の事例としての概念を創造することを本領とする第一の活動、問題の諸条件としての平面と平面上の運動とを描くことを本領とする第二の活動、問題の未知数としての人物を発明することを本領とする第三の活動は、絶えず交替し、交截(こうせつ)し、互いに相手に先行したり後続したりするのである。(解がその一部をなしている)問題の総体の本領は、つねに、第一の活動が進行中に第二と第三の活動を構築(コンストリュイール)することである。プラトンからカントにいたるまで、どのようにして思考が、そして「第一の」ということが、さらに時間が、解の規定となりうる相異なった概念を、ただし相異なった諸問題の規定となる諸前提に即して得るのかということは、すでにわたしたちが見たところである。というのも、同一の項が、二度ならず三度までも、一度は、概念としての解のなかで、もう一度は、前提された問題のなかで、さらにもう一度は、媒介としての、仲介者としての人物のなかで、現れることができ、しかも、その都度、他に還元されえない特有の形式をとるからである。

どのような規則によっても、とりわけどのような議論によっても、前もって、どれがよい平面であるのか、どれがよい人物であるのか、どれがよい概念であるのかを言うことはできないだろう。なぜなら、それら三つのそれぞれが、他の二つが成功しているか否かを決定するからであり、それぞれが、それなりに、つまりひとつは創造されるものとして、もうひとつは発明されるものとして、さらにもうひとつは描かれるものとして、構築されなければならないからである。ひとは問題と解を構築し、それについて「失敗している……成功している……」と言いうるのだが、しかし、問題と解の相互適合に応じてかつ従って、はじめてそれは可能になる。構成主義（コンストリュクティヴィスム）〔としての哲学〕は、必要な構築を遅らせるであろう議論というものをみな失格したものとみなす。同様に、構成主義は、観照、反省、コミュニケーションという《普遍（ユニヴェルソー）》をすべて、平面を取り巻くいくつもの錯覚から出てくるいわゆる「疑似問題」の源泉であるとして告発する。前もって言いうるのは、以上のことだけである。ひとつの解を見いだしたのだとわたしたちが信じ込むのは、なるほどあってよいことだ。けれども、わたしたちが最初には見ることがなかった平面の新たな湾曲が、継続的な推力をもって働きながら、そして到来すべき、創造されるべき概念をこいねがいながら、すべてを再び始動させて、いくつかの新たな問題を、ある一連の新たな問題を立てるために到来するのである（これはむしろ、以前の平面から離れたひとつの新たな平面ではないのかどうか、わたしたちにはそれさえわからない）。逆に、こうしたこともおおいにありうる――隣接していると信じられていた二つの概念のあいだに、ひとつの新たな概念があたかも楔（くさび）のように打ち込まれ、内在の卓の上で今度はそれが、〔卓を拡張するための〕一種の継ぎ足し板のように出現する一個の問題の規定をうながすのである。このように、哲学は或る恒常的な危機のなかで生きているのだ。平面の働きは動揺にあり、概念の振る舞いは突風に、人物の営みは痙攣にある。こうした三つの力域間の関係こそ、本性上、問題提起的なものなのである。

問題はよく立てられているのか、解は適切か、本当にあっているのか、人物には生命力があるのか、そのことを前もって言うのは不可能である。なぜなら、〔平面－問題、概念－解、人物－未知数に関する三つの〕哲学的活動のそれぞれは、他の二つのなかにしか基準をもたず、またそうであるからこそ、哲学はパラドックス〔反ドクサ〕のなかで展開することになるからである。哲学の本領は、知るということにはない。そして哲学を鼓舞するものは、真理ではなく、たとえば《面白い》、《注目すべき》、《重要な》といった、成功または失敗を決定するカテゴリーである。さてもう一度言うが、そのことを、〔平面、概念、人物を〕構築してしまう前に知るのは不可能である。わたしたちが、哲学書の多くについて、それは誤っているという言い方をしないのは、そう言ったところで何の意味もないからである。むしろわたしたちは、それは重要でも面白くもないという言い方をするだろう。なぜなら、まさに、その多くがまったく概念を創造せず、思考のイメージをもたらさず、あるいは苦労の甲斐ある人物を産みださないからである。余白に「誤り」と書くことのできるのは教師だけである。いやそれも怪しいが、ともかく読者がなすことは、むしろ、彼に提供される読み物の〈重要性〉、その〈面白さ〉、すなわちその〈斬新さ〉を疑うということである。それらは、《精神》のカテゴリーなのである。メルヴィルが述べていたように、小説に登場する偉大な人物は、《オリジナルな》もの、《ユニークな》ものでなければならない。概念的人物も同様である。概念的人物は、たとえ反感をそそるものであろうと、注目すべきものでなければならず、概念は、たとえ反発させるものであろうと、面白いものでなければならない。ニーチェは、「疚（やま）しい良心」という概念を構築したとき、そこに、この世でもっともむかつくものを見てとることができたのだが、それでもなお「まさにここで、人間は面白くなりはじめる！」と叫んだ。事実彼は、ひとつの新たな概念的人物（祭司）との連関において、ひとつの新たな〈思考のイメージ〉（ニヒリズムのネガティヴな特性のもとで了解された〈力の意志〉）とともに、人間のための、人間に適した、ひとつの新たな概念を創造しおえたのだと思っていたのである……[13]。

　批判というものは、もっともポジティヴな創造と同程度に、（批判されるものごとについての）新たな概念をいくつか折り込んでいる。諸概念は、それらの生ける質料（マチエール）（内在平面）のうえで成型された不規則な輪郭をもっている。では、どれが、本性上面白くないものなのだろうか。それは、非共立的（アンコンシスタン）な（合成諸要素が共立しない、つまり堅固でない）概念だろうか。すなわち、ニーチェが、「不格好で流れだしそうな塗りたくりの概念」と呼んでいたものだろうか。あるいは反対に、あまりにも規則的で、石化して、骨組だけになってしまった概念だろうか。後者の観点からすれば、もっとも普遍的な概念、つまり永遠の形式もしくは価値として提示される概念は、このうえなく骸骨に近いもの、このうえなく面白くないものである。ひとが、現代の哲学者たちには、やってほしくないと思うようなこと〔創造〕を、古い既製の概念の借用先である古代の哲学者たちがすでにおこなってしまっているということ、これを理解もせずに、ひとが、あらゆる創造を怖じけづかせるために骸骨を揺するように、ただそうした古い既製の概念を揺すってみせるだけでは、ひとは、批評〔批判〕の領域においても歴史の領域においても、ポジティヴなことは何もしたことにはならないのだし、いやまったく何もしたことにはならないのである。古代の哲学者たちは、自分たちの概念の創造をおこなったのであって、わたしたちの時代の批評家や歴史家のように骨のすすを落とし、骨にぞうきんをかけるだけで満足するようなことはいささかもなかったのだ。哲学史でさえも、そのもくろみが、眠り込んでいる概念をしてそれ自身に逆らうようにさせてしまっても、とにかくそうした眠り込んでいる概念を目覚めさせ、それを新たな舞台のうえで再演するということでなければ、まったく面白くないものである。

4 哲学地理

主観・客観の視点からは、思考に関する悪しき近似値しか得ることができない。思考するということは、主観と客観のあいだに張られた糸ではないし、一方を中心としたもう一方の転回でもない。思考するということは、むしろ、領土(テリトリー)と大地(テール)との関係のなかで成立するのである。カントは、そう思われているほど、主観・客観の枠組みのなかに囚(とら)われてはいない。なぜなら、コペルニクス的転回という彼の考えによって、思考が、ダイレクトに大地との関係のなかに置かれているからである。フッサールは、思考にとっての土地(ソル)〔地盤〕を要求している。この土地は、根源的直観としての、動きも休止もしないかぎりでの大地のようなものであろう。けれども、すでにわたしたちが見たように、大地は、絶えず、その場での脱領土(テリトリー)化の運動をおこない、この運動によって、大地はあらゆるテリトリーを越えてゆく——大地は、脱領土(テリトリー)化し脱領土(テリトリー)化されるものである。大地はそれ自身、集団で自分たちのテリトリーを去るものたち——海底を一列になって歩きはじめるエビ、天の逃走線に乗るイナゴやシギ——の運動と混じりあっている。大地は、数あるエレメントのなかのひとつではない。大地は、ひとつの同じ密着のなかですべてのエレメントをまとめあげているのだが、しかし大地はまた、テリトリーを脱領土（テリトリー）化するために、それらエレメントの一方をあるいは他方を利用する。脱領土（テリトリー）化の運動は、どこか他の場所に開かれているテリトリーと切り離しえないものであり、再領土（テリトリー）化のプロセスは、テリトリーを回復する大地から切り離しえないものである。（テリトリーから大地への）脱領土（テリトリー）化と（大地からテリトリーへの）再領土（テリトリー）化という二つの不可識別ゾーンをともなったテリトリーと大地は、二つの合成要素である。二つのうちどちらが最初であるのかは、言うことができない。わたしたちは、ギリシアが、どのような意味で、哲学者のテリトリーであるのか、あるいは哲学の大地であるのかを問うてみよう。

国家と都市国家（ポリス）は、しばしば領土（テリトリー）的なものとして、すなわち系族（リニッジ）〔単系出自集団〕の原則のかわりにテリトリーの原則にもとづくものとして定義される。しかし、これは正確ではない。系族的諸集団はテリトリーを変えることができるし、系族的諸集団は、「地域的血統」のなかでテリトリーあるいは居住地を手に入れるという事態によってのみ有効に規定されるのだが、国家と都市国家（ポリス）は、反対に、脱領土（テリトリー）化を遂行するのであって、それというのも、国家の方は、農業的な諸テリトリーを並置して比較し、それらを算術的な高次の《統一》へともたらすからであり、都市国家（ポリス）の方は、テリトリーを、或る幾何学的広がり——それは商業的流通経路へと引き継がれうる——に適したものとするからである。国家の帝国的スパティウム〔空間〕、あるいは都市国家の政治的エクステンシオ〔広がり〕、これは、領土の原則というよりもむしろ、或る脱領土化である。それは、国家が地域的集団のテリトリーを自国領として併合するケースにおいて、あるいは、都市国家がその後背地をかえりみないケースにおいて、はっきりと把握される事態である。再領土化は、一方においては、宮殿とその備品に関しておこなわれ、他方では、広場と販売網に関しておこなわれる。

帝国的国家においては、脱領土化は超越的脱領土化である。脱領土化は、大地のひとつの天上的合成要素にしたがって、垂直に、高みからなされようとする。テリトリーは無人の地になってしまっていたが、或る天上の《外国人》が、テリトリーを再‐地盤固めしに、すなわち、大地を再領土化しにやって来る。反対に、都市国家においては、脱領土化は内在的脱領土化である。脱領土化は、或る《土着的なもの》を——すなわち、テリトリーを再‐地盤固めするためにみずから水底を移動する海洋性の合成要素に従う大地の力を——解放する（エレクテイオン、すなわちアテナとポセイドンの神殿）。たしかに、事態はもっと複雑である。というのも、帝国的《外国人》自身が、生き残る土着民たちを必要としており、市民たる《土着民》は、逃亡中の外国人たちを当てにするからである——しかしまさに、それら二つは同じ社会心理学的類型ではないし、帝国の多神教と都市国家の多神教も〔多神教とはいえ〕同じ宗教的形態ではない[1]。

ギリシアはフラクタルな構造をもっていると言えそうである。それほど、半島のどの地点も海に近く、そして〔入り組んだ〕海岸線は長い。エーゲ海の諸民族。古代ギリシアのもろもろの都市国家（ポリス）、とりわけ土着的なものであるアテナイは、なるほど最初の商業都市ではない。しかし、それらは、それらのモデル〔最初の商業都市〕に追随することなく東方の古代諸帝国から利益を得るために、その古代諸帝国に十分近づくと同時に十分距離をとった最初の都市国家（ポリス）である。それら都市国家（ポリス）は、古代帝国の毛穴のなかに定着するかわりに、或る新たな合成要素のなかに浸る。それらは、内在をもってことにあたる脱領土（テリトリー）化の特殊な様態を際立たせている。それらは、内在の中間＝環境を形成するのである。これは《東方》の縁（へり）に位置するいわば「国際市場」であって、この市場は、多くの独立都市国家（ポリス）のあいだに、あるいは互いに異なる社会のあいだに組織されるのだが、独立しているとはいえ互いに関係をもつそれらの都市国家（ポリス）間では、職人と商人が、諸帝国が拒絶していた自由、移動可能性を享受するのである[2]。それら二つの類型は、ギリシア世界の縁（へり）に由来するものである。つまり、帝国と絶縁して、逃亡中の、そしてアポロンの植民地の被支配者たる外国人たちに由来するものである。それは、職人と商人だけではなく、哲学者にも当てはまることである。ファイが言っているように、おそらくエペソスのヘラクレイトスの造語である「哲学者」という名の相関項が、やはりおそらくアテナイ人プラトンによってつくられた「哲学」という語に見いだされるまでには、一世紀要した。「アジア、イタリア、アフリカは、哲学者なるものを哲学なるものに結びつける行程のオデュッセイア的諸相である」[3]。哲学者たちは外国人である、が、哲学はギリシア的なものである。それら亡命者たちは、ギリシア的環境のなかに何を見いだすのだろうか。少なくとも三つのものが見いだされるのであり、それは哲学の事実上の諸条件である――〔1〕内在の中間＝環境としての純然たる社会性、「連合の内因的本性」、それは帝国の主権に対立し、先行する利害をまったく折り込んでいない、なぜなら、対抗しあう利害が、反対に、そうした社会性を前提するからである――〔2〕連合する〔仲間になる〕或る種の快楽、それは友愛を構成する、しかしさらに、連合を破る快楽、それは対抗関係を構成する（〔南イタリアにおける〕ピュタゴラス派のような亡命者たちによって形成された「友たちの社会」がすでに存在していたではないか、だが、その社会はやはりいくぶん秘密結社の性格をもっていて、それらが開かれるのはギリシアにおいてであろう）――〔3〕帝国では思いもよらぬ、オピニオンというものへの好み、意見交換の好み、会話への好み[4]。わたしたちがつねに再発見するのは、内在、友愛、オピニオンという、三つのギリシア的特性である。そこに、或るいっそう穏やかな社会を見ようとしてはなるまい。というのも、社会性はその残酷さをもち、友愛はその対抗関係をもち、オピニオンは血なまぐさい敵対と逆転をもっているからである。ギリシアの奇跡は、サラミス島で起こった〔サラミスの海戦〕。そこにおいて、ギリシアはペルシア帝国から逃れ、そして自分のテリトリーを失った〔ギリシアの〕土着民たちは、海のうえで優位に立ち、海のうえでおのれを再領土化する〔再び自分のテリトリーをもつ〕。デロス同盟は、言わばギリシアのフラクタル化である。かなり短い期間であったが、民主主義的な都市国家〔アテナイ〕、植民地建設、海と、新たな帝国主義〔後にペルシアに援助されるスパルタ〕とのあいだに、このうえなく深い絆が存在した。この帝国主義は、海に、もはやおのれのテリトリーの限界あるいはおのれの企ての障害を見てとることはなく、かえって、拡大した内在の浴槽[*1]を見てとる。以上のすべては、そして何よりもまず哲学とギリシアの絆は、たしかな事実として認められているように思われるのだが、曲折と偶然性の印がつけられているようにも思われる……。

脱領土化は、物理的であろうと、心理的であろうと、あるいは社会的であろうと、いずれにせよ相対的である場合がある。それは、大地のうえで描かれたり消されたりするもろもろのテリトリーとその大地との歴史的関係、時代やカタストロフと大地との地質学的関係、大地がその一部をなしている天体のシステムやコスモスとその大地との天文学的関係、そうした関係に脱領土化がかかわっているかぎりにおいてである。しかし、ダイアグラム的無限運動の状態にある、〈思考―《存在》〉つまり〈思考―《自然》〉の、純然たる内在平面のなかに、大地が移行するとき、脱領土化は絶対的である。思考するということは、大地を吸収する（あるいはむしろ「吸着する」）ような内在平面を広げるということである。そのような平面の〔絶対的〕脱領土化〔平面が大地を吸収すること〕は、再領土化を排除せず、むしろ再領土化を、来たるべき新たな大地の創造として定立する。しかしそれでもなお、絶対的脱領土化は、相対的脱領土化との或る規定されるべき関係に即してでなければ思考されえないのである——相対的脱領土化〔大地のうえにあるテリトリーを失わせること〕とは、もちろん、コスモス的であるばかりでなく、地理的、歴史的、社会心理学的でもある脱領土化のことである。内在平面上の絶対的脱領土化が、一定の場のなかでの相対的脱領土化に取って代わる仕方が、つねに存在するのである。

　相対的脱領土化がそれ自身内在的であるか超越的であるかによって大きな違いが出てくるのは、まさに以上の点においてである。相対的脱領土化が、帝国的統一によって遂行されるところの、超越的で、垂直で、天上的なものであるとき、超越的エレメントは、つねに内在的な〈思考－《自然》〉の平面のうえに書き込まれるために、下に傾くか、一種の回転を甘受しなければならない。天上の垂直線は、或る螺旋に沿ってようやく、思考平面の水平線に横たわるようになる。思考するということは、この場合、内在平面への超越的なものの投影を折り込んでいる〔含意している〕。超越は、それ自身においてまったく「空虚」でありうる。だが、下に傾いて、相異なる諸水準の階層を貫通すると——すなわち、平面の一区域に、つまり或る無限運動に対応したひとつのアスペクトに、ひとまとまりになって投影される相異なる諸水準の階層を貫通すると——超越は充足される。その辺の事情は、超越が絶対的なものに侵入するときでも、あるいは一神教が帝国的統一に取って代わるときでも同様である。超越神は、もしもその神の顕現の諸段階が描かれる創造の内在平面に投影されなかったとするならば、いぜんとして空虚な、あるいは少なくとも「隠レタ（アブスコンディトゥス）」ままであろう。帝国的統一であろうと精神的帝国であろうと、いずれにせよ、内在平面に投影される超越は、内在平面に、《形像（フィギュール）》を敷きつめたり生息させたりする。それが知恵であるのか宗教であるのかはどうでもよいことであって、とにかくそうした観点からこそ、中国の卦、インドのマンダラ、ユダヤのセフィロート、イスラムの「想像上のもの」、キリスト教のイコンを比べあわせることができる——形像によって思考すること。卦とは、連続線と不連続線の組み合わせであって、それらの線は、ひとつの螺旋の諸水準にしたがって互いに相手から派生しており、この螺旋が、超越的なものが下に傾く諸契機の総体を描きだしているのである。マンダラとは、ひとつの表面への或る投影である。すなわち、いずれもが同一の超越の諸価値としての、神的、コスモス的、政治的、建築的、有機的な諸水準を互いに照応させる投影である。それゆえ、形像は或る指示（レフエランス）〔準拠〕を有している。本性上、多義的で循環的な指示をである。なるほど形像は、形像にとって外的なものとの類似によっては定義されない。というのも、外的な類似は禁じられているからである。しかし形像は、内的緊張によって、すなわち思考の内在平面のうえでその形像を超越的なものに関係させる内的緊張によって定義されるのである。要するに、形像は、本質的に範列的、投影的、階層的、指示的なものである（芸術と科学もまた力強い形像（フィギュール）〔人物像（フィギュール）あるいは像（フィギュール）〕を打ち立てるのだが、しかし、それらがあらゆる宗教と区別されるのは、禁じられた類似を要求するからではなく、しかじかの水準を解放して、それを新たな思考平面に仕立てあげるからであって、その平面のうえでこそ、やがてわたしたちが見るように、指示と投影がその本性を変えるのである）。

さきほどわたしたちは、手っ取り早く、ギリシア人はひとつの絶対的内在平面をつくったと言った。しかし、ギリシア人の独創性を問題にするのであれば、それはむしろ、相対的なものと絶対的なものとの関係に求めなければならない。相対的脱領土（テリトリー）化は、それ自身が水平的、内在的であるとき、内在平面の絶対的脱領土（テリトリー）化と結び付く。この場合、内在平面は、相対的脱領土（テリトリー）化の諸運動（環境、友、オピニオン）を変貌させながら、それらの運動を無限に担い、絶対的なものにまで押しやる。内在は二重なのである。まさにそこで、ひとは、形像によってではなく、概念によって思考する。概念こそが、内在平面に生息しにやって来る。存在するのは、もはや形像における投影ではなく、概念における連結（コネクシオン）である。それゆえ、概念自身があらゆる指示（レフエランス）を放棄して、〔概念内部およびその外部における〕結び付きと連結のみを、すなわち、おのれの共立性（コンシスタンス）を構成する結び付きと連結のみを保持するのである。概念の規則は、内的な近傍であろうと外的な近傍であろうと、とにかく近傍〔近さ、隣接〕でしかない。概念の内的な近傍あるいは共立性は、不可識別ゾーンのなかでの概念の合成諸要素の連結によって保証される。概念の外的な近傍つまり外部‐共立性は、一方の概念の合成諸要素が飽和するときに、その一方の概念から他方の概念に通じる橋によって保証される。したがって、概念創造を意味するのは、こういうことになる――互いに切り離しえない内的な合成諸要素を、閉じるまでつまり飽和するまで連結し、こうして、さらに合成要素をひとつ付け加えたり引き去ったりすれば、もはや概念自体が変化せざるをえないということ――他の諸連結がその本性を変化させてしまうように、概念をもうひとつの概念に連結するということ。概念の多義性は、もっぱら、近傍に依拠している〔ひとつの概念は複数の近傍をもつことが可能である〕。概念とは、諸水準をもたない単色ベタ塗りであり、階層をもたない縦座標（オルドネ）である。したがって、次のような問いが哲学において重要になる――すなわち、ひとつの概念のなかに何を置くべきか、そして、ひとつの概念を何と並置すべきか。ひとつの概念のかたわらにどのような概念を置くべきか、そして、それぞれの概念のなかにどのような合成要素を置くべきか。それが、概念創造の問なのである。ソクラテス以前の哲学者たちは、もろもろの物理的基本要素を概念として扱っている。彼らは、それらの概念を、それら自身あらゆる指示〔準拠〕から独立したものとみなし、それらのあいだに、そして、それらのありうべき合成諸要素のなかに、近傍指示のよき規則だけを求めている。彼らの答が様々であるのは、彼らが、それら基本要素的な概念を、その内部においても外部においても、同じ仕方では合成していないからである。概念というものは、範列的（パラディグマティック）ではなく連辞的であり、投影的ではなく連結的であり、階層的ではなく隣接的であり、指示的ではなく共立的である。したがって、当然のことながら、哲学、科学、芸術は、もはや〔内在平面への超越的なものの〕同じひとつの投影の三つの水準として組織されているのではなく、また、ひとつの共通の母胎から分化しているのでもないのであって、反対に、それぞれ独立して、あるいはそれらのあいだに連結関係を引き起こす分業において、何ものにも媒介されずに定立され、あるいは再構成されるのである。

以上から、形像と概念のあいだには、根本的な対立があると結論すべきであろうか。しかし、それらの差異を定めるための試みの大半は、それら二つのうちの一方を貶(おとし)めることで満足する気まぐれな判断しか表現していない。たとえば、概念には理性の威信を与えて、形像を非合理的なものの夜と象徴に帰着させたり、反対に、形像には精神的な生の特権を与えて、概念を死せる悟性の人為的な運動に帰着させたりするといった判断である。しかしそれでもなお、共通であるように見えるひとつの内在平面のうえに、厄介な〔概念と形像の〕類縁性が現れる。[5] 中国思想においては、平面のうえに、一種の往復というかたちで、或る〈思考－《自然》〉のダイアグラム的運動――陰陽――が書き込まれる。そして卦は、連続線と不連続線でできた合成諸要素をともなった、平面の断面図であり、そうした無限運動の強度的＝内包的縦座標(オルドネ)である。しかし、そのように〔概念と形像が〕対応するからといって、〔それらのあいだに〕境界がないわけではない。たとえそれを識別するのが難しくてもである。なぜなら、形像は、何か垂直なもの、超越的なものを折り込んでいる〈平面への投影〉であるのだが、反対に概念は、近傍〔隣接〕と水平な繋(つな)がりあいしか折り込んでいないからである。すでにフランソワ・ジュリアンが中国思想に関して指摘していたように、超越的なものは、なるほど、投影によって「内在の絶対化」を生産する。しかし、哲学が標榜する絶対者としての内在は、それとはまったく別のものである。わたしたちが言いうることは、ただ、形像は概念に無限に接近するところまで、その概念に向かってゆくということだけである。十五世紀から十七世紀にかけてのキリスト教では、紋章は「想念(コンツエット)」を包み込んでいるものになっていたのだが、想念(コンツエット)はまだ〔概念独自の〕共立性を獲得しておらず、概念が形像化されたりあるいは隠されたりさえする仕方に依存していたのである。「キリスト教哲学というものは存在するのか」という周期的に回帰してくる問は、〈キリスト教はそれ固有の概念を創造することができるのか〉という問を意味している。〈信仰〉、〈不安〉、〈罪〉、〈自由〉……?　わたしたちは、パスカルあるいはキルケゴールに、以下の点を見てとった――すなわち、信仰はおそらく、この現世への信仰になるときにのみ、そして投影されるかわりに連結されるときにのみ、真の概念に生成するということをである。キリスト教思想はおそらく、おのれの無神論によってのみ、すなわちキリスト教思想が他のすべての宗教にもまして分泌する無神論によってのみ、概念を産出するだろうということだ。哲学者にとっては、無神論は問題ではないし、神の死も問題ではない。むしろ、概念における無神論の域に達して、その後でようやく、諸問題が始まるのだ。かくも多くの哲学者たちがいまだに神の死を悲劇として受けとめているのは、驚くべきことである。無神論はドラマではなく、哲学者の晴朗な境地であり、哲学の成果である。宗教から引き出されるべき無神論が、つねに存在するのである。それは、すでにユダヤ思想においても真実であった。ユダヤ思想は、おのれの諸形像を概念にまで押しやるのだが、無神論者スピノザによって、ようやく概念に到達するのだ。そして形像が概念に向かってゆくとすれば、その逆もまた真であり、哲学的諸概念は、内在が何か或るものに帰属させられるたびごとに、形像を再生産するのである。観照の対象性〔イデア〕、反省の主体、コミュニケーションの相互主体性は、哲学の三つの「形像」である。さらに確認しておかなければならないのは、哲学は形像に到達するとかならず背かれるということ、そしてまったく同様に、宗教は概念に到達するとかならず捨てられるということである。形像と概念とのあいだには、〈本性上の差異〉があり、またそればかりでなく、すべての可能な〈程度上の差異〉がある。

中国の、インドの、ユダヤの、イスラムの「哲学」という言い方をしてよいだろうか。概念ばかりでなく形像も生息しうる内在平面のうえで、思考が営まれるかぎりにおいて、そう言ってよい。けれども、この内在平面は、正確には哲学的なものではなく、むしろ前-哲学的なものである。この内在平面は、その平面に生息してそれに反作用を及ぼすものによって変様される。すなわち、その平面が概念の効果のもとでのみ哲学的なものへと生成するような仕方で変様される。この内在平面は、哲学の前提ではあるが、けれどもやはり、哲学によって創建されるものであり、非哲学との哲学的関係のなかで繰り広げられるものである。反対に、形像の場合、前-哲学的なものは以下のようなことを示している――概念創造あるいは哲学的形成は、内在平面自身の不可避的な目的ではないということ、そして内在平面が繰り広げられるのは、知恵と宗教においてであり、しかも哲学をその可能性そのものにかんがみて前もって払いのける分岐に従ってであるということ。わたしたちが否定するのは、哲学が、それ自体においてであれギリシア人においてであれ、内的な必然性を呈するということなのだ（そして、ギリシア的奇跡という考えがあるとすれば、それは、そうした偽の必然性のもうひとつの面でしかないであろう）。けれども、哲学は、〔ギリシアへの〕移住者たちによってもたらされたとはいえ、ひとつのギリシア的なものごとであった。哲学が生まれるためには、ギリシア的環境と思考の内在平面が出会う必要があった。たいへん異なる二つの脱領土化運動、すなわち、一方は相対的で他方は絶対的であり、前者はすでに内在のなかで働いているといった、二つの脱領土化運動の接合が必要であった。思考平面〔内在平面〕の絶対的脱領土化は、ギリシア社会の相対的脱領土化との直接的な組み合わせあるいは連結を必要とした。友と思考の出会いが必要であったのだ。要するに、まさしく哲学のひとつの理由〔根拠〕が存在するのであるが、それは総合的かつ偶然的な理由——ひとつの出会い、ひとつの接続——である。それは、それ自身によって十分な理由であるが、それ自身において偶然的な理由である。概念のなかでさえ、理由というものは合成諸要素のひとつの連結に依拠しているのであって、この連結はもちろん、他のいくつかの近傍とともに他の連結でありうる可能性があるのだ。哲学に登場するような理由の原理〔理由律〕は偶然的理由の原理であり、それはつぎのように表現される——偶然的理由のほかによき理由はなく、偶然性の世界史のほかに世界史はない。

例7

ヘーゲルあるいはハイデガーのように、哲学をギリシアに結びつけるような分析的かつ必然的理由を探し求めても無駄である。ギリシア人は、自由な人間であるがゆえに、《客観》を主観との関係において把握した最初の者である——そうした客観が、ヘーゲルによれば、概念であろう。しかし〔ギリシアにおいては〕、客観は、主観との関係がさらに規定されることなく、「美」として観照されるにとどまっているので、その関係がそれ自身反省され、さらには運動させせられ、あるいはコミュニケートされるためには、〔近代において〕後続する諸段階を待たねばならないのである。それでもなお、概念の内部で一切がそこから展開するその出発点となる最初の段階を発明したのは、ギリシア人である。なるほど、東洋も思考していた。しかし、東洋は、純粋な抽象としての、あるいはたんなる特殊と同一である空虚な普遍としての即自的対象〔客観〕を思考していたのである。こうした対象に欠けていたのは、具体的普遍としての主観、あるいは普遍的個体性としての主観との関係である。東洋は概念を知らない。なぜなら、東洋は、このうえなく抽象的な空虚とこのうえなく平凡な存在者とを、いかなる媒介もなしに共存させるだけであったからである。しかし、東洋の前哲学的段階とギリシアの哲学的段階を区別するものが何であるのかはよくわかっていない。なぜなら、ギリシア的思考は、主観との関係を、さらに立ち入って反省することもなく前提しておきながら、意識していないからである。

したがって、ハイデガーは問題を置き換える。そして彼は、主観と客観の差異というよりはむしろ、《存在》と存在者の差異に〔存在論的差異という〕概念を見てとる。彼は、ギリシア人なるものを、自由市民というよりはむしろ土着民とみなしている〔しかも、《存在》と存在者に関するハイデガーの省察の全体は、〈建てる〉、〈棲む〉[*2]というテーマが証言しているように、《大地》とテリトリーに接近しているのである〕。ギリシア人なるものに固有な特徴は、《存在》に棲むということであり、しかもそれについての言葉をもっているということである。脱領土（テリトリー）化されたギリシア人は、おのれ自身の言語とその言語的な富のうえで、つまり〈存在する〉という動詞のうえでおのれを再領土（テリトリー）化する〔〈存在する〉という動詞を再びおのれのテリトリーとする〕。したがって東洋は、哲学の手前ではなく哲学のかたわらにある。なぜなら、東洋は思考はするが、《存在》を思考することはないからである(6)。では哲学はどうかというと、哲学自身は、主観と客観の諸段階を通ってゆくというよりは、つまり進展するというよりは、むしろ《存在》の構造に付きまとうのである。〔以上のようなハイデガー的な考え方からすれば〕ハイデガーのギリシア人たちは、おのれと《存在》との関係を

「はっきり表現する」ことができず、〔先ほどのようなヘーゲル的な考え方からすれば〕ヘーゲルのギリシア人たちは、おのれと「主観」との関係を反省することができない。しかし、ハイデガーにおいては、ギリシア人たちよりも先に進むことは問題ではない。ものごとを創始し、しかもものごとを再開する反復のなかで、彼らの運動を取りあげなおすだけで十分である。なぜなら、《存在》は、その構造ゆえに、振り向くと同時に背を向けることをやめないからであり、《存在》あるいは《大地》の歴史は、西洋文明の——すなわちギリシア人たちによって創始され、国家社会主義のうえで再領土(テリトリー)化された西洋文明の——技術的‐世界的な発展のなかでの、その背を向けることの、その脱領土(テリトリー)化の歴史であるからだ……。それでもなおハイデガーとヘーゲルに共通しているのは、ギリシアと哲学の関係をひとつの起源として理解し、したがってその関係を、哲学がそれ自身の歴史と必然的に一体になっているような〈西洋の内部にある歴史〉の出発点として理解したということである。ハイデガーは、そうした脱領土(テリトリー)化の運動にかくも力強く接近したとはいえ、その運動を裏切っている。なぜなら彼は、存在と存在者のあいだで、あるいは、ギリシア人なら《存在》と命名したでもあろう西洋の《大地》とギリシアのテリトリーのあいだで、その運動を、これを最後にとばかりに凝固させているからである。

ヘーゲルとハイデガーは、歴史を、概念の運命がそのなかで必然的に展開され露呈されるようなかたちの内部性として定立するかぎりにおいて、いぜんとして歴史主義者である。そうした必然性の根拠は、歴史のエレメントを循環的なものとするような抽象化にある。だがそうなると、予測不可能な概念創造がよく見えなくなってしまう。哲学とは、歴史がブローデルの観点からすれば歴史‐地理学 géo-histoire であるのとまったく同様に、ひとつの哲学‐地理学 géo-philosophie である。哲学は、なぜギリシアにおいてしかじかの時期に現れたのか――この問いは、ブローデルの観点からすれば資本主義についての問と同様である――資本主義は、なぜしかじかの場所でしかじかの時期に現れたのか、別の時期に中国では、すでに〔資本主義の〕合成要素があれほど多く現れていたのであれば、なぜその時期に中国ではだめなのか。そのような地理学は、歴史的な形式にひとつの主題と様々な場所を提供するだけではない。そのような地理学は、たんに物理的かつ人間的であるばかりでなく、風景と同じように心的なものなのである。そのような地理学は、偶然性がそれ以外のものに還元されえないということを強調するために、歴史を必然性への信仰から引き離す。それは、或る「中間＝環境（ミリウ）」の力（ピュイサンス）を肯定するために、歴史を起源への信仰から引き離す（ニーチェはこう言っていた――哲学がギリシア人に見いだすものは、起源ではなく、或る環境であり、或る取り囲みであり、或る取り囲む雰囲気である――哲学者は彗星ではなくなる……）。それは、地中海をつらぬいてギリシアを通る逃走線を引くために、歴史を諸構造から引き離す。それは最後に、生成を発見するために、歴史をそれ自身から引き離す。というのも、生成は、たとえ歴史のなかにふたたび落ち込むことがあっても、歴史に属してはいないからである。ギリシアにおける哲学の歴史は、哲学者たちがギリシア人に生成しなければならないのと同程度に、そのつどギリシア人たちはまずはじめに哲学者に生成しなければならない、ということを隠すはずがないのである。「生成」は、歴史に属してはいない。今日でもなお、歴史なるものが指し示しているのは、どれほど最近のものであろうと諸条件の総体にすぎない——すなわち、生成するためには、つまり何らかの新たなものを創造するためには、背を向けるべき諸条件の総体にすぎない。ギリシア人はそのように背を向けたのである。ただし、どう背を向けても、これを最後に有効だというわけではない。哲学はそれ自身の歴史に還元されえない。なぜなら、歴史のなかにふたたび落ち込みはしても歴史から到来するわけではない新たな概念を創造するために、哲学は、絶えずその歴史から身を引き離すからである。どうして、何らかの〈新たな〉ものが歴史から到来するなどということがあろうか。生成は、歴史がなければ、未規定なもの、無条件的なものにとどまるだろうが、しかし生成は歴史的なものではないのだ。社会心理学的類型は歴史に属するが、概念的人物は生成に属する。出来事はそれ自身、非歴史的なエレメントとしての生成を必要としている。ニーチェは、非歴史的なエレメントは「生がそこでのみ産みだされうる或る取り囲む雰囲気に似ており、この生は、そうした雰囲気が消滅すると再び消え去る」と語っている。それは、言わば〈恩恵の期間〉である。そして、「あの非歴史的な叢雲(むらくも)にあらかじめ包まれていることなしに人間が成就しえた行為がどこにあろうか」[7]。哲学がギリシアに現れるのは、ひとつの必然性というよりはむしろひとつの偶然性によってであり、ひとつの起源というよりはむしろひとつの取り囲み、ひとつの中間＝環境によってであり、ひとつの歴史というよりはむしろひとつの生成によってであり、ひとつの修史（イストリオグラフィー）というよりはむしろひとつの地理学（ジエオグラフィー）によってであり、ひとつの本性というよりはむしろひとつの恩恵によってである。

なぜ哲学は古代ギリシアよりも生き延びているのだろうか。中世を通じての資本主義はギリシアの都市国家（ポリス）の帰結であると言うことはできない（商業形態でさえほとんど比較を絶している）。そして資本主義は、いくつかのつねに偶然的な理由から、ヨーロッパを、或る途方もない相対的脱領土化（テリトリー）に——何よりもまずいくつかの〈町－都市〉を指し示し、それみずから内在的に機能するような、相対的脱領土化（テリトリー）に——引きずり込む。領土（テリトリー）の生産は、海洋を駆け巡ることのできる或る内在的で共通な形式に関係している——「富一般」、「きわめて短期の労働」、そして商品としての両者の出会い。マルクスは、裸の労働と純粋な富という二つの主要合成要素を、富が労働を買う場合の両者の不可識別ゾーンとともに規定することによって、資本主義という概念を正確に構築する。なぜ資本主義は、三世紀の中国よりも、あるいはそれが八世紀であっても、むしろ西洋において現れたのか[8]。なぜなら、西洋は、それらの合成要素をゆっくりと組み立ててそして組み合わせるのだが、東洋は、それらの合成要素が完成に至るのを妨げるからである。西洋だけが、おのれの内在的な火床を広げ、増殖させるのである。〔資本主義の〕社会的領野が指し示しているのは、もはや帝国におけるような高みから〔垂直に〕限定してくるひとつの外的な限界ではなく、むしろいくつかの内在的な内的限界なのであって、こうした限界は、システムを増大させながら絶えずみずからを置き換え、みずからを置き換えることによってみずからを再構成するのである。[9]外的な障害はもはやテクノロジーに関するものでしかなく、内的な対抗関係だけが存続している。世界市場は大地の果てまで拡大しており、いずれ銀河のなかに移ってゆくだろう。天空ですら水平的になるということだ。それは、ギリシアにおける試みの帰結ではないのであって、むしろ、他の形式での、そして他の手段による、それまでは知られていなかった規模での或る再開なのである――ただし、この再開は、かつてギリシア人たちが主導した組み合わせを、すなわち民主主義的帝国主義、植民地主義的民主主義を、ふたたび推進するものである。ヨーロッパ人は、おのれを、数々の社会心理学的類型のひとつとしてではなく、すでにギリシア人がそうできたように、ただしギリシア人よりもはるかに多くの膨張力をもち、はるかに強い使命感をもった、典型的な《人間》とみなすことができる。フッサールはこう言っていた――諸民族は、たとえばインドの諸民族のように、たがいに敵意をもっているとしても、それぞれひとつのテリトリー的な「わが家」とひとつの家族的類似をもつ類型としてグループ分けされる。だが、ヨーロッパのみが、その諸国民のあいだに対抗関係があるにもかかわらず、おのれ自身にそして他の諸民族に、「つねにさらなるヨーロッパ化への鼓舞」を与え、その結果、この西洋においては、かつてギリシアにおいてそうであったように、まさに人類全体が自己なるものと縁組みをするのである。[10] けれども、「哲学といくつかの相互に包含しあった科学」の興隆こそが、ヨーロッパ独特の超越論的主観のあの特権を説明してくれるとするなら、それは信じがたいことだ。むしろ、他のすべての民族に対するヨーロッパなるものの力（ピュイサンス）と、ヨーロッパなるもののうえでのそれら民族の再領土（テリトリー）化を保証するために、絶えずおのれを脱領土（テリトリー）化する資本の壮大な相対的運動に対して、思考の無限運動、すなわちフッサールによって《テロス》と呼ばれるものが接続されなければならなかったのである。近代哲学と資本主義との絆は、したがって、古代哲学とギリシアとの絆と同じ種類のものである――絶対的内在平面と、やはり内在的に機能する相対的な社会的中間＝環境との連関。だからといって、哲学の発展という意味での、ギリシアからキリスト教を介してヨーロッパにいたるような必然的な連続性がある、というわけではない。それは、別の所与をもって、同じ偶然のプロセスを偶然に再開するということなのである。

世界的資本主義の計り知れない相対的脱領土（テリトリー）化は、近代的な民族国家のうえでおのれを再領土（テリトリー）化する必要がある。そして近代的な民族国家のひとつの帰結は、民主主義のなかにある――すなわち、新たな「兄弟」社会、友たちの社会の資本主義版。ブローデルが指摘しているように、資本主義とは〈ギリシア的な都市国家（ポリス）ではない〉〈町‐都市〉に始まったものであるが、〈町‐都市〉は脱領土（テリトリー）化をかくも徹底的に押しすすめていたので、内在的な近代国家は、新たな内的限界として必要な再領土（テリトリー）化を遂行するために、〈町ー都市〉の狂気を鎮め、〈町ー都市〉をふたたび捕らえて、それにエネルギーを備給しなければならなかったのである。[11] 資本主義は、それなりの経済的、政治的、社会的な基盤にもとづいてこそ、ギリシア的世界の復活なのである。それは新たなアテナイである。資本主義の人間は、ロビンソンではなく、オデュッセウスであり、狡猾な庶民であり、大都市に棲む任意の平均的な人間であり、無限運動——革命——のなかに身を投じる土着《プロレタリア》もしくは外国からの《移民》である。資本主義をつらぬいて、同じ失望に突進するのは、ひとつの叫びではなく、二つの叫びである——万国の《移住者》よ、団結せよ……、万国の《プロレタリア》よ……。ともかく、西洋の二つの極、アメリカとロシアで、プラグマティズムと社会主義が、オデュッセウスの帰還を、新たな〈兄弟あるいは仲間たちの社会〉を上演している——ギリシアの夢を取り戻し、「民主主義の威厳」を復活させる新たな〈兄弟あるいは仲間たちの社会〉を。

実際、古代哲学をギリシアの都市国家に連結し、近代哲学を資本主義に連結したからといって、わたしたちはイデオロギー的な作業をおこなっているわけではないし、また、いくつかの歴史的かつ社会的規定から精神的形態を抽出するために、それらの規定を無限に押しすすめているだけでもない。なるほどひとは、哲学に、精神がおこなう快適な商売を見たくなるのも致し方ないのかもしれない。もっともこの精神は、概念を、おのれに固有の商品だと、あるいはむしろおのれの交換価値だと思いこむ底のものであって、このとき、拠って立つ観点は、オピニオンのコンセンサスを産みだすことができる社会性（ソシアビリテ）、ちょうど芸術であればコミュニケーションに美意識を提供するように今度はコミュニケーションに倫理を提供することができる社会性、しかも西洋の民主主義的な会話を糧とする不偏不党の社会性である。そんなものが哲学と呼ばれるのであってみれば、マーケティングが概念を奪取しているということ、広告業者が典型的な概念立案者（コンセプトゥール）、詩人、そして思想家という姿を呈しているということがよくわかる。しかし、そのような図々しい横領が嘆かわしいのではない。むしろ、そのような横領を可能にしている哲学観が嘆かわしいのである。小異を無視して大筋で考えれば、ギリシア人もかつて、或る種のソフィストに関して同様な恥辱を経験していた。しかし、近代哲学に救いがあるとするなら、近代哲学は、古代哲学が都市国家の友ではなかったように、資本主義の友ではないという点を挙げねばなるまい。哲学は、資本の相対的脱領土（テリトリー）化を絶対的なものへと到達させる。哲学は、資本を、無限なものの運動としての内在平面のうえに移行させ、資本を、内的な限界としてのかぎりにおいて消去し、新たな大地に、新たな民衆に訴えかけるために、資本をそれ自身に反抗させるのである。しかしそうすることで、哲学は、概念の非命題的形式に、すなわち、コミュニケーション、交換、コンセンサス、そしてオピニオンがそこで絶滅する当の形式に到達する。したがってそれは、アドルノが「否定弁証法」と呼んだものに、またフランクフルト学派が「ユートピア」として指し示したものにかなり近いのである。実際、ユートピアこそが、哲学とその時代との、すなわちヨーロッパ資本主義との、しかしすでにまたギリシアの都市国家（ポリス）との接合をつくるのである。そのつどユートピアを携えてこそ、哲学は政治的なものに生成し、おのれの時代に対する批判をこのうえなく激しく遂行する。ユートピアは無限運動から切り離しえない。ユートピアは、語源からして〔「どこにもない場所」を意味し〕、絶対的脱領土化を指すのだが、ただしつねに臨界点において――すなわち絶対的脱領土化が、現前している相対的な中間＝環境と連結し、とりわけそうした中間＝環境のなかで窒息した諸力と連結するようになる臨界点において――絶対的脱領土化を指す。ユートピア論者サミュエル・バトラーが用いた言葉、「エレホン Erewhon」は、たんに《No-where》つまり「どこにもない」だけでなく、《Now-here》つまり「いま－ここ」をも指し示している。重要なのは、いわゆる空想的社会主義と科学的社会主義との区別ではなく、むしろ、様々なタイプのユートピアなのであって、革命はそのひとつである。ユートピアという観念には（哲学においてもそうであるが）、つねに、超越を復活させてしまうおそれが、そしてときには、超越を尊大に肯定する態勢が存在する。したがって、権威主義的あるいは超越的ユートピアと、絶対自由主義的、革命的、内在的ユートピアを区別しなければならない[12]。しかしまさにその点に関して言うなら、革命はそれ自身内在的ユートピアであると主張することは、革命はひとつの夢、何か実現されないもの、あるいは実現されれば必ず裏切られてしまうものであると主張することにはならないのだ。反対に、そう主張することは、革命を、内在平面、無限運動、絶対的俯瞰として定立することである。ただし、そうできるのは、これら〔三つ〕の特性が、資本主義に対する闘いのなかで、いまここに存在する現実的なものと連結するかぎりにおいてであり、また、それらの特性が、その闘いが裏切られるたびごとに新たな闘いを再開するかぎりにおいてである。ユートピアという言葉は、したがって、哲学あるいは概念と、現前している中間＝環境との、以上のような接続を、すなわち政治哲学を意味している（とはいうものの、オピニオンによって与えられた歪んだ意味からすれば、「ユートピア」は、おそらく最良の言葉ではない）。

革命、「それは哲学者たちに責任のある間違いである」、と言っても間違いではない（もっとも、哲学者たちが革命を主導するわけではないが）。近代の二つの大革命、すなわちアメリカおよびソビエトの革命がこれほどひどい結果に終わったからといって、〔革命という〕概念がおのれの内在的な道を辿れないというわけではない。カントが指摘していたように、革命という概念は、革命が必然的に相対的な社会的領野において遂行されうる仕方のなかにあるのではない。むしろ、革命が絶対的内在平面のうえで熱狂的に思考されるときのその「熱狂」のなかにこそ、すなわち〈いま－ここ〉において無限なものを呈示する「熱狂」のなかにこそ、つまり何ら理性的なものも理にかなったものさえも含んでいないそうした〔無限なものの〕呈示としての「熱狂」のなかにこそ、革命という概念があるのだ[13]。この概念は、資本がそれでもなお内在に押しつけていたすべての限界から、（あるいは内在が、何か超越的なものとして現れる資本というかたちをとって、おのれ自身に押しつけていたすべての限界から）当の内在を解放する。そのような熱狂においてはしかし、観客と俳優の分離が問題になるというよりもむしろ、行動そのもののなかでの、歴史的ファクターと「非歴史的な叢雲（むらくも）」との、〈物の状態〉と出来事との区別が問題になる。革命は、概念という資格においてかつ出来事として、自己準拠的〔自己指示的〕なものであり、或る自己定立を享受している。この場合、自己定立とは、内在的熱狂のなかで了解されるものであって、そのとき、いかなる〈物の状態〉も体験も、そうした熱狂を、たとえ理性の失望のなかでさえ緩和することがない。絶対的脱領土（テリトリー）化が新たな大地に、新たな民衆に訴えかけるようになるまさにそのときにこそ、その絶対的脱領土（テリトリー）化が革命なのである。

　絶対的脱領土（テリトリー）化は、再領土（テリトリー）化を欠いてはいない。哲学は、概念のうえでおのれを再領土（テリトリー）化する。概念は、対象ではなく、テリトリーである。また概念は、《対象》をもっているのではなく、或るテリトリーをもっているのである。まさにこのかぎりにおいて、概念は、過去の形式、現在の形式、そしておそらくは将来の形式をもっている。近代哲学は、それ自身の過去の形式としてのギリシアのうえで、おのれを再領土（テリトリー）化する。ギリシアとの関係を個人的な関係として生きたのは〔体験したのは〕、とりわけドイツの哲学者たちである。しかしまさにその点に関して言うなら、彼らは、ギリシア人の裏返しあるいは反対としての、対称的逆転としてのおのれを生きたのである。ギリシア人はたしかに、熱狂と酩酊のなかで構築した内在平面を保持していたのだが、東洋の〔思考で用いられる〕諸形像のなかに落ち込まないために、どのような概念でその内在平面を満たせばよいのかと自問しなければならなかった。ところがこのわたしたちは、かくも長い西洋思想の時代を経て、いくつかの概念をもっており、またもっていると信じているのだが、それらの概念をどこに置けばよいのかほとんどわからないのである。というのも、わたしたちは、キリスト教的超越によって放心状態に陥っており、それがために真の平面をもちあわせていないからである。要するに、概念は、その過去の形式からすれば、〈まだ存在していなかった〉ものである。わたしたちは、今日、諸概念をもっている〔所有している〕。しかしギリシア人たちは諸概念をまだもっていなかった。彼らは平面をもっていたが、その平面をわたしたちはもはやもっていない。それゆえ、プラトンのギリシア人たちは、はるかに遠くはるかかなたに存在する何ものかとしての概念〔イデア〕を観照するのであるが、しかしこのわたしたちは概念をもっており、概念を、〔デカルトにおけるように〕反省するだけで十分なのである。〔カントにおけるように〕生得的な仕方で精神のなかにもっているのであり、このことである――ギリシア人たちにとって「生国のもの」は、わたしたちにとって「外国のもの」であり、しかもわたしたちが獲得しなければならないものであるが、わたしたちにとって「生国のもの」は、反対にギリシア人たちが、彼らにとって「外国のもの」として獲得しなければならなかったものである。[14] あるいはまたシェリングによれば、ギリシア人たちは、《自然》のなかで生きて、思考していたのであり、《精神》を「密儀」のなかに置き去りにしていたのだが、しかるにこのわたしたちは、

《精神》のなかで、反省のなかで、生きて、感じて、思考するのであって、わたしたちが絶えず冒瀆している或る深い錬金術的神秘のなかに《自然》を置き去りにしているのである。土着民と外国人は、もはや区別される二つの人物として分離されるのではなく、唯一同一ではあるが二重の人物として配分されるのであり、この二重の人物が、今度は、現在と過去の二つのバージョンとして二分されるのである。土着民であったものは外国人へと生成し、外国人であったものは土着民へと生成する。ヘルダーリンは、全力で、思考の条件としての「友たちの社会」に訴えるのだが、しかし、その社会は、あたかも友愛の本性を変化させる或るカタストロフを被った社会であるかのような観を呈している。わたしたちは、ギリシア人たちにおいておのれを再領土化するのだが、ただし、彼らがもっていなかったもの、彼らがまだそれではなかったものに応じてそうするのであり、したがってわたしたちは、わたしたち自身のうえで彼らを再領土化するのである。

　哲学的再領土化は、それゆえにまた、現在の形式をもそなえている。哲学は、近代的な民主主義国家と人権のうえでおのれを再領土化すると言ってよいだろうか。しかし、普遍的な民主主義国家というものは存在しないのだから、そうした〔再領土化の〕運動が内に折り込んでいるものは、ひとつの国家の、ひとつの権利の特殊性であり、また、ひとつの国民の精神である——すなわち、「自分たちの」国家のなかで人権を表現することができ、近代的な兄弟社会を素描することのできるひとつの国民の精神である。

哲学者が、人間であるかぎりにおいて、ひとつの民族を携えているということがあるばかりでなく、哲学が、民族国家と国民精神のうえでおのれを再領土化するということがあるのだ（それら〔民族国家と国民精神〕はたいていの場合は哲学者のものであるが、つねにそうだとはかぎらない）。こうしてニーチェは、フランス哲学、イギリス哲学、そしてドイツ哲学の国民的特徴を規定しようと努めることによって、哲学地理の地盤を固めたのである。しかしなぜ、それら三つの国がまとまって、資本主義の世界のなかで哲学を産みだすことができたのだろうか。なぜスペインにはできなかったのだろうか、なぜイタリアにはできなかったのだろうか。とくにイタリアでは、脱領土化された諸都市の集合と、「奇跡」の諸条件を復興させうる海洋性の力が存在していたし、〔ルネサンスにおける〕或る比類なき哲学の開始が告げられていたのだが、それは流産してしまい、その遺産は、（ライプニッツとシェリングによって）むしろドイツに移っていったのである。おそらくスペインは、カトリック教会に服従しすぎていたし、イタリアは、ローマ教皇の聖座に「接近」しすぎていた。イギリスとドイツを精神的に救ったのは、おそらく、カトリックとの断絶であったし、フランスを救ったのは、ガリカニスムであったのだろう……。イタリアとスペインには、哲学にとっての「中間＝環境」が欠けていたので、両国の思想家たちは「彗星」のままであったし、両国は、いつでもその彗星たちを焼きつくすことができたのである。イタリアとスペインは、コンセッティスム concettism を、すなわち、概念と文飾とのカトリック的妥協を強力に発展させることのできた西洋の二つの国であった。そしてこの妥協は、大きな美的価値をもっていたのだが、哲学を粉飾し、哲学を修辞学の方へそらせ、概念の十全な所有を妨げたのである。〔哲学的再領土化の〕現在の形式は、〈わたしたちは概念をもっている！〉と言い表されるが、しかしギリシア人は、概念をまだ「もっていなかった」のであって、概念を遠くから観照していたのであり、そうでなければ概念を予感していたのである――そこに、プラトンにおける想起が、デカルトにおける生得性と、あるいはカントにおけるア・プリオリなものと異なる理由がある。けれども、概念を所有するということは、革命や民主主義国家や人権と合致するとは思われない。なるほど、フランスではかくも理解されていないプラグマティズムという哲学的企てが、アメリカにおいては、民主主義革命および新たな兄弟社会と連関しているとしても、その辺の事情は、十七世紀のフランス哲学黄金時代、十八世紀のイギリス、十九世紀のドイツの場合と同様ではない。しかし、同様ではないということは、人間たちの歴史と哲学の歴史は同じリズムをもっていないということを意味しているにすぎない。ではフランス哲学はというなら、それはすでに、諸精神の共和制と、「もっともよく配分されたもの」[*3]としての思考する能力を標榜していたのであり、この能力は、最後には或る革命的コギトのなかで表現されるようになるだろう。イギリスは、おのれの革命的経験を熟考しつづけて、なぜ革命は、精神においてはあれほど多くの約束をしておきながら、事実においてはかくもひどい結末に終わるのかと問う最初の国になるだろう。イギリスとアメリカとフランスは、人権の三つの大地をもってみずから任じているのである。ドイツはというなら、それはそれなりの立場で、フランス革命を、ドイツでは実現しえないものとして絶えず反省するだろう〔ドイツは、十分に脱領土（テリトリー）化された都市が不足していたし、後背地、つまりラントの重みに苦しんでいた〕。しかしドイツは、自分にはなしえないものを自分に与えて、それを思考することを責務とするのだ。そのつど哲学は、ひとつの国民〔民族〕の精神とその権利観に応じてこそ、近代世界のなかでおのれを再領土（テリトリー）化する方途を見いだすのである。哲学史には、したがって、ちょうど哲学的「オピニオン」であるような国家的あるいは国民的特徴の印がつけられていることになる。

例8

たしかにわたしたち現代人は、概念はもっていても〔思考の〕内在平面は見失っており、またそうであればこそ、哲学におけるフランス的特徴は、そうした状況と折り合いをつけるために、反省的認識の単純な秩序や、〔デカルト的な〕諸論拠の秩序や、或る「認識論（エピステモロジー）」によって概念を支える傾向をもっているのである。そこには、言わば、認識されうる、あるいは認識された、文明化されうる、棲みうるもろもろの大地の調査のようなものがある——このうえなく不毛な大地を耕すためには、〔デカルト的〕コギトは〔メルロ＝ポンティ的〕前反省的コギトへと生成し、意識は〔サルトル的〕非措定的意識へと生成する場合があるにしても、とにかく意識「すること」あるいはコギトによって、そうした大地は測定されるのである。フランス人は、コギトを地代とする地主のようなものである。フランス人はつねに、意識のうえでおのれを再領土（テリトリー）化してきたのである。反対に、ドイツは絶対的なものを放棄しない――ドイツは意識を利用するのだが、それを脱領土（テリトリー）化の手段として利用するのである。ドイツは、ギリシア的〔な思考の〕内在平面、未知の大地を、ふたたび制圧しようと欲する。というのも、ドイツはいまや、この未知の大地を、おのれ自身の「野蛮性」として、しかも古代ギリシア人が退場してから「遊牧民（ノマド）[15]〔懐疑論者〕」に引き渡されたおのれ自身の「無政府状態（アナーキー）」として感じているからである。したがって、ドイツにとっては、絶えずその土地の地ならしをしてその土地を突き固める、すなわち地盤固めをする必要があるのだ。地盤を固めようとする熱狂、制圧しようとする熱狂が、この哲学を鼓舞している。こうしてドイツは、ギリシア人が土着性によって有していたものを、制圧と地盤固めによって有するので、結果的に、内在を、或るものに、おのれ自身の哲学する《行為》に、おのれ自身の哲学する主観性に内在するということにしてしまうだろう（したがって〔ドイツ哲学においては〕、コギトは、土地を制圧し固定するがゆえに、まったく別の意味をもつのだ）。

以上のような観点からすれば、イギリスは、ドイツにとって強迫観念である。なぜなら、イギリス人はまさしく、内在平面を、移動可能なしかも動いている土地、根源的経験の野、群島状の世界として扱うあの遊牧民（ノマド）であり、そのような世界のなかで、島から島へと、また海のうえに、自分らのテントを張るだけで満足しているからである。バラバラになって、フラクタル化し、宇宙全体に広がった古きギリシア的大地のうえで、イギリス人は遊牧するのだ。イギリス人は、フランス人〔における生得観念〕やドイツ人〔におけるア・プリオリな概念〕のように概念をもっていると言うことは、もってのほかである。イギリス人は、概念を〔或る経験から〕獲得するのであり、獲得したものしか信じない。それというのは、一切が感官から到来するからではなく、棲む（アビテ）〔持つ〕ことによって、おのれのテントを張ることによって、或る習慣（アビチュード）＝持ち前をつける（コントラクテ）〔ともに引きつける〕ことによって、概念を獲得するからである。《地盤を固める－建てる－棲む》という三位一体においては、建てるのはフランス人であり、地盤を固めるのはドイツ人であるが、棲む（アビテ）〔持つ〕のはイギリス人なのである。イギリス人にとっては、テントだけで十分である。イギリス人は、習慣（アビチュード）＝持ち前なるものについて異様な考え方を抱いている――すなわち、〔プラトンではなくプロティノスの意味で〕観照（コンタンプレ）することによって、しかも観照されたものを縮約（コントラクテ）する〔ともに引きつける〕ことによって、習慣（アビチュード）＝持ち前を得るということだ。習慣（アビチュード）＝持ち前とは創造的なものである。植物は、水、土、窒素、炭素、塩化物、そして硫酸塩を観照（コンタンプレ）し、それらを縮約（コントラクテ）し〔ともに引きつけ〕、こうしておのれ自身の概念（コンセプト）

〔ともにつかまれたもの〕を獲得し、それでもって満たされるのである（享受（エンジョイメント））。概念（コンセプト）とは、わたしたちがそこから生じる当の諸要素を観照（コンタンプレ）することによって獲得された習慣（アビチュード）＝持ち前である（以上の点に、イギリス哲学のきわめて特殊なギリシア的性格、つまりその経験論的新プラトン主義の由来がある）。わたしたちはみな、観照であり、したがって習慣（アビチュード）＝持ち前である。[＊4] 私とは、ひとつの習慣（アビチュード）＝持ち前である。習慣（アビチュード）＝持ち前が存在するところにはどこにでも概念（コンセプト）が存在し、もろもろの習慣（アビチュード）＝持ち前は、根源的経験の内在平面のうえで、できあがったり壊れたりする——習慣（アビチュード）＝持ち前こそ「黙約（コンヴェンション）」である。[16] それゆえイギリス哲学は、或る自由で野性的な概念創造なのである。所与の命題は、どのような黙約を遡及的に指し示すのだろうか。黙約の概念を構成している習慣（アビチュード）＝持ち前は、どのようなものであろうか。それは、プラグマティズムの問である。イギリス法は慣習法あるいは黙約による法であり、他方、フランス法は契約法（演繹体系）であり、ドイツ法は制度法（組織的全体）である。哲学が法治国家のうえでおのれを再領土（テリトリー）化するとき、哲学者は哲学教授へと生成するのだが、ただしそうした事態は、ドイツでは制度と地盤固めによって成立し、フランスでは契約によって成立し、イギリスでは黙約によってのみ成立するのである。

ドイツ哲学の地盤固めの夢とはうらはらに、普遍的民主主義国家というものは存在しないのであって、それは、市場が資本主義において普遍的な唯一のものだからである。

超越的な超コード化〔の三つの様態、すなわち専制君主による絶対的土地所有、大土木工事、税の支配〕をおこなう古代帝国とは対照的に、資本主義は、脱コード化された流れ〔生産物の、労働の、金銭の流れ……〕の内在的な公理系として機能する。民族国家は、もはや超コード化のパラダイムではなく、むしろ、そうした内在的公理系の「実現モデル」を構成しているのである。公理系のなかでは、そのようなモデルは超越に送り返されることはなく、その反対である。それはまるで、〔資本主義による〕国家の脱領土化が〔かえって〕資本の脱領土化を緩和してしまい、資本に補償的な再領土化を提供するかのようである。ところで、もろもろの実現モデルはそれぞれたいへん異なる可能性があり（民主主義的、独裁的、全体主義的……）、まことに種々雑多ではあるが、それにもかかわらず、世界市場が発展の決定的な格差を前提するばかりでなく産みだしもするかぎりにおいて〔またそれにもかかわらず〕、それらの実現モデルはその世界市場に対して同型的である。だからこそ、しばしば指摘されたように、民主主義的諸国家は独裁的諸国家とたいへん強く結びつき、関わりあっているので、人権擁護は必然的にあらゆる民主主義に対する内的批判を経なければならないのである。あらゆる民主主義者は、ボーマルシェの「もうひとりのタルチュフ〔偽善者〕」でもあり、ペギーが言ったような人道主義的タルチュフでもある。わたしたちは、不健康でそのうえ犠牲者にしか関わらないかもしれない罪責感のなかで、アウシュヴィッツ以後はもはや思考できないとか、わたしたち全員がナチズムに責任があるとか、そのように信じる理由はたしかに存在しない。プリーモ・レーヴィはこう言っている――わたしたちは、犠牲者を加虐者と取り違えるようにさせられはしないだろう。しかし、その彼によればまた、ナチズムと強制収容所がわたしたちの心に吹き込むものは、それよりもはるかに多いか、はるかに少ないかのいずれかである――すなわち、「人間であることの恥辱」である（なぜなら、生き残った者たちでさえ、妥協せざるをえなかったからであり、嫌疑を受ける行動をせざるをえなかったからである）[17]。みずからを、ナチズムに責任があるとみなすのではなく、かえってナチズムによって汚されているとみなしているのは、わたしたちの国家ばかりでなく、わたしたちの一人ひとりであり、民主主義者の一人ひとりである。なるほどカタストロフは存在する。しかしカタストロフとは、こういうことだ――兄弟社会あるいは友たちの社会はそのような試練を経てしまったので、彼らがたがいに見つめあったり、あるいはそれぞれ自分自身を見つめたりするときは、もはや、或る「疲労」、おそらくは或る猜疑心を抑えることができないということである――しかもそうした疲労や猜疑心は、思考の無限運動へと生成して、〔ギリシア的〕友愛を除去することなく、その友愛に近代的な色合いをつけ、ギリシア人たちの単純な「対抗関係」に取って代わっているのである。わたしたちはもはやギリシア人ではなく、友愛はもはや同じものではない。そうした変異が思考そのものにとっていかに重要であるか、これを見てとった者こそブランショであり、マスコロである。

人権は公理である。人権は、市場において、他の多くの公理と、なかんずく所有権の保全に関する公理と共存している。だが、それら他の公理は、人権について無知であり、あるいは、人権と矛盾するだけでなくそれ以上に人権を停止させてしまうのである——「不純な混合、あるいは不純な同伴」とニーチェは語っていた。もろもろの民主主義と共存する強大な警察と軍隊を措いて、ほかの何が、貧困を、そしてスラム街の脱領土(テリトリー)化-再領土(テリトリー)化を維持し管理することができようか。貧困がそのテリトリーつまりゲットーから出てくるとき、いかなる社会民主主義が、発砲する命令を下さなかったであろうか。民主主義国家のうえでおのれを再領土(テリトリー)化する哲学も、人間も、権利によって救われはしないのだ。資本主義に人権があるからといって、わたしたちは、その資本主義を賛美するようにはならないだろう。そして、諸国民を、諸国家を、さらには市場を道徳的に高めうるような「コンセンサス」としての普遍的なオピニオンを形成することによって、友たちの社会を、あるいは賢者たちの社会をさえ再建するのだと主張するような或るコミュニケーション哲学には、大いに無邪気であることが、さもなければ狡猾であることが必要である(18)。人権によっては、諸権利をもつ人間の内在的生存様式については何も語れないのである。そこで、人間であることの恥辱についてだが、わたしたちはそれを、プリーモ・レーヴィによって描写された極限状況において感じるばかりでなく、いくつかのくだらぬ状況においてもまた感じるのである——たとえば、もろもろの民主主義に付きまとっている生存の低劣さと低俗さに直面して、そうした生存様式と〈市場の-ための-思考〉との普及に直面して、わたしたちの時代のもろもろの価値、理想、そしてオピニオンに直面してである。わたしたちに提供された生活の諸可能性の恥ずべき点は、内部から現れるのだ。わたしたちは、自分が自分の時代の外部にいるとは感じていないのであって、外部にいるどころか反対に、わたしたちは、自分の時代と恥ずべき妥協をし続けているのである。こうした恥辱の感情は、哲学のもっとも強力な動機のひとつである。わたしたちは、犠牲者たちに対して責任があるのではなく、犠牲者たちに直面しているのである。恥ずべき下劣さから逃れるためには、動物をやる（うなる、掘る、にやにやする、痙攣（けいれん）する）ことよりほかに手段はない——思考は、たとえ民主主義者であろうとも生ける人間の近くによりも、ときにはむしろ〈死せる動物〉の近くにある。

哲学は、概念のうえでおのれを再領土（テリトリー）化するにしても、その条件を、民主主義国家の現在の形式のなかに、あるいは反省的コギトよりもはるかに疑わしいコミュニケーション的コギトのなかに見いだすわけではない。わたしたちはコミュニケーションを欠いてはいないのであって、反対にコミュニケーションをもちすぎている。だが、わたしたちには創造が欠けている。わたしたちには現在に対する抵抗が欠けているのである。概念創造は、それ自身において、未来の形式に助けを求める。概念創造は、ひとつの新たな大地と、まだ存在していない民衆を呼び求めるのだ。ヨーロッパ化は生成を構成していない。それが構成しているのは、ただ、隷属させられたもろもろの民衆の生成を妨げる資本主義の歴史だけである。芸術と哲学が合流するのは、まさにこの点においてである――創造の相関項としての、欠如している或る大地と或る民衆の構成。そうした未来を要求するのは、民衆主義的(ポピュリスト)な著述家ではなく、もっとも貴族的な著述家である。そうした民衆とそうした大地は、わたしたちのどの民主主義のなかにも見いだされないだろう。民主主義はみなマジョリティーであり、他方、或る生成は、本性上、つねにマジョリティーから差し引かれているものである。民主主義に対する多くの著述家の立場は、曖昧で複雑なものである。ハイデガー問題が到来して事態を紛糾させた。ひとりの大哲学者が、ナチズムのうえで実際におのれを再領土(テリトリー)化しなければならなかった。それゆえに、一方では、彼の哲学に嫌疑をかけるために、他方では、ひとをして途方に暮れさせるほど込み入って曲がりくねった論拠によって彼を無罪放免にするために、このうえなく奇妙ないくつもの注釈が交差している。ハイデガー主義者でいることは、つねに容易であるとはかぎらないわけだ。偉大な画家や偉大な音楽家がそんなふうにして恥辱に陥る、といった事態の方が理解しやすいかもしれない（が、しかしけっして、彼らはそんなことはしなかった）。そうなるのはひとりの哲学者でなければならなかった。それは、まるで恥辱が哲学そのものに入り込まざるをえなかったかのようである。彼は、ドイツ人の歴史の最悪の時期に、ドイツ人を経由して古代ギリシア人に復帰しようと欲したのである――「ギリシア人を待っていたのにドイツ人に出くわした、ということ以上に悪いことが何かあるだろうか」と言ったのは、ほかならぬニーチェである。地上の闘士たちがしばしば見分けがつかなくなり、思考者〔思想家〕の疲労した目が闘士たちをたがいに取り違えるようになる――ドイツ人をギリシア人と取り違えるばかりでなく、かのファシストを生存と自由の創造者と取り違えるようになる――あのグレー・ゾーン、不可識別ゾーン、そのゾーンを〔ハイデガーの〕どの概念も包含していないとするならば、〔ハイデガーの〕諸概念は、或る唾棄すべき再領土(テリトリー)化によって本質的に汚されているのではないかと主張することもできよう。ハイデガーは、再領土(テリトリー)化のもろもろの道のなかで迷ったのである。なぜなら、それらの道には標識も柵もないからである。この厳格な教授は、おそらく、みかけよりもさらに発狂していたのであろう。彼は、民衆〔国民〕、大地、血を間違えたのである。なぜなら、芸術あるいは哲学が呼び求めるような人種は、純粋だと主張される人種ではなく、或る虐(しいた)げられた、雑種の、劣った、アナーキーな、ノマド的な、どうしようもなくマイナーな人種だからである――カントによって新たな《批判》から締めだされたあの者たち……。アルトーはこう言っていた――文盲の者たち「のために」書くこと――失語症の者たちのために語ること、無頭(アセファル)の者たちのために思考すること。それにしても、「ために pour」とは何を意味しているのだろうか。それは、「～の意図において」〔「～に向けて」〕ということではなく、「～のかわりに」ということでさえもない。それは、「直面して」ということなのである。それは生成に関するひとつの問である。この思考者〔アルトー〕は、無頭であるのでも、失語症であるのでも、文盲であるのでもなく、むしろ、そうしたものに生成するのだ。彼は、《インディアン》に生成し、《インディアン》に生成してやむことがない。そうするのはおそらく、《インディアン》であるところの《インディアン》がそれ自身、他のものに生成し、おのれの断末魔から引き離されること「のために＝に直面して」である。ひとは、もろもろの動物そのもの〈のために＝に直面して〉思考し、そして書く。ひとは、動物もまた他のものに生成すること〈のために＝に直面して〉、動物に生成する。一匹のネズミの断末魔、あるいは一頭の子牛の屠殺が、思考のなかに現前したままであるのは、憐憫の情からではない。その現前は、人間と動物のあいだの交換ゾーンとしてあるのであって、そのゾーンにおいてこそ、互いに何かが相手のなかに移行するのである。それは、哲学と非哲学との構成的関係である。生成はつねに二重であり、この二重の生成こそが、来たるべき民衆と新たな大地を構成するのである。哲学者は、非哲学が哲学の大地とその民衆に生成すること〈のために＝に直面して〉、非哲学者に生成しなければならない。バークリー司教ほどの尊敬された哲学者でさえ、たえず「われわれ他のアイルランド人、下層民は……」と語ってやまないのだ。民衆は思考者の内にある――なぜならそれが「民衆への－生成」ということだからである。同時に、思考者は民衆の内にある――なぜならそれがやはり限界なき生成だからである。芸術家あるいは哲学者はたしかに、ひとつの民衆を創造することはできないのであって、芸術家あるいは哲学者にできることは、全力でひとつの民衆を呼び求めることだけであり、ひとつの民衆は、いくつかのおぞましい受苦のなかでしか創造されえないのである。〔来たるべき〕ひとつの民衆は、それ以上には芸術あるいは哲学に関わることができないのだ。しかし、もろもろの哲学書と芸術作品はやはり、或る民衆の到来を予感させる受苦の、想像を絶した、それらの総量を含んでいる。哲学書と芸術作品には、抵抗するという共通点がある——死に対して、隷属に対して、耐えがたいものに対して、恥辱に対して、現在に対して抵抗するという共通点があるのだ。

脱領土（テリトリー）化と再領土（テリトリー）化は、そうした二重の生成のなかで交差する。そのときもはや、土着民と外国人〔他所者（よそもの）〕を区別することはほとんどできない。なぜなら、外国人は、おのれではない他者のところで土着民へと生成し、同時に、土着民は、自分自身〈において＝に対して〉、自分自身の階級〈において＝に対して〉、自分自身の民族〈において＝に対して〉、そして自分自身の言語〈において＝に対して〉外国人へと生成するからである——わたしたちは同じ言語を話しながらも、わたしはあなたの言うことがわからない……。自分自身〈において＝に対して〉外国人に生成すること、そして自分自身の言語と民族〈において＝に対して〉外国人に生成すること、それこそが、哲学者と哲学に固有な事態、それらの「スタイル」、ひとが〈わけのわからぬ哲学言葉〉と呼んでいるもの、ではないだろうか。要するに、哲学は三度おのれを再領土化する——一度は過去においてギリシア人のうえで、もう一度は現在において民主主義国家のうえで、さらにもう一度は未来において新たな民衆と新たな大地のうえで。〔古代の〕ギリシア人と〔現在の〕民主主義者は、この未来の鏡のなかで特異なかたちでデフォルメされるのだ。

ユートピアはよい概念ではない。なぜなら、ユートピアは、《歴史》と対立するときでさえも、その歴史になお準拠しており、そのなかに理想あるいは動機として書きこまれているからである。ところで、生成は概念そのものである。それ〔概念としての生成〕は、《歴史》のなかで生まれ、ふたたび《歴史》のなかに落ちこむのだが、しかし《歴史》に属するものではない。それは、それ自身において、始めも終わりももたず、ただ或る中間＝環境（ミリウ）だけをもっている。したがってそれは、歴史的なものというより地理学的なものである。創造すること、それは抵抗することである。それゆえに、もろもろの革命、そしてもろもろの〈友たちの社会〉、〈抵抗の社会〉は、ひとつの内在平面のうえでの或る純粋な生成、或る純粋な出来事なのである。《歴史》が出来事というものに関して把握するのは、〈物の状態〉のなかでの、もしくは体験のなかでの出来事の実現であるが、出来事――すなわち、その生成における、その固有の共立性（コンシスタンス）における、概念としてのその自己定立における出来事――は、《歴史》を逃れるのである。社会心理的類型は歴史的なものであるが、概念的人物は出来事である。一方では、《歴史》に沿ってかつ《歴史》とともにひとは老いるのだが、他方では、或るたいへん密やかな出来事のなかでひとは老人へと生成する（それと同じ出来事が、おそらく、「哲学とは何か」という問題を立てることを許すのであろう）。しかも、若くして死ぬ者たちにとっても事態は同様であって、夭折する仕方は様々である。思考すること、それは実験することである。ただし、そのような実験はつねに、出来あがりつつあるものである――すなわち、新たなもの、注目すべきもの、興味深いものであり、真理という仮象に取って代わるもの、真理よりももっと骨の折れるものである。出来あがりつつあるもの、それは終わるものではなく、始まるものでもない。歴史は実験そのものではない。歴史とは、ほとんどネガティヴな諸条件の総体なのであって、この諸条件が、歴史を逃れるようなものの実験を可能にするのである。歴史がなければ、実験は未規定なもの、無条件的なものにとどまるだろうが、それでもなお実験は歴史的なものではないのであって、実験はまさに哲学的なものである。

例9

ペギーは、一冊の偉大な哲学書のなかで、出来事を考察する仕方は二通りあると説明している〔折り開いている〕——そのひとつは、出来事に沿って通り抜け、歴史のなかで出来事の実現を集録し、歴史のなかで調整と腐敗を集録する仕方であり、もうひとつは、出来事をよじ登って、生成としての出来事のなかに身を据え、出来事のなかで若返ると同時に老い、出来事のすべての合成要素と特異性（サンギュラリテ）＝単独性を通ってゆく仕方である。歴史のなかでは何も変化せず、変化しないように見えるかもしれないが、出来事のなかでは一切が変化し、わたしたちも出来事のなかで変化する——「何もなかった。そして終わりが見えなかった問題、結末なき問題は……突如としてもはや存在せず、ひとは、何を語っていたのかと自問するのである」——彼は他のいくつかの問題のなかに移ってしまった——「何もなかったのであり、そしてひとは、ひとつの新たな民衆のなかに、ひとつの新たな世界のなかに、ひとつの新たな人間のなかにいるのだ[19]」。それはもはや歴史に属することではなく、また永遠（エテルネル）なものに属することではないのであって、ペギーによれば、それは《内奥の》ものに属するのである。それこそ、ペギーが、ひとつの新たな概念と、その概念の合成諸要素つまり諸強度＝内包量とを指示するために、創造しなければならなかった名称である。ペギーとはずいぶん隔たった或る思想家〔ニーチェ〕が、反時代的あるいは現代的でない（イナクチュエル）という名称で指示していたのは、似たような事態ではないだろうか——永遠なものとは何の関係もない非歴史的な叢雲（むらくも）——歴史のなかでは何もそれ〔生成〕なしには出来あがらないような、しかし歴史とは混同されないようなそうした生成。ギリシア人と国家の下から、彼は、ひとつの民衆、ひとつの大地を投げかける。あたかも、終わりを迎えずつねに出来あがりつつあるひとつの新たな世界の矢を射るように、その円盤を投げるように。「時代に逆らって、したがって、時代に対して、来たるべき時代（それをわたしは望む）のために行動すること〔『反時代的考察』〕」。過去に逆らって、したがって、現在に対して、未来（わたしはそれを望む）のために行動すること——しかし、そうした未来は、歴史の未来ではなく、ユートピア的未来でさえもない。それは、《今》という無限者であり、プラトンがすでにあらゆる現在から区別した《いま（ヌン）》であり、《強度的》なものあるいは《反時代的》なものであって、ひとつの瞬間ではなく、かえってひとつの生成である。そうした未来はさらに、フーコーが《アクチュエル》なものと命名したものではないだろうか。[*5] しかし、その概念〔未来〕は、ニーチェが〈現代的でない〉（インナクチュエル）ものと命名したのに、いまやどうして〈アクチュエル〉なものという名称を受けとるのだろうか。なぜなら、フーコーにとって、重要であるのは現在的なものとアクチュエルなものとの差異だからである。新たなもの、興味深いもの、それがアクチュエルなものである。アクチュエルなものは、わたしたちが〔現在〕それであるところの当のものではなく、むしろ、わたしたちがそれへと生成してゆく当のもの、わたしたちがそれへと生成しつつある当のもの、すなわち、《他なるもの》、わたしたちの〈他に－生成すること〉である。現在的な〔現前している〕ものは、反対に、わたしたちが〔現在〕それであるところの当のものであり、それゆえにこそ、〔生成しつつある〕わたしたちがすでにそれであることをやめている当のものである。わたしたちの義務は、過去の持ち分と現在の持ち分を区別することだけでなく、もっと〈深く〉、現在の持ち分とアクチュエルなものの持ち分を区別することである[20]。そうしたアクチュエルなものは、わたしたちの歴史に依然として属しているひとつの未来のユートピア的な予兆でさえない。そのアクチュエルなものは、わたしたちの生成の今なのである。永遠なものに関してではなく《今》に関して哲学の問題を立てたカントを、フーコーは称賛している。そのとき彼が言わんとしているのは、哲学の目的は、永遠なものを観照することでもなければ、歴史を反省することでもなく、わたしたちのいくつかのアクチュエルな生成を診断することである。たとえば、カント自身によれば、諸革命の過去、現在、未来と混同されない或る〈革命的なものに－生成すること〉をである。法治国家が〔現在〕そうであるところのものとは混同されない或る〈民主主義的なものに－生成すること〉。ギリシア人がそうであったところのものとは混同されない或る〈ギリシア人に－生成すること〉。過ぎ去るそれぞれの現在のなかでもろもろの生成を診断すること、それはニーチェが医者――「文明の医者」、あるいは新たな内在的生存様式の考案者――としての哲学者に割り当てた仕事である。永遠の哲学、さらには哲学の歴史は、或る〈哲学的なものに－生成すること〉に席を譲る。今日わたしたちを貫いているのは、どのような生成だろうか――ふたたび歴史のなかに落ちこむことはあっても、歴史から到来することはなく、あるいはむしろ歴史の外に出るためにのみ歴史から到来するのは、どのような生成だろうか。《内奥の》、《反時代的》、《アクチュエル》、それは哲学における概念の例であり、むしろ範例的概念である……。或る者が《イナクチュエル》と呼んだものを、他の者が《アクチュエル》なものと呼ぶのは、ひとえに概念には或る数字〔番号〕があるからであり、概念のもろもろの〔他の概念への〕近さと合成諸要素のせいであって、それらのわずかな置き換えが、ペギーが言っていたように、一個の問題の変更を引き起こしうるのである〔ペギーにおける《時間的〔現世的〕に》－永遠なもの、ニーチェによる生成の《永遠性》、フーコーによる内部的な－《外》。

II

哲学――科学、論理学、そして芸術

5　ファンクティヴと概念

科学の対象は、概念ではなく、ファンクション〔機能、関数〕であり、これは、言説=論証システムにおいては命題という姿をとる。ファンクションの要素は、ファンクティヴと呼ばれる。[*1] 科学的な考え方は、概念によってではなく、ファンクションあるいは命題によって規定される。それ〔ファンクション〕は、とても幅広く、とても複雑な観念である。そうであるのは、たとえば、数学と生物学のそれぞれにおけるその観念の用法を見るだけでわかる。とは言うものの、このファンクションという観念こそが、諸科学に、反省することおよびコミュニケートすることを可能にするのである。その二つの仕事のためには、科学というものは、哲学をまったく必要としていない。ところが、ひとつの対象、たとえば幾何学的空間が、ファンクションによって科学的に構築される場合、その対象の哲学的概念は、もとよりファンクションのなかにはけっして与えられていないのだから、さらに探求しなければならないものである。そのうえ、ひとつの概念は、あらゆる可能なファンクションのファンクティヴを、合成要素とみなすことができる——だからといって、そのようなことは、科学的価値をいささかももつわけではなく、かえって、概念とファンクションの本性上の差異を示すことを目的としているのである。

そうした状況では、何よりもまず、カオスに対して科学と哲学がとるそれぞれの態度に差異が認められる。カオスは、その無秩序によって定義されるというよりも、むしろ無限速度によって定義されるのであって、そこ〔カオス〕においておおよその輪郭を現し始めるあらゆる形（フォルム）は、その無限速度とともに消散するのである。それ〔カオス〕は、或る空虚である——すなわち、無ではなく、或る潜在的なものであるところの空虚である。この潜在的なものは、すべての可能な粒子を含み、すべての可能な形を描くものである。[1] 可能な形とは、共立性（コンシスタンス）〔堅固さ〕も準拠（レフェランス）〔指示〕ももたず、結果ももたずに、現れるやただちに消えるものである。それ〔カオス〕は、誕生と消滅の無限速度である。ところで、哲学がたずねているのは、共立性を獲得しながらも、また潜在的なものにひとつの固有な共立性を与えながらも、どのようにして無限速度を保持すればよいのか、ということである。カオスと交截（こうせつ）する内在平面としての哲学的な篩（ふるい）は、思考のいくつかの無限運動を選択するものであり、思考と同じ速さで動く共立的（コンシスタント）な諸粒子として形成されたいくつかの概念を装備するものである。科学は、或るまったく別の仕方でカオスに取り組むのであり、それはほとんど逆のやり方をする。すなわち、科学は、潜在的なものを現働化させることができる或る準拠を獲得するために、無限なものを、無限速度を放棄するのである。哲学は、無限なものを保持しながら、概念によって共立性を潜在的なものに与える。ところが、科学は、無限なものを放棄して、潜在的なものに、その潜在的なものを現働化させるような或る準拠を、ファンクションによって与える。哲学は、或る内在平面あるいは共立性平面をもってことに当たり、科学は、或る準拠平面によってことに当たるのである。科学の場合、それは〔映画の〕ストップモーションに似ているところがある。それは或る不思議な減速であり、減速によってこそ、物質は現働化し、またそればかりでなく、命題によって物質を洞察しうる科学的思考もまた現働化するのである。ファンクションというものは、《減速された》ファンクションなのである。なるほど、科学は、触媒作用においてだけでなく、粒子加速器においても、諸銀河を遠ざける膨張においても、たえずもろもろの加速が重要だと主張している。けれども、原初的減速は、それらの現象〔加速〕が関係を絶つことになる当の〈ゼロ－瞬間〉としてではなく、むしろ、それらの現象の全面的な包み開き（デヴロップマン）に完全に合致する条件として扱われているのである。減速するということは、すべての速度が超えない限界（リミット）をカオスのなかに置くということであり、しかも結果的に、横座標（アブシス）〔外延量〕として規定されるひとつの変数を諸速度が形成し、同時に、超えることのできない普遍的定数を限界（リミット）が形成するということである（たとえば、収縮の最大値）。したがって、第一のファンクティヴは、限界（リミット）と変数であり、そして準拠は、変数のもろもろの値のあいだの関係、あるいはもっと深く見るなら、諸速度の横座標（アブシス）としての変数と限界（リミット）との関係である。

すべての部分がひとつの有限な条件に支配されている宇宙の総体のなかで、〈定数－

限界〉は、それ自体〔さらに〕ひとつの関係として現れる場合がある〔運動量、力の量、エネルギー量……〕。そのうえ、関係の諸項が指し示すいくつかの座標系が存在しなければならない。したがって、外部フレーミング、あるいは外部－準拠が、限界の第二の意味である。というのも、あらゆる座標の外にあるもろもろの元－限界は、諸速度のもろもろの横座標――すなわち、連係可能な〔座標軸になりうる〕諸軸がそれにもとづいて打ち立てられるその横座標――を産みだすからである。粒子は、位置、エネルギー、質量、スピン〔粒子の角運動量〕の値をもつだろう――ただし、その粒子が、物理的存在あるいは物理的現働性を受けとるかぎりにおいての、あるいは座標系において把捉されうるであろう諸軌道のなかに「着地」するかぎりにおいての話である。カオスにおける減速、あるいは無限なものにおける中断閾をなしている第一の限界が、内部－準拠の役割を果たし、或る数えあげを遂行するのであって、そうした限界は、関係ではなく、数であり、あらゆる関数論は数に依拠しているのである。光の速度、絶対零度、作用量子、《ビッグ・バン》を引き合いに出してよいだろう――絶対温度の零度は摂氏マイナス二七三・一五度であり、光の速度は毎秒二九九七九二・四五八キロメートルであって、その速度では、物の長さはゼロに収縮し、時計は停止する。そのような限界は、座標系のなかでしか取ることのない経験的な値によって有効になるのではない。そうした限界は、何よりもまず、原初的減速の条件として働くのであり、この原初的減速は、無限なものと関連しつつ、それ〔原初的減速〕に対応した諸速度の全スケールにわたって、つまりその諸速度のもろもろの条件付き加速あるいは条件付き減速へと広がるのである。しかも、そうした限界（リミット）が種々雑多であるということだけを理由にして、統一への科学的使命を疑ってよいというのではなく、さらに、まさしく限界（リミット）のそれぞれが実際、それなりに、いくつかの互いに還元できない異種的な座標系を産みだすのであり、変数に応じた近さと遠さ（たとえば諸銀河の遠さ）に即して、不連続閾を押しつけてくるのである。科学に取りついているのは、それ自身の統一性ではなく、むしろ準拠平面である——すなわち、科学が限界（リミット）のもとでカオスに立ち向かうときのそのすべての限界（リミット）あるいは縁（へり）によって構成されている準拠平面である。それらの縁によってこそ、平面はおのれの諸準拠をそなえるのであって、座標系に関して言うなら、もろもろの準拠こそが準拠平面に生息し、あるいはそれを満たすのである。

例10

どのようにして限界（リミット）なるものが、直接、無限なものに、限界（リミット）なきものに食い込むのか、ということを理解するのは困難である。けれども、無限なものにひとつの限界（リミット）を押しつけるのは、それ自身限界（リミット）のある物なのではない。限界（リミット）そのものこそが、限界（リミット）のある物を可能にするのである。ピュタゴラス、アナクシマンドロス、そしてプラトン自身が、そうした事態を思考するだろう。すなわち、限界（リミット）が無限なものと接し合って、その接し合いから諸物が出てくる、という事態をである。規定が未規定なものと直接関係していない場合には、あらゆる限界（リミット）は錯覚的なものであり、あらゆる規定は否定である。この点に、科学論と関数論（ファンクション）はかかっているのだ。はるかのちに、内因的かつ外因的な二重の観点から、そうした理論に数学的諸定式を与えるのは、カントルである。第一の観点からすれば、ひとつの集合が無限集合と呼ばれるのは、その集合が、その諸部分のひとつ、つまりその部分集合のひとつと、一対一対応を呈する場合である。すなわち、たとえば整数の集合に関して、集合と部分集合が、同じ濃度（ピュイサンス）、あるいは「アレフ0」によって指定しうる同じ〈諸要素の数〔カージナル数〕〉をもつ場合である。第二の規定〔観点〕からすれば、ひとつの与えられた集合のもろもろの部分集合からなる集合は、その最初に与えられた集合よりも必然的に大きい。アレフ0の諸部分集合の集合は、したがって、もうひとつの超限数アレフ1を指し示しており、この超限数は、連続体の濃度を所有している、つまり実数の集合に対応しているのである（さらに、アレフ2等々……と連続させることができる）[*2]。ところで、以上のような考え方が、かくも頻繁に、数学への無限なものの再導入とみなされるというのは、奇妙なことである。そうした考え方はむしろ、或る数によって限界（リミット）を定義することの極端な帰結なのであって、或る数とは、そのいずれもが最大ではないようなすべての有限な整数に後続する最初の整数である。集合論がおこなっているのは、無限なもの――それなしには限界（リミット）は存在しないであろうような無限なもの――それ自身のなかに、限界（リミット）を書きこむということである。それ〔集合論〕は、その厳格な階層化において、或る減速を、あるいはむしろ、カントル自身が言っているように、或る停止を、或る「停止原理」*3を創建するのであり、その原理にしたがって新たな整数が創造されるのだが、ただしその創造は、「先行するすべての数の集合が、すでにその外延全体において与えられているところの、ひとつの定義された〈数の類（クラス）〉の濃度をもつ場合に(2)」かぎられるのである。そうした停止原理あるいは減速原理がないと、カントルがすでに拒絶していた、全集合の集合が存在してしまうだろうし、そのような集合は、ラッセルが指摘しているように、カオス以外のものではありえないだろう。集合論というものは準拠平面を構成することなのであり、準拠平面は、或る内部－準拠（無限集合の内因的規定）を含むばかりでなく、すでに或る外部－準拠（外因的規定）を含むものなのである。哲学的概念と科学的ファンクションを結びつけようとするカントルの顕著な努力にもかかわらず、両者の特徴的な差異は存続しているのであって、それというのも、哲学的概念は、指示（レフェランス）〔準拠〕なき内在平面あるいは共立性（コンシスタンス）平面のうえで包み開かれ、科学的ファンクションは、共立性（コンシスタンス）〔無矛盾性〕をそなえていない準拠（レフェランス）平面のうえで包み開かれるからである（ゲーデル）。

限界（リミット）が減速によって諸速度の横座標（アプシス）〔外延量〕を産みだすとき、カオスの潜在的な諸形式は縦座標《オルドネ》〔強度＝内包量〕にしたがって現働化する傾向をもつ。その〔潜在的な〕諸形式を、限界《リミット》に、あるいはさらに当該の横座標《アプシス》に対応させるような予備選択を、なるほど準拠平面はすでにおこなっている。だがそれでもなお、その諸形式は、横座標《アプシス》へと変換される諸形式の独立変数を構成しているのである。それは、哲学的概念の場合とたいへん異なっている――〔哲学ではなく科学においては〕強度的＝内包的縦座標《オルドネ》たちが指しているのは、もはや、絶対的俯瞰としての概念のなかの寄り集まった相互不可分的合成諸要素〔変化《ヴァリアシオン》＝変奏〕ではない――それらが意味しているのは、互いに区別される諸規定〔変数〕であって、この諸規定は、或る言説＝論証形成において、延長〔外延〕のなかで把握される他の諸規定と必然的に対応させられるはずのものである。そうした諸形式の強度的＝内包的縦座標《オルドネ》は、速度の外延的横座標《アプシス》〔外延量〕と連係《コオルドネ》しなければならない――結果的に、包み開きの諸速度と、諸形式の現働化とが、外因的な互いに区別される諸規定のままで、相互に関係するようになる(3)。以上のような第二のアスペクトのもとではじめて、限界《リミット》は、いまや、少なくとも二つの独立変数たちによって合成された座標系《システム・ド・コオルドネ》〔連係したものたちによる系《システム》〕の起源になるのであるが、しかしそれら独立変数たちは、ひとつの関係《ラポール》＝比のなかに入り〔比を構成して〕、この関係《ラポール》＝比に、第三の変数が――すなわち、〈物の状態〉としての、もしくはその系《システム》のなかで形成された物質の状態としての第三の変数が――依存するのである〔そのような〈物の状態〉は、数学的、物理学的、生物学的……でありうる〕。それこそが、まさに、命題の形式としての指示（レフェランス）、すなわち〈物の状態〉と系（システム）との関係、の新たな意味である。〈物の状態〉は或るファンクションである。それは、少なくとも二つの独立変数のあいだの関係＝比（ラポール）に依存しているひとつの複雑な変数である。

数学における諸変数のそれぞれの独立性は、ひとつの変数が最初の変数よりも高次の累乗にあるときに現れる。それゆえにヘーゲルはこのような指摘をしている——ファンクションにおける変化可能性は、変化しうる値（2／3と4／6）だけでも、また未規定なままにされる値（$a = 2b$）だけでも満足せず、諸変数の一方が高次の累乗にあること（$y^2/x = P$）を要求する。というのも、その場合にこそ、ひとつの関係＝比（ラポール）は、微分的関係＝比（ラポール）dy/dxとして直接規定されうるからであって、この微分的関係＝比（ラポール）のもとでは、諸変数の値は、たとえもろもろの無限速度から引き離されているにせよ、もはや、消去されるという規定、あるいは誕生するという規定以外の規定はもたないのである。そのような関係＝比（ラポール）に依存しているのが、ほかならぬ〈物の状態〉あるいは「導」関数（ファンクション）である——ひと〔ラグランジュ〕は、たがいに異なるいくつかの累乗を比較できるようにする〈累乗の切り下げ〉の操作をおこなったのであるが、それらの累乗からは、或る物もしくは或る体（たい）が包み開かれさえすることができるだろう（積分）[4]。一般的に言えば、〈物の状態〉は、カオスに属する潜在的なものを現働化させる場合には、かならず、ポテンシャルを、そのカオスに属する潜在的なものから借りて、それを座標系に配分するのである。〈物の状態〉は、ポテンシャルを、おのれが現働化する潜在的なものから取りだして、それを占有するのだ。もっとも閉じられた系（システム）でさえも、やはり、潜在的なものへと上昇してゆき、そこから蜘蛛が降りてくる。しかし、ポテンシャルは現働的なもののなかで再創造されうるのか、ポテンシャルは更新され、拡大されうるのかと問うことによって、〈物の状態〉、物、そして体をいっそう厳密に区別することができる。わたしたちが〈物の状態〉から物そのものへ移るときに見てとれるのは、ひとつの物は、諸変数にしたがって、つねに同時に、複数の軸に関係するということ、しかもその諸変数は、内的な統一は未規定なままであるにせよ、たがいに一方の変数が他方の変数のファンクションになっているということである。だが、物は、それ自身が座標変換をこうむるときには、本来の意味での体へと生成し、ファンクションは、限界（リミット）〔極限〕と変数を、もはや準拠（レフェランス）とはみなさずに、むしろ不変量と変換群とみなす（たとえば、ユークリッド幾何学体は、運動群に関わる不変量で構成されている）。「体（コール）」は、事実ここでは、生物学の専門領域ではない。それは、有理数によって表される或る絶対的な最小〔の体〕から出発するひとつの数学的規定をもつものである――その際、そうした〈基となる体〉〔最小〕の独立的〔漸進的〕拡大が遂行され、この〔体の〕拡大が、ひとつの完全な個体化に至るまで、可能な諸置換をしだいに限界づけていくのである。或るカスケード状の現働化によってことに当たる〈体の個体化〉にこそ、体と〈諸物の状態〉〈もしくは〈物そのものの状態〉〉との差異が由来しているのだ。もろもろの体でもって、独立変数たちの関係（ラポール）＝比は十分におのれの〔存在〕理由を満たす。たとえ、体の個体化を更新する或るポテンシャルもしくは或る累乗＝力（ピュイサンス）をそなえてしまうとしてもである。とくに体が生体であるとき、すなわち、〔数学的な体の〕拡大あるいは添加によってではなく、分化してゆく生体であるとき、出現するのはまたもや新たなタイプの変数である——それは、内部環境（内部－準拠）と関連した生物学固有のファンクションを規定する内的変数であり、しかもそれは、外部環境（外部－準拠）の外的変数を伴う確率論的ファンクションに含まれる内的変数でもある[5]。

したがってわたしたちは、ファンクティヴ、座標系、ポテンシャル、〈物の状態〉、物、体、これらの新たな列に直面していることになる。〈物の状態〉は、たいへん異なったタイプの、順序づけられた（オルドネ）混合であって、それは軌道にしか関与しないことさえありうる。しかし、物は相互作用であり、体はコミュニケーションである。〈物の状態〉は、前提からして閉じられている系の幾何学的座標にかかわり、物は、結合系のエネルギー座標にかかわり、体は、切り離されて結びついていない系の情報座標にかかわっている。諸科学の歴史は、もろもろの軸の構築、それらの本性、それらの次元、それらの増殖から切り離しえないものである。科学は、《指示対象（レフェラン）》のいかなる統一化をも遂行せず、かえって、準拠平面——すなわち、それの曲折と描出に先だっては存在しない準拠平面——のうえでのすべての種類の分岐を遂行する。それは、あたかも分岐が、潜在的なものの無限なカオスのなかに、現働化されるべき新たな形式を探しにいって、物質に対する一種のポテンシャル上昇化をおこなうようなものである。たとえば、炭素は、メンデレーエフの周期表のなかにひとつの分岐をもちこんでおり、この分岐によって、炭素から、その可塑的な固有性に応じて、ひとつの有機物の状態がつくられる。科学の統一性（ユニテ）と多様性（ミュルティプリシテ）の問題は、したがって、一定の時期に唯一のものでありうる座標系〈に即して〔のファンクションとして〕（アン・フォンクシオン）〉立てるべきではない。哲学における内在平面に関するのと同様に、時間的な次元と進化をともなった準拠平面に関しても、前と後が、同時に、いかなる身分規定をもつのかと問わなければならない。唯一の準拠平面が存在するのだろうか、それとも複数の準拠平面が存在するのだろうか。その答は、哲学的内在平面、その諸層、その重なり合った薄層に関する問の答と同じではないだろう。なぜなら、無限なものの放棄を折り込んでいる準拠は、或る時期に必然的に崩壊するファンクティヴの連鎖しか組み立てることができないからである。分岐、減速、そして加速は、他の変数、他の関係＝比、そして他の準拠を指し示す穴、切断、そして断絶を生産する。簡略な例で言うなら、分数は整数と、無理数は有理数と、リーマン幾何学はユークリッド幾何学と手を切っている。しかし、それと同時的なもうひとつの方向で、つまり後から前に向かって考えるなら、整数は分数の一特殊ケースとして現れ、あるいは、有理数は、諸点の線形の集合における「切断」[*4]の一特殊ケースとして現れる。遡及的な方向ではたらくそうした統一化的プロセスが、必然的に他のいくつかの準拠を介入させることはたしかであって、それらの準拠の諸変数は、一特殊例を与えるための制限条件に従っているだけでなく、さらに、それらの変数そのものにおいて、それら自身の準拠を変化させるであろう新たな断絶と分岐に従っているのである。それは、アインシュタインからニュートンを、あるいはまた切断から実数を、あるいはさらに抽象的な計量幾何学からユークリッド幾何学を引きだすときに生起する事態である。哲学が連辞的（サンタグマティック）であったとすれば、クーンとともに、科学はパラダイム的〔範列的〕であると言ってよい。

哲学と同様に、科学も、直線的な時間継起に満足しているわけではない。しかし、科学は、重なり合いの秩序において前と後を表現する層位学的時間のかわりに、もともとセリー的な枝分かれした時間を展開するのであり、その時間においては、〈前〉（先行するもの）は、つねに、来たるべき分岐と断絶を示し、〈後〉は、遡及的な再連鎖を示す。まさしくそこに、まったく別の歩調をとる科学の進歩が由来している。そして科学者の固有名は、断絶の点と再連鎖の点を示すその別の時間に、その別のエレメントに書き込まれている。なるほど、哲学史をそうした科学のリズムに沿って解釈することは、つねに可能であるし、ときには実り豊かでさえある。しかし、わたしたちがカントはデカルトと手を切っていると言い、そしてデカルト的コギトはカント的コギトの一特殊例に生成すると言うのであれば、それはまさに、哲学を科学扱いすることになるのだから、十分に満足できる言い方ではない（逆に、ニュートンとアインシュタインのあいだに重なり合いの秩序を設定するのであれば、それもまた満足のゆくものではないだろう）。科学者の固有名は、わたしたちをして同じ合成諸要素を繰り返し通過させることをファンクション〔機能、役割〕にしているどころか、反対に、わたしたちにそうさせないようにすること、そして、すでに走破した行程をふたたび測量する理由はないとわたしたちに説得することをファンクションにしているのである。固有名のついた方程式は、通過されるのではなく、使用されるのである。科学者の固有名は、ひとつの内在平面のうえに連辞（サンタグム）を組織するような〔東西南北の〕方位点を配分するどころか、反対に、必然的に方向づけられた準拠系のなかに射影されるパラダイムを打ち立てるのである。最後に、厄介なのは、科学と哲学の関係というよりも、むしろ科学と宗教のいっそう情熱的な関係である。そのような関係は、唯一の法則、唯一の力、唯一の相互作用を求めるような、科学における画一化と普遍化のすべての試みのなかに見てとることができる。科学を宗教に近づけるのは、つぎのような事態である――すなわち、ファンクティヴが、概念ではなく形像（フィギュール）〔図形、像〕であり、しかも、この形像が、空間的直観によってというよりもむしろ精神的緊張によって定義される、という事態である。ファンクティヴには、何か形像的なものが存在するのであって、それが、科学に固有な或る表意文字法を形成し、すでに視（ヴィジオン）を読解に仕立てあげているのである。しかし、絶えずあらためて科学とあらゆる宗教との対立を是認し、同時に、絶えず見事にも科学の統一化を不可能にするのは、あらゆる超越のかわりに準拠を用いること、パラダイムと準拠系とがファンクション〔関数〕的に対応することである。そして、形像がファンクティヴによって構築され、見られ、そして読まれるその仕方を、しかももっぱら科学的であるその仕方を規定しながら、そうした対応が、形像の限りない宗教的使用をすべて禁じるのである。(6)

哲学と科学との第一の差異は、概念とファンクションのそれぞれに関して前提されていることがらにある――すなわち、前者では、内在平面つまり共立性平面であり、後者では、準拠平面である。準拠平面は、内在平面とは別の仕方で、一であると同時に多である。両者の第二の差異は、さらに直接に、概念とファンクションにかかわっている――すなわち、一方において、もろもろの変化（ヴァリアシオン）＝変奏の相互不可分性は無条件的な概念の固有性であり、他方において、諸変数の独立性は、条件づけられうる関係＝比のなかで、ファンクションに属している。わたしたちは、一方のケースでは、もろもろの変化（ヴァリアシオン）＝変奏から概念を構成する「偶然的理由」のもとで、相互不可分的なもろもろの変化＝変奏の集合を有しており、他方のケースでは、諸変数からファンクションを構成する「必然的理由」のもとで、独立変数の集合を有している。それゆえ、後者の観点からすれば、関数（ファンクシヨン）論は二つの極を示している。ひとつの極においては、n個の変数が与えられている場合、ひとつの変数は、$n-1$個の偏導関数および関数の全微分をともなう、$n-1$個の独立変数の関数とみなされうる。もうひとつの極においては、反対に、$n-1$個の量はそれぞれ、合成関数の全微分をともなわない、ひとつの同じ独立変数の関数である。それと同様に、接線の問題（微分）[*5]が動員する変数は、与えられている諸曲線と同じ個数の変数であり、この諸曲線のそれぞれにとっての導関数は、任意の一点における任意の接線である。ところが、それとは逆の接線の問題（積分）は、もはや唯一の変数しか考察せず、しかもこの変数は、座標変換を条件として、同じ規定をもつすべての曲線に接する曲線それ自身なのである。(7) 同様な双対性が、n個の独立粒子の系(システム)の力学的記述にも関与している――瞬間的な状態は、三次元空間のなかのn個の点とn個の速度ベクトルによって表されることが可能だが、それればかりでなく、位相空間のなかの唯一の点によって表されることも可能である。

科学と哲学は、二つの対立した道をたどると言ってもよさそうである〔哲学と科学の第二の差異〕。なぜなら、哲学的概念においては、出来事に関して共立性(コンシスタンス)が成立し、科学的ファンクションにおいては、〈物の状態〉あるいは混合に関して準拠(レフェランス)〔指示〕が成立するからである――すなわち、哲学は、概念によってたえず、〈物の状態〉から、言わば〔『不思議の国のアリス』に出てくる〕猫のいない猫笑いのような、共立的な出来事を抽出し、科学は、ファンクションによってたえず、出来事を、準拠されうる〔指示されうる〕〈物の状態〉と物と体とのなかで現働化させるからである。そうした観点から見れば、ソクラテス以前の思想家たちが、自然学を、諸混合とそれらの様々なタイプに関する理論とみなしていたとき、すでに彼らは、科学というものの一規定の本質的な点を、しかも今日においてもなお有効な点を把握していたのである。(8) さらにストア派は、出来事がそのなかで現働化されるその〈物の状態〉あるいは〈体の混合〉と、〈物の状態〉それ自身からまるで煙のように立ちのぼる〈体なき出来事〉との基本的な区別を、極度に押しすすめるだろう。したがって、哲学的概念と科学的ファンクションが区別されるのは、二つのたがいに関連した特徴を通じてである――〔概念の〕相互不可分的変化(ヴァリアシオン)＝変奏と〔ファンクションの〕独立変数(ヴァリアブル)——内在平面上の〈出来事〉と準拠系内の〈物の状態〉。〔強度的＝内包的縦座標(オルドネ)の身分規定が二つのケースで異なる由来は、以上のところにある。というのも、強度的＝内包的縦座標(オルドネ)は、概念の内的合成要素であるのだが、〔概念に属するはずの〕変化(ヴァリアシオン)＝変奏がもはや〔ファンクションの〕変数の状態にすぎないときは、強度的＝内包的縦座標(オルドネ)は、ファンクションにおける外延的横座標(アプシス)と〈連係した座標(コオルドネ)〉でしかないからである〕。こうして、概念とファンクションは、本性上異なる二つのタイプの多様性(ミュルティプリシテ)＝多様体あるいは変化性(ヴァリエテ)＝多様体として姿を現す。そして、科学的多様体(ミュルティプリシテ)の諸タイプは、それ自体からしてきわめて雑多であるにもかかわらず、哲学固有の多様性(ミュルティプリシテ)は含んでいず、ベルクソンが、後者の多様性(ミュルティプリシテ)のために、〈持続〉によって定義される或る特殊な身分規定を要請したのであり、それがほかならぬ「融合の多様性(ミュルティプリシテ)」[*6]なのであって、これは、もろもろの変化(ヴァリアシオン)＝変奏の相互不可分性を表現し、空間、数、〔数量的〕時間という〔科学的〕多様体(ミュルティプリシテ)とは対立するものであり、それというのも、こうした〔科学的〕多様体(ミュルティプリシテ)は、諸混合を順序づけているからであり、変数そのものを、あるいはもろもろの独立変数を指し示しているからである[9]。しかし、たしかなことは、言説的＝論証的で外延的な科学的多様体(ミュルティプリシテ)と、直観的で強度的＝内包的な哲学的多様性(ミュルティプリシテ)とのそうした対立そのものが、科学と哲学との対応について、そしてそれらのありうべき協力について、さらにそれらの影響のし合いについて判断を下すことにもまた適しているということである。

最後に、〔哲学と科学の〕第三の大きな差異が存在する。これはもはや、両者それぞれの前提に関する差異でも、概念もしくはファンクションとしてのエレメントに関する差異でもなく、言表行為の様態に関する差異である。たしかに、哲学においても科学においても、思考の経験としての実験が同じくらい存在する。しかもそのような経験は、それら二つのケースにおいて、混乱をもたらすようなもの、カオスに近いものでありうる。またそればかりでなく、科学においても、哲学あるいは芸術においても、同じくらい創造が存在する。いかなる創造も経験なしには存在しない。科学言語と哲学言語との差異が、またいわゆる自然言語に対する両者の関係がどのようなものであろうと、〈座標軸をも含めて〉ファンクティヴは、概念と同様に、既製品としてあらかじめ存在するわけではない。ところでグランジェは、科学的な理論体系のなかには、固有名を指し示すいくつかの「スタイル」が、外因的な規定としてではなく、少なくとも、そうした系の創造の次元として、また或る経験あるいは体験と接触さえしている次元として存在するなどと主張することができた(10)。なるほど、座標、ファンクションと方程式、法則、現象あるいは効果、これらは、いぜんとしていくつかの固有名に結びつけられたままである。それは、病気が、その病気を特定することができた医者、しかも様々な徴候を分類しては分類しなおすことができた医者の名前によっていぜんとして表示されているのと同様である。見ること、何が起こっているのかを見ること、これは、純粋数学においてさえ、つねに、証明よりもはるかに本質的に重要であった。そうであってみれば、純粋数学は、その応用を度外視してもなお、ヴィジュアルな、形像的な数学と言われても仕方あるまい。今日、多くの数学者が、コンピュータは公理系よりも価値があると考えており、非線形関数(ファンクシヨン)の研究は、観察可能な数のセリーのなかで遅れたり速まったりしている。科学が言説＝論証的であるということは、科学は演繹的であるということを、まったく意味しなくなっている。反対に、科学は、その数々の分岐において、固有名によって印づけられた、かくも多くのカタストロフ、断絶、そして再連鎖を経ている。科学が、哲学に対して、埋め合わせることができない差異を保持しているのは、もろもろの固有名が、一方の〔科学の〕ケースでは或る〈準拠の並列〉を印づけ、他方の〔哲学の〕ケースでは或る〈薄層の重なり合い〉を印づけて、〔科学における〕準拠の諸特徴と、〔哲学における〕共立性の諸特徴のすべてを通じて対立し合っているからである。しかし、哲学と科学は二つの側で（同様に芸術それ自身はその第三の側で）、ポジティヴにかつ創造的になった或る〈私は知らない〉を、つまり創造それ自体の条件をそなえているのであって、こうした条件の本領は、ひとが知らないことがらによって規定をおこなうところにある――ちょうど、ガロアが、「計算の進行を指示すること、そして、けっして解答を実際に出しえないままに解答を予見すること」[11]と言ったように。

ということは、わたしたちは言表行為のもうひとつのアスペクトに送り返されているということであって、このアスペクトのもとでは、もはや、科学者や哲学者の固有名が問題になるのではなく、当該の領域〔科学と哲学〕にとって内的な、彼らのイデア的

〔理念的〕な仲介者が問題になる。わたしたちは、以前、内在平面上の断片的諸概念に関連した概念的人物の哲学的役割を見た。しかしいまは、科学が、準拠系内のファンクションに関連した部分観測者を出現させるのである。所与の〈物の状態〉のひとつから過去と未来を計算できるラプラスの「魔」のような全面的観測者は存在しない、ということが意味しているのは、神は哲学的人物ではないのと同様に科学的観測者でもない、ということである。しかし、魔という名は、科学においても哲学においても同じように、何かわたしたちの能力を超えるようなものを指すための言葉としてではなく、言表行為のそれぞれの「主体＝主語」として必要なあの仲介者たちに共通な類を指すための言葉として、やはり卓越していることにかわりはないのだ——哲学的友、権利要求者、白痴、超人……は、マクスウェルの魔、アインシュタインあるいはハイゼンベルクの観測者におとらず、やはり魔である。それらの魔たちが何をなしうるのか、あるいは、なしえないのかを問うことが問題なのではない。そうではなく、それら魔たちが知らないことがら、もしくは、なしえないことがらのなかにおいてですら、それら魔たちは、概念もしくはファンクションの観点からして、どのようにして完全にポジティヴであるのかを問うことが問題なのである。それら二つのケースのそれぞれにおいて、変化性は計り知れないが、その二つの大きなタイプの本性上の差異を忘れてしまうほどではない。

すべての科学とすべての準拠系に分封している部分観測者たちが何であるのかを理解するためには、認識の或る限界つまり言表行為の或る主観性という役割を、それらに見るのは避けるべきである。ひとはかつてこう指摘できた——デカルト座標は原点の近くに位置しているもろもろの点を重視するが、射影幾何学における座標は、「変数と関数とのすべての値の有限な像(イメージ)」を与えるのである。ただし、中心投象法〔射影〕は、一個の目としての部分観測者〔観察者〕を、錐体の頂点に〔底面に向かって〕固定するので、観測者の別の位置を指し示すような〔別の位置にある観測者から見てわかるような〕表面〔側面〕の凸凹あるいは質を捉えることなく、いくつかの輪郭を捉えるのである。原則的に、〔部分〕観測者は、不十分なものではないし、主観的なものでもないのである——量子物理学においてさえ、ハイゼンベルクの魔〔観測者〕は、測定されるものに対する測定の主観的干渉を口実にした、一個の粒子の速度と位置との同時的測定の不可能性を表現するものではないのであって、その魔はまさに、ひとつの客観的な〈物の状態〉を測定するのである。ただし、この〈物の状態〉は、おのれの諸粒子のうちの二つのもののそれぞれの位置を、おのれの現働化の場の外に置き去りにするものであり、独立変数の数は縮減され、座標のもろもろの値は同じ確率をもつ。熱力学についての、相対性(ルラティヴィテ)理論についての、量子物理学についての主観的解釈は、同じ不十分さの証拠になる。科学的な遠近法主義(ペルスペクティヴィスム)つまり相対主義(ルラティヴィスム)は、けっして一個の主観に対して相対的であるのではない。科学的相対主義は、真なるものの相対性を構成しているのではなく、反対に、相対的なものの、すなわち諸変数〔変化しうるもの〕の真理性を構成しているのである。この相対主義は、おのれの座標系のなかで、それら諸変数から取りだすもろもろの値にしたがって、それら諸変数の事例を分類するのである（たとえば、頂点に目が据えられた円錐の諸断面に即したもろもろの円錐曲線の種類）。そしてたしかに、よく定義された一個の観測者は、彼が取りだしうるすべてのものを取りだし、彼に対応する系（システム）のなかで取りだされうるすべてのものを取りだすのだ。要するに、部分観測者の役割は、知覚することと感受することである。ただし、この知覚とアフェクションは、ふつうに認められている意味での人間の知覚と変様（アフェクシオン）＝感情ではなく、かえって、人間が研究する諸物に属している事態である。しかし、人間はそれでもなお、効果というものを感じるのである（切断を、切除を、添加を十分に感受しない数学者がどこにいるというのだろうか）。しかし人間は、彼自身が準拠系のなかに、まるでゴーレム〔呪文によって動く、ユダヤ伝説の人形〕のように据えつけたイデア的〔理念的〕観測者からしか、その効果を受けとらないのである。そうした部分観測者は、或る曲線の、或る物理系の、或る生ける機関のもろもろの特異点の近傍に存在するのであって、アニミズムが、或る条件のもとで、すなわち器官やファンクションに内在する微小な霊魂を、ひたすら分子的な知覚と分子的な変様（アフェクシオン）＝感情との火床にだけ仕立てあげ、その微小な霊魂からアクティヴなあるいは有効なあらゆる役割を引きだすという条件のもとで、その微小な霊魂を増殖させるときには、そうしたアニミズムは、ひとが言うほど生物学的科学から懸（か）け離れてはいないのである――体には無数の微小なモナドが生息しているのだ。部分観測者によって把捉された〈物の状態〉あるいは〈体〉の区域を、わたしたちは、景観（シト）＝部位と呼ぼう。部分観察者は力（フォルス）である。が、この力は、作用するものではなく、ライプニッツとニーチェが知っていたように、知覚し感受するものである。

直接的な作用をもたない再認〔識別力〕あるいは選択の純粋に機能（ファンクション）的な固有性が現れるところであれば、どこにでも観測者が存在する――たとえば、分子生物学の全体において、免疫学において、アロステリック酵素に関して。[12] すでにマクスウェルが、ひとつの混合のなかで、速い分子と遅い分子を、高いエネルギーと低いエネルギーを区別することのできる魔を想定していた。このマクスウェルの魔は、平衡状態にあるひとつの系（システム）のなかでは、気体にくっついて必然的に失神というアフェクションに襲われるだろうが、しかしそれでもなお彼は、ひとつの酵素の近辺の或る準安定状態のなかで長い時間を過ごすことができるのであって、無論これは本当の話である。粒子に関する物理学は、無限に微小な無数の観測者を必要としている。〈物の状態〉が座標変換を経るだけに、ますます小さい景観＝部位をそなえた観測者を構想することができる。結局、イデア的な部分観測者は、ファンクティヴそれ自身の感性的な知覚あるいはアフェクションである。幾何学における図形（フィギュール）でさえ、アフェクションと知覚（プロクロスによれば受苦と症状）であって、それがなければ、いかに単純な問題といえども理解しがたいものにとどまるだろう。部分観測者は、ファンクティヴを裏打ちしているセンシビリアである。感性的認識と科学的認識を対立させるよりも、むしろ、座標系に生息し、科学に固有なこのセンシビリアを明るみに出す必要がある。まさにそうしたことを、ラッセルがおこなったのだ――あらゆる主観性のないそのような質（キャリテ）、あらゆる感覚から区別されるかぎりでの感性的所与、〈物の状態〉のなかに設定された景観＝部位、物そのものに属する空虚な遠近法、ひとつのファンクションの総体もしくはその部分に対応する縮約された時‐空的断片、それらをラッセルが呼び起こしていたときにである。ラッセルは、それらを、マイケルソン干渉計のような装置あるいは器具と、いやもっと単純に、〔写真機の〕乾板、カメラ、鏡と同一視している――それら乾板、カメラ、鏡とは、〈それ〉を見るために誰もそこにいないといった当の〈それ〉を捕え、そうした感覚されないセンシビリアを燃え立たせるものである[13]。しかし、そうした器具は、見にやって来るであろう実在的な観測者を待っている以上、センシビリアがそうした器具によっては定義されるということはないのであって、反対に、器具こそが、諸物におけるよい視点に位置したイデア的な部分観測者を前提しているのである――そのような非主観的な観測者こそまさに、科学的に規定された〈物の状態〉、物、あるいは体を、（ときには数知れぬほど）性質づける（キャリフィエ）ような感性的な（サンシブル）ものなのである。

概念的人物は、それはそれでまた、哲学的センシビリアであり、断片的概念それ自身の知覚（ペルセプシオン）とアフェクションであって、それらによってこそ、概念は、思考されるだけでなく、知覚され感じられるのである。けれども、概念がファンクティヴから区別されるのと同様に概念的人物が科学的観測者から区別される、と言うだけでよいわけではない。なぜなら、そのように区別されるとなれば、概念的人物によっては、もはやさらなる規定がまったくもたらされないだろうからである——言表行為のそれら二つの作用者は、知覚されたものによってだけでなく、(いずれのケースにおいても非自然的な)知覚様態によっても区別されなければならないのだ。ベルクソンのように、科学的観測者(たとえば、相対性の砲弾に乗った旅行者)を、変数の諸状態を印づけるようなたんなる象徴と同一視し、他方では、哲学的人物は、変化＝変奏(ヴァリアシオン)そのものを通過してゆくがゆえに、体験された〔生きられた〕もの(或る持続する存在)の特権をもつだろう、としてみても十分ではない(14)。前者が象徴的なものでないように、後者は体験されたものではないのだ。いずれのケースにおいてもイデア的な、しかし両者ではたいへん異なる、知覚とアフェクションが存在するのである。概念的人物は、つねにすでに地平に存在し、無限速度を背景にして、速いものと遅いものの非エネルギー的な差異を操作する。ただし、速いものと遅いものは、概念的人物が俯瞰する表面にしか、あるいは概念的人物がただ一瞬のうちに通過する〔概念の〕合成諸要素にしか由来しないものである。したがってその場合、知覚は、情報を伝えるということはせず、(共感できる、または、反感をそそる)変様態(アフェクト)の輪郭を描くのである。科学的観測者は、反対に、物それ自身のなかの視点であって、これは、諸地平の標準化を前提し、さらに減速と加速を背景にした諸フレーミングの継起を前提している。したがってその場合、変様態(アフェクト)はエネルギー関係へと生成し、そして知覚そのものは大量の情報へと生成するのである。わたしたちは〔ここで〕、以上の諸規定を包み開く〔さらに展開する〕ことはほとんどできない。なぜなら、諸芸術の存在を指し示している純粋な被知覚態（ペルセプト）と変様態（アフェクト）の身分規定を、まだわたしたちは捉えていないからである。しかしまさに、哲学に固有の知覚およびアフェクションと、科学に固有の知覚およびアフェクションとが存在するということ、要するに、概念のセンシビリアとファンクションのセンシビリアが存在するということは、それだけですでに、一方では科学と哲学との関係の基礎を示しており、他方では両者と芸術との関係を示しているのであり、そうであればこそ、ファンクションに関してそれは美しいと、そして概念に関してそれは美しいと言うことができるのだ。哲学特有のあるいは科学特有の知覚（ペルセプシオン）およびアフェクションは、必然的に、芸術の被知覚態（ペルセプト）と変様態（アフェクト）に絡んでいる——哲学の知覚およびアフェクションならびに科学の知覚およびアフェクションがである。

科学と哲学をダイレクトに比較対照するなら、三つの主要な対立項目を挙げることができる。この対立項目によって、一方にはファンクティヴの諸セリーのグループを、他方には概念の側にあるもののグループをつくることができる。第一の対立項目は、準拠系と内在平面であり、第二は、独立諸変数および相互に切り離しえないもろもろの変化（ヴァリアシオン）＝変奏であり、第三は、部分的観測者と概念的人物である。それらは、多様性（ミュルティプリシテ）＝多様体の二つのタイプである。たとえ概念が与えられることができ、また与えられなければならないとしても、ファンクションは、概念それ自体が与えられないままに与えられるということが可能である。たとえば、空間のファンクションは、まだその空間の概念が与えられていないのに、与えられることができる。〈物の状態〉、物、あるいは体は、準拠平面のうえで、かつ座標系のなかで、潜在的なものを現働化させており、科学におけるファンクションが、そうした〈物の状態〉、物、あるいは体を規定するのである。出来事は、内在平面のうえで、かつ順序づけられた（オルドネ）形式において、潜在的なものに共立性を与えるのであり、哲学における概念が、そうした出来事を表現するのである。それぞれの創造の場は、したがって、それぞれのケースでたいへん異なる存在態（アンティテ）によって画されているのだが、しかし、それらの存在態は、それでもなお、それぞれの仕事において或る種のアナロジーを呈している——すなわち、科学においても哲学においても、問題の本領は、問に答えることではなく、むしろ、規定の途上において対応する諸要素を、問題提起的能力としての或る高次の「趣味〔美的判断力〕」によって適合させること、つまり相互に適合させることである、ということだ（たとえば、科学を取りあげるなら、よい独立変数を選び、しかじかの行程に有効な部分観測者を配置し、ひとつの方程式あるいはファンクションにとっての最良の座標を構築すること）。しかし、こうしたアナロジーから、さらに二つの仕事が必要になる。二種類の問題のあいだの実践的な移行を、どのように理解すればよいのか。だがとりわけ、いま挙げた対立項目は、理論的には、概念とファンクションを同様なものとみなすことを、また概念をファンクションへ還元することあるいはその逆を、妨げるのではないだろうか。そして、あらゆる還元が不可能である場合には、両者のポジティヴな関係の総体を、どのように考えればよいのだろうか。

6　見通し(プロスペクト)と概念(コンセプト)

論理学が還元主義的であるのは、偶然ではなく、本質的かつ必然的なことである。というのも、論理学は、フレーゲとラッセルが引いた道筋に沿って、概念を或るファンクションに仕立てあげようと望んでいるからである。しかし、そのためにまず必要になることは、たんにファンクションが数学的命題や科学的命題というかたちで定義されるということではなく、ファンクションがより一般的なレヴェルの命題の特徴を表すということである。この場合、〔カルナップにおいては〕より一般的なレヴェルの命題というのは、ひとつの自然言語に属する文によって〈表現されるもの〉のことである。したがって、論理学に固有な新たなタイプのファンクションを考案する必要がある。「Xは人間的である」という命題関数(ファンクション)は、なるほど、関数(ファンクション)そのものには属していない或る独立変項の位置を示しているのだが、ただしこの独立変項は、それなしには関数(ファンクション)が不完全になるといった変項なのである。完全な関数(ファンクション)は、ひとつもしくは複数の「順序対」[*1]でできている。関数(ファンクション)を定義するのは、従属関係あるいは対応関係（必然的理由）

であり、したがって、「人間的である」ことは、関数(ファンクション)であるわけではなく、変項Xに対応するf(a)の値なのである。大多数の命題が複数の独立変項を有しているということは、あまり重要ではない。変項(ヴァリアブル)〔変数〕という観念が、不定な数〔変数〕に結びついているかぎり、項(アーギュメント)*2〔変数〕という観念――それは範囲(リミット)もしくは区間のなかでの選言的仮定を折り込んでいる〔含意している〕――に置き換えられるということもまた、あまり重要ではない。変項(ヴァリアブル)あるいは独立項(アーギュメント)と命題関数(ファンクション)との関係によって、命題の指示が、あるいは項(アーギュメント)に対応する関数(ファンクション)の真理値（「真」と「偽」）が定まるのである――たとえば、〈ジャンは人間である〉、しかし、〈ビルは猫である〉……。ひとつの関数(ファンクション)の真理値の集合――それは真なる肯定命題を規定している――は、ひとつの概念の外延をなしている。すなわち、命題関数の諸変項(ヴァリアブル)あるいは諸項(アーギュメント)――それら諸項に対応して、命題は真であり、あるいは命題の指示(レフェランス)は満たされる――の場所を、概念に属する諸対象が占めているということである。したがって、概念それ自体が、その外延を構成している諸対象の集合に対応した関数(ファンクション)なのである。あらゆる完全な概念は、以上のような意味でひとつの集合なのであり、或る一定の数〔濃度、すなわち集合の元(エレメント)の個数〕を有している。概念の諸対象は、集合の元である。(1)

範囲(リミット)あるいは区間のなかでひとつの変項がひとつの真なる命題に含まれる場合、その範囲(リミット)あるいは区間をもたらす〈指示(レフェランス)のいくつかの条件〉を決定する必要がなお存在する――たとえば、Xは人間である、ジャンは人間である、なぜなら彼はこれをおこなったからであり、彼はこのような様子をしているからである……。そうした指示(レフェランス)の諸条件は、概念の内包(コンプレアンジオン) compréhension を構成しているのではなく、〔カルナップ的な意味で〕概念の内包(アンタンシオン) intension を構成しているのである。それら〈指示の諸条件〉は、論理学的提示もしくは論理学的記述であり、区間であり、論理学者たちが言うようなポテンシャルつまり「可能的世界」であり、座標軸であり、〈物の状態〉〈事態〉あるいは状況であり、概念の部分集合——宵の明星と明けの明星——である。たとえば、ただひとつの元(エレメント)をもつ概念、ナポレオン一世の概念は、「イエナの勝利者」、「ワーテルローの敗者」を、内包(アンタンシオン)としてそなえている……。この場合、内包(アンタンシオン)と外延とを分かつ本性上の差異はまったくないということは一目瞭然である。なぜなら、内包(アンタンシオン)と外延はともに指示(レフェランス)に関連しているからである。すなわち、内包(アンタンシオン)は指示(レフェランス)の条件にすぎず、命題の内部-指示(レフェランス)を構成しているのであり、外延は外部-指示(レフェランス)を構成しているということである。わたしたちは、指示(レフェランス)の条件にまで到達したからといって、その指示(レフェランス)の外に出ることはないのであって、わたしたちは、いぜんとして外延性のなかにとどまっているのである。問題はむしろ、こういうことだ——以上のような内包的提示[*3]を通じて、どのようにして、概念に属する対象すなわち元(エレメント)について、命題変項(ヴァリアブル)について、関数(ファンクション)の項(アーギュメント)について、外部-指示(レフェランス)（あるいは表象(ルプレザンタシオン)）の視点から、一義的規定をおこなうことが可能なのかということである。それは、固有名の問題であり、そして論理学的同定あるいは論理学的個体化の問題である。そうした同定あるいは個体化が、わたしたちをして、量化の操作〔全称や特称の記号を用いること〕を通じて、〈物の状態〉から物あるいは体（対象）へと移行させるのであり、この操作がまた、物の本質的な述語を、結局は概念の内包 *compréhension* をなすものとして、指定することを可能にするのである。金星（宵の明星と明けの明星）は、その公転の時間が地球の公転の時間よりも少ない惑星である……。「イエナの勝利者」は記述あるいは提示であるが、「将軍」はボナパルトの述語であり、「皇帝」はナポレオンの述語である。たとえ、将軍に指名されること、あるいは〔教皇によって〕皇帝として聖別されることが記述であるとしてもである。したがって「命題的概念」は、指示（レフェランス）の循環のなかで、その全体が旋回することになる。もとより、命題的概念がファンクティヴの論理学化を遂行し、ファンクティヴがこうしてひとつの命題に属する見通し（プロスペクト）へと生成するかぎりにおいてである〔科学的命題から論理学的命題への移行〕。

文は、「私は嘘をついている」というパラドックスが示しているような自己言及（オート・レフェランス）〔自己指示（オート・レフェランス）〕をそなえていない。遂行的（パフォーマティヴ）発話でさえ、自己言及的〔自己指示的〕ではなく、むしろ、命題の外部－指示（レフェランス）と内部－指示（レフェランス）を折り込んでいるのである〔外部－指示（レフェランス）とは、慣習（コンベンション）によってそれ〔命題〕に結びついている行為、命題を言表することによって果たす行為であり、内部－指示（レフェランス）とは、わたしたちに言表を述べる権限を与えてくれる〈物の資格〉あるいは〈物の状態〉であって、たとえば「わたしはそれを誓う」という言表における概念の内包（アンタンシオン）は、法廷における証人であったり、何か咎められている子供であったり、告白する恋人等々であったりする[2]。それに反して、文に自己共立性〔自己整合性〕があるとみなすのであれば、この自己共立性は、命題の、あるいは命題間の、形式的無矛盾のなかにしかありえない。しかし、そうなれば、命題は、実質的にいかなる内部‐共立性も外部‐共立性もそなえていないことになる。基数〔濃度〕が命題的概念に属しているかぎりにおいて、命題の論理学は、公理から出発して、整数の算術の共立性〔整合性、無矛盾性〕を科学的に証明しなければならない。ところで、ゲーデルの定理の二つのアスペクトによれば、算術の共立性の証明は、システムの内部では表象されえない（内部‐共立性は存在しない）のであって、しかもシステムは、いくつかの真なる言表――それでもなお証明不可能であり、〔真偽が〕決定不可能なままの言表――と必然的に遭遇するのである（外部‐共立性は存在せず、共立的〔整合的〕なシステムは完全ではありえない）。要するに、概念は、命題的概念へと生成することによって、哲学的概念として保持していた諸特徴をすべて失うのである。すなわち、〔上記のパラドックスが示すような自己指示ではない〕その自己準拠と、その内部‐共立性と、その外部‐共立性とを失うのだ。それというのも、独立性〔変項の、公理の、〔真偽が〕決定不可能な命題の独立性〕の体制〔論理学的概念〕が、不可分離性の体制〔哲学的概念〕に取って代わってしまったからである。指示の条件としての可能的世界でさえ、それに共立性〔整合性〕を与える《他者》概念から切り離されている（その結果、論理学は、奇妙にも、独我論を前にしておのれが武装解除されているように感じるのである）。概念は一般に、もはや或る数字をもつのではなく、むしろ或る算術数をもつのである。〔真偽が〕決定不可能なもの〔命題〕は、もはや強度的＝内包的な合成諸要素の不可分性（不可識別ゾーン）を示さず、反対に、或る必然性を示しているのである——すなわち、あらゆる共立性（自己共立性〔自己整合性〕）を「不確定な」ものにする指示の要求にしたがってそれらの合成要素を区別する必然性をである。数はそれ自体、一般的な分離原則を示している——「Zahl〔数〕という〔ドイツ〕語の文字の概念は、Zをaから、aをhから……分離している」。関数は、おのれのすべての力を、〈物の状態〉への指示であろうと、物への指示であろうと、他の命題への指示であろうと、いずれにせよ指示から引きだしているのであって、〔哲学的〕概念を関数に還元してしまえば、概念から、そのすべての固有な特徴——〔関数とは〕別の次元を指し示していた特徴——が失われるのは避けられないことである。

指示の行為は、科学が〈物の状態〉と体とをそれによって構成したり変更したりするその思考の有限な運動である。また、歴史的人間がそのような変更を遂行すると言ってもよい。ただしそれは、体験において、ファンクティヴが、知覚、変様＝感情、そして行動によって取って代わられる場合のその体験を条件としてのことである。論理学に関しては、事情は同様ではない——すなわち、論理学は、空虚な指示をそれ自身においてたんなる真理値とみなすのだから、あるいは科学に属する既得の命題において、あるいは事実に関する命題（たとえば「ナポレオンはワーテルローの敗者である」）において、あるいはたんなるオピニオン（「Xは……と信じている」）において、指示（レフェランス）を、すでに構成されている〈物の状態〉あるいは体に差し向けることしかできないのである。そのようなタイプのすべての命題は、情報の価値をもつ見通しである。したがって、論理学は或るパラダイムをもっている。論理学は、もはや宗教のケースでも科学のケースでもない第三のケースのパラダイムでさえあって、それは、言わば、見通し（プロスペクト）つまり情報提供的な命題における真なるものの再認 *recognition* である。「超数学」という学術的表現が、いみじくも、科学的言表から、再認という形式での、論理学的命題への移行を表している。このパラダイムの射影ゆえに、論理学的概念が今度は図形（フィギュール）でしかなくなり、論理学は表意文字法になるのである。命題論理学は射影という方法を必要としており、ゲーデルの定理それ自体がひとつの射影モデルの考案になっているのである。[3] それは、指示（レフェランス）の科学的な身分規定に関する、その指示（レフェランス）の間接的で規則的なデフォルマシオンのようなものである。論理学は、心理学との差異に関する複雑な問のなかで永遠に悪戦苦闘しているように見える。けれども、ひとはたやすく次のようなことを認めてしまう――論理学は、けっして心理学的ではない（が、だからといって規範的なものでもない）権利上の〈思考のイメージ〉を、モデルとして打ち立てるのだということをである。問われねばならないのは、むしろ、そうした権利上のイメージの価値であり、そのイメージからわたしたちが或る純粋思考のメカニズムについて知るはずだとされる事柄である。

思考のまさしくすべての有限な運動のなかで、再認という形式はたしかに、このうえなく浅薄で、このうえなく貧しく、そしてこのうえなく幼稚な形式である。〔プラトンの著作のなかで〕テアイテトスが通りかかったのに「こんにちは、テオドロス」と言ってしまう、というのと同じくらい〈つまらぬ〉いくつかの事例によって思考を測るという危険に、哲学は、いつの時代にも交差したのである。古典的な〈思考のイメージ〉は、真なるものの再認に執着するそうした試みから自由ではなかったのだ。信じがたいことであろうが、哲学においても科学においても、思考に関する諸問題はそのような事例にかかずらっているのである。思考に関する創造としての問題は、質問とは何の関係もないのであって、質問とは、それにとって答として役立つとみなされる肯定命題の血の気の失せた分身、要するに宙づりにされた命題にすぎないのである（たとえば、「『ウェイヴァリー』の作者は誰か」、「スコットは『ウェイヴァリー』の作者か」）。論理学は、つねにそれ自身によって打ち負かされている、すなわち、それの糧となる諸事例のくだらなさによって打ち負かされているのである。論理学は、哲学に取って代わろうとするその欲望をもって、命題なるものを、そのすべての心理学的次元から切り離すのだが、それだけにますます、次のような諸公準の総体を維持しているのである——すなわち、命題における真なるものの再認の諸拘束に思考を制限し服従させる諸公準の総体をである。(4)そして、論理学があえて問題の計算に手をだすとき、実際は、問題の計算を、命題の計算との同型写像において、その命題の計算から引き写しているのである。そんなものは、チェス・ゲームあるいは言語ゲームというより、テレビのクイズ番組であるとでも言ってよさそうだ。しかし、問題というものは、けっして命題のようなものではないのである。

命題の連鎖よりもむしろ、内的なモノローグの流れを、あるいは、きわめて通常の会話の奇妙な分岐を際立たせる方がよいかもしれない。そうしたモノローグや会話が心理学および社会学へ密着しているのを引きはがすことによってである。そうするのは、思考そのものが、あの無限運動――それは、前提されたパラダイムとしての真なるものから思考そのものを解放し、創造の内在的な力(ピュイサンス)を奪回する――に到達するとき、その思考そのものが、どのようにして何か面白い〔興味深い〕ものを産出するのか、ということを指摘しうるためである。しかし、そのためにはまた、思考は、共立性(コンシスタンス)に入り込む目的をもって、すなわち〈物の状態〉あるいは科学的な体のなかでしか現働化されない潜在的なものの圏域に入り込む目的をもって、構成の途上における〈物の状態〉あるいは科学的な体の内部に遡行せざるをえないだろう。科学が下ってくる道を、しかも、もっとも下ったところには論理学がおのれの陣営を設けているような道を遡行しなければならないだろう（《歴史》に関しても事情は同様であって、歴史においては、新たなものの創造のために現働的な諸ファクターをはみだしている〈非歴史的な叢雲(むらくも)〉に達しなければならないだろう）。しかし、この潜在的なものの圏域、この《思考―自然》は、或る有名な言葉を用いるなら論理学が示すことしかできないものであり、それをいくつかの命題のなかで把握することも、それをひとつの指示対象に関係づけることもまったくできないのである。そのとき、論理学は沈黙する。そして論理学が面白い〔興味深い〕のは、それが沈黙するときだけである。パラダイムのためのパラダイム。そのとき、論理学は一種の禅宗に合流しているわけだ。

　論理学は、概念とファンクションを一緒くたにすることによって、あたかも科学がすでに概念を扱っているかのような、あるいは第一のゾーンにある概念を形成するかのような見方をしている。しかし論理学それ自身が、科学的ファンクションを、論理学的ファンクションによって、すなわち、純粋に論理学的な概念あるいは第二のゾーンにある概念の新たなクラスを形成しているとみなされている論理学的ファンクションによって裏打ちしなければならない。論理学を、その対抗心において、あるいは哲学に取って代わろうとするその意志において活気づけているのは、或る正真正銘の憎悪である。論理学は、〔哲学的〕概念を二度殺すのだ。しかし概念は、それでもなお蘇（よみがえ）る。概念は、科学的ファンクションではなく、また論理学的命題でもないからである。概念は、いかなる言説＝論証体系にも属していないし、いかなる指示（レフェランス）もそなえていないということだ。概念はみずからを示すのであり、みずからを示すことしかしないのである。概念はまさに、その残骸から蘇る怪物である。

　ときには論理学それ自身によって、哲学的概念が蘇ることがあるのだが、そうした事態は、どのような形式のもとに、またどのような状態にあるのだろうか。科学的ファンクションおよび論理学的ファンクションのなかでは、一般に概念は疑似的に厳密な身分規定しか手に入れないので、哲学は、第三のゾーンにある概念を相続するのである。これは数を逃れている概念であり、また、よく定義され、よく裁断された集合を、すなわち物理‐数学的な〈物の状態〉として指定されうるいくつかの混合に関係づけることのできる集合を、もはや構成していない概念である。そうした概念はむしろ、曖昧なあるいはファジーな集合であり、知覚と変様（アフェクシオン）＝感情との集塊なのであって、ひとつの主観に、ひとつの意識に内在するものとしての体験のなかで形成されるものである。それは、たとえば、「赤」や「はげ」といった、質的（キャリタティヴ）、あるいは強度的＝内包的多様体（ミュルティプリシテ）であって、そこにおいては、しかじかの元（エレメント）がその集合に属しているのか否かは決定することができないのである。こうした体験された集合〔概念〕は、第三種の見通し（プロスペクト）のなかで表現される。第三種の見通し（プロスペクト）とは、科学的言表でも論理学的命題でもなく、かえって、主観のただたんなるオピニオンであり、主観的な評価であり、趣味判断である――〈これはもう赤い〉、〈彼はほとんどはげている〉……。けれども、哲学の敵にとってさえ、そうした経験的概念のなかには、哲学的概念の避難場所は直接見いだされないのである。そうしたファジー集合、そうした体験内容がファンクションのたんなる変項でしかない場合、そのファンクションをこそ際立たせなければならないのだ。そして、まさにこの点で、わたしたちは或る二者択一に直面する[5]――わたしたちは、そうした変項に対応して科学的ファンクションあるいは論理学的ファンクションを再構成することができるようになり、それらのファンクションが、決定的に哲学的概念への依拠を無用なものにするだろうということ、あるいは、わたしたちは、新たなタイプの、哲学固有のファンクションを考案しなければならないだろうということ、すなわち、哲学固有のファンクションが他の二つのファンクションを支える任務を引き受けるだろうがゆえに、いっさいが奇妙な仕方で反転するように見える第三のゾーンを考案しなければならないだろうということ——の二者択一にである。

体験の世界が大地のようなものであって、〈物の状態〉についての科学と論理学を基礎づけたり支えたりするべきであるとするならば、みかけのうえで哲学的な概念が、そうした第一の基礎づけを遂行するために必要とされるのは自明である。その場合、そうした〔みかけのうえでの〕哲学的概念にとって必要なのは、ひとつの主観への「所属」であって、もはやひとつの集合への所属ではない。だからといって、そうした〔みかけのうえでの〕哲学的概念が単純な体験と混同されるというわけではない。その体験が、たとえ〔ベルクソンにおける〕融合の多様性（ミュルティプリシテ）として、あるいは主観への或る〔意識の〕流れの内在として定義された体験であってもである。体験は変項しか提供せず、他方、概念はやはり、ひとつの正真正銘のファンクションを定義しなければならない。こうしたファンクションは、ちょうど科学的ファンクションが〈物の状態〉への指示しかもたないように、体験への指示しかもたないだろう。哲学的概念は、ちょうど科学的概念が〈物の状態〉のファンクションであるように、体験のファンクションであろう。しかしいまや、体験のそうしたファンクションが第一のものへと生成するがゆえに、秩序あるいは派生関係は方向を変えるのである。大地、その大地が担うすべてのもの、そして形式論理学および派生的な領域的諸科学にとって原初的な土地として役立つすべてのもの、これらと密接な関係を結ぶのは、まさしく〔カントの『純粋理性批判』における〕ひとつの超越論的〔先験的〕論理学である（それは弁証論とも呼ばれうる）。したがって、体験〔生きられたもの〕が主観に内在するという事態のただなかに、その主観の超越の行為を――すなわち新たな変項のファンクションあるいは概念的指示を構成しうる超越の行為を――発見しなければならないだろう。そうした意味で、主観は、もはや独我論的でも経験論的でもなく、むしろ超越論的なのである。周知のように、カントは、哲学的諸概念が必然的に、可能な経験というひとつの全体のファンクションとしてのア・プリオリな諸命題あるいは判断によって、生きられた経験に関係する仕方を指摘したのだが、そうすることによって彼は、以上のような責務を果たし始めたのである。しかし、それを徹底的におこなったのはフッサールである。彼は、数的ではないもろもろの多様性（ミュルティプリシテ）のなかに、あるいは知覚‐変様（アフェクシオン）＝感情の内在的な融合的諸集合のなかに、超越（思考）の行為の三重の根を発見する。そうした働きによって、主観が構成するものは、まず、諸対象が生息する感性的世界であり、つぎに、他者が生息する相互主体的世界であり、最後に、科学的、数学的、論理学的な形成物が生息する共通の理念的世界である。（「世界内存在」、「肉」、「イデア性」のような）数多くの現象学的あるいは哲学的諸概念が、そうした行為の表現になるだろう。そのような諸概念は、たんに独我論的主観に内在する体験〔生きられたもの〕であるのではなく、体験への超越論的主観の指示（レフェランス）なのである。そのような諸概念は、知覚－変様＝感情的な変項であるのではなく、かえって、或る大きなファンクションなのであって、これらのファンクションは、そうした変項のなかに、真理に関するそれぞれの行程を見いだしているのである。そのような諸概念は、曖昧なあるいはファジーな集合、あるいは部分集合ではなく、かえって集合のあらゆる力（ピュイサンス）を超過する全体化である。そのような諸概念は、たんに経験的な判断あるいはオピニオンであるのではなく、かえって、根源的信念であり、根源的臆見（ウアドクサ）Urdoxa であり、命題としての根源的なオピニオンである。[6] そのような諸概念は、内在的な流れの継起的な内容ではなく、超越の行為――すなわち、体験の潜勢的な全体の「意味作用（シニフィカシオン）」を規定することによって、その内在的な流れを貫通し、それを運んでゆく行為――なのである。意味作用（シニフィカシオン）としての概念は、主観への体験の内在、体験の諸変項に関する主観の超越の働き、体験の全体化あるいはそうした行為のファンクション、これらのすべてである。まるでひとは、哲学的諸概念が救われるのは、特別なファンクションへと生成するのを受け入れることによってでしかなく、また、いぜんとしてそれらの概念に必要な内在を変質させることによってでしかない、とでも言わんとしているかのようである。要するに、内在は、もはや体験の内在でしかないので、不可避的に主観への内在になってしまい、主観の〔超越の〕行為（ファンクション）は、その体験に対して相対的な概念であることになるだろう――その事情は、わたしたちが、内在平面の長期にわたる変質に即して見てきたとおりである。

　哲学にとって、論理学者たちの寛大さあるいは彼らの悔い改めに左右されるのは危険であるにもかかわらず、ひとは、科学－論理学的諸概念と現象学－哲学的諸概念のあいだに、一時的な均衡を見いだすことはできないものかと自問しうる。ジル＝ガストン・グランジェは、次のような割り振りを提案することができた――すなわち、概念を、まずはじめに科学的かつ論理学的なファンクションとして規定しておいて、なおかつ、その概念が、哲学的なファンクションに、言い換えるなら、潜在的な全体としての体験のファンクションあるいは意味作用に、第三のしかし自律的なゾーンとしての活動の余地を残す、という割り振りである（ファジー集合は、概念の二つの形式のあいだで或る蝶番(ちょうつがい)の役割を演じるように思われる）[7]。したがって、科学が概念を横取りしたということになるのだが、しかしやはり、科学的ではない概念、言わば同毒療法(ホメオパシー)の範囲で許容される概念、つまり現象学的な概念が存在するということになる。そこから、今日、このうえなく奇妙なハイブリッドの誕生が目撃されている――すなわち、フレーゲ－フッサール主義、あるいはウィトゲンシュタイン－ハイデガー主義のことである。それは、すでに久しい以前から、アメリカにおける、論理学の大きな部門と現象学のまったく小さな部門からなる哲学の状況ではなかっただろうか。もっともその二つの党派は、たいていの場合、戦争状態にあったのではあるが。そうした事態は、ちょうど〈ヒバリのパイ皮包み〉に似ている。だが、現象学のヒバリの持ち分が最高に美味だというわけではない。最高に美味なのは、論理学の馬がときおり哲学に与える持ち分の方である。それはむしろ、おのれの寄生生物とともに暮らしているサイや鳥のような事態である。

それは、概念に関する一連の長い誤解である。なるほど概念はファジーで曖昧なものではあるが、それは、概念が輪郭をもっていないからではなく、むしろ、概念が放浪性で非言説＝論証的なものであり、内在平面のうえで転位するものだからである。概念が強度的＝内包的であり、あるいはモデュラー状のものであるのは、概念が指示（レフェランス）の諸条件をそなえているからではなく、かえって、概念が、不可識別ゾーンを通りそして概念の輪郭を変えるもろもろの互いに切り離せない変化（ヴァリアシオン）＝変奏で合成されているからである。概念は、体験への指示（レフェランス）も〈物の状態〉への指示（レフェランス）もそなえていず、かえって、おのれの内的な合成諸要素によって定義される或る共立性（コンシスタンス）をそなえているのである――概念は、〈物の状態〉を外的に示すものでも、体験の意味作用（シニフィカシオン）でもないのであって、それは、合成諸要素を直接走り抜ける純然たる意味（サンス）としての出来事なのである。概念は、その概念の固有性を提示する物を数えるための数は、それが整数であろうと分数であろうとそなえていず、むしろ、走り抜けられ俯瞰されるその合成諸要素を凝縮し集積している数字をそなえているのである。概念は、或る形（フォルム）であり、或る力（フォルス）であって、いかなる可能な意味においてもけっしてファンクションではないのである。要するに、内在平面の上にある哲学的概念としての概念しか存在せず、科学的ファンクションや論理学的命題は概念ではないのだ。

見通し（プロスペクト）とは、さしあたって、命題の諸エレメント（命題 関数（ファンクション）、変項、真理値……）のことであるが、そればかりでなく、命題の様々なタイプ、あるいは判断の諸様相のことでもある。哲学的概念がファンクションや命題と混同されるとすれば、そのような〔混同された〕概念は、科学的なジャンルには入らず、あるいは論理学的なジャンルにさえも入らず、かえって、類比によって、体験のファンクションあるいはオピニオンの命題（第三のタイプ）のようなものになるだろう。したがって、オピニオンが提案することがらは、主観の状態としての外的知覚と、ひとつの状態からもうひとつの状態への移行としての内的変様（アフェクシオン）＝感情との（外部－指示（レフェランス）と内部－指示（レフェランス）との）或る関係である、という状況を説明してくれるひとつの概念をつくらなければならない。わたしたちは、わたしたちが知覚する複数の物に共通していると前提されたひとつの質（キャリテ）と、そうした質をわたしたちとともに感受し捉える複数の主観に共通していると前提された変様（アフェクシオン）＝感情とを明らかにしてみよう。オピニオンとは、質と変様（アフェクシオン）＝感情との対応の規則である――それは、知覚と変様＝感情をおのれの項〔アーギュメント〕としているようなファンクションあるいは命題であり、その意味で、体験のファンクションである。たとえば、わたしたちは、様々な猫、あるいは様々な犬に共通しているひとつの知覚的な質と、わたしたちがその猫か犬のどちらかを好きになったり嫌いになったりさせる或る種の気持とを捉えるとする。その場合、諸物の一グループのために、多くの雑多な質を抽出することができるし、魅力的であったり嫌悪感を起こさせたりするきわめて様々な主体の多くのグループを形成することができるのであり（猫が好きな者たちの「社会」、あるいは猫が嫌いな者たちの「社会」……）、したがって、もろもろのオピニオンは、争奪あるいは交換の対象になる。それが、西洋の民主主義的なポピュラーな哲学観であり、そうした哲学観からすれば、哲学のもくろみは、ローティ家の夕食の快適なもしくは攻撃的な会話を提供するということになる。オピニオンたちが饗宴の卓で対抗しあうということ、それは、永遠のアテナイでは、あるいは、わたしたち〔西洋人〕がいまなお古代ギリシア人であるその仕方ではないだろうか。哲学をギリシアの都市国家(ポリス)に関係あるものとしていた三つの特徴は、まさしく、友たちの社会、内在の卓、そして対決しあうオピニオンたちであった。なるほど、ギリシアの哲学者たちは、たえず臆見(ドクサ)を告発し、その臆見(ドクサ)に抗して、哲学にとってそれだけがふさわしい知としてのエピステーメーを立てたではないか、という反論もあろう。しかし、それは錯綜した事態なのであって、哲学者たちは、友たちにすぎず、〔宗教的〕賢者ではないので、臆見(ドクサ)から離れるというのはなかなか難しいことなのである。

臆見は、以下のような仕方で提示される命題のひとつのタイプである――（たとえば、饗宴の卓にチーズをもってくるという）知覚－変様(アフェクシオン)＝感情の体験の状況を設定するならば、誰か或る者は、そこから、（たとえば、いやな臭(にお)いという）ひとつの純粋な質を抽出する――しかし彼は、そうした質を抽象するのと同時に、自分自身を、ひとつの共通な変様＝感情（アフェクシオン）を感受する類的な主体と同一視する（チーズが嫌いな者たちの社会——彼らはそのかぎりにおいて、たいていは別の質に関してチーズが好きな者たちと対抗する）。「ディスカッション」は、したがって、抽象された知覚的な質の選択と、変様＝感情（アフェクシオン）の類的な主体の力（ピュイサンス）とを対象とする。たとえば、チーズが嫌いになると、美食家〔美食の人〕であるのをやめることになるのだろうか。しかし、「美食の」というのは、羨（うらや）むべき類的な変様＝感情（アフェクシオン）〔愛着〕であろうか。チーズが好きな者たち、そしてすべての美食家たちは彼ら自身が臭う、と言ってはいけないのか。臭うのはチーズの敵である、と言うのではないとすればである。たとえば、ヘーゲルが語った物語のなかに女商人が登場する。ひとが彼女に、「おばあさん、あんたの卵は腐ってる」と言うと、彼女は、「腐ってるのは、お前さん自身と、お前さんの母親と、お前さんのばあさんさ」と答える。オピニオンというものは抽象的な思考であり、そして悪口はそのような抽象において有効な役割を演じるのであって、それというのも、オピニオンは特殊な諸状態の一般的な機能（ファンクション）を表現しているからである。[8] オピニオンは、知覚から抽象的な質を引きだし、変様＝感情（アフェクシオン）から一般的な力（ピュイサンス）を引きだす——そうした意味で、あらゆるオピニオンはすでに政治的なものである。だからこそ、かくも多くのディスカッションにおいて、次のように言われるのである——「男であるかぎりでのこの私は、すべての女は不貞であると思う」、「女であるかぎりでのこの私は、男たちは嘘つきであると考える」。

オピニオンは、再認の形式にぴったりと合うひとつの思考である――知覚における質の再認（観照）、変様＝感情におけるひとつのグループの再認（反省）、他のグループと他の質との可能性における対抗者の再認（コミュニケーション）。オピニオンは、真なるものの再認に、本性上「正統説」〔正しい－臆見〕の外延と基準であるようなひとつの外延といくつかの基準を与える――ひとが、或るグループのオピニオンを言うことによって、そのグループに属することになる場合、真であるのは、そのグループのオピニオンに合致するオピニオンになるだろう。それは、或る種のコンクールによく見うけられることである――あなたは、あなたのオピニオンを言わなければならないのだが、そのコンクールに参加している大多数の者たちと同じことを言った場合に、あなたは「勝つ」（真なることを言った）のである。オピニオンは、その本質において、マジョリティーの意志であり、そしてすでにマジョリティーの名で語っているのである。「逆説」〔逆の－臆見〕の人でさえも、彼が全員の内密のオピニオンを表現しているのだと、そして自分は他者たちがどうしても言えないことの代弁者であるのだと主張したいからこそ、あれほど多くの目くばせと、あれほどの確信的自己愚弄でもって自分の考えを表現するのである。それはやはり、オピニオンによる支配の第一歩でしかないのだ――オピニオンが勝利を収めるのは、保持された質が、ひとつのグループの構成の条件であるのをやめて、もはや、構成されたグループ――すなわち、それ自体、知覚的かつ変様＝感情的なモデルを規定し、各人が獲得しなければならない質と変様＝感情を規定している構成されたグループ——のイメージあるいはその「印」でしかないときである。こんなときにこそ、マーケティングが概念（コンセプト）そのもののような観を呈するのだ——「われわれ、概念立案者（コンセプトゥール）は……」。わたしたちはコミュニケーションの時代にいるわけだが、しかし高潔な魂は、こづまらぬディスカッションやら、討論会やら、単純な会話やらが提案されるたびごとに、逃げだして、遠くまで這って（は）ゆくのである。あらゆる会話において、動揺するのはつねに哲学の境遇であり、多くの哲学ディスカッションが、そのものとしては、悪口をも含むチーズ・ディスカッションを超えることはなく、そして世界観どうしの対決を超えることはないのだ。コミュニケーションの哲学は、コンセンサスとしての或るリベラルな普遍的オピニオンの探求のなかでくたくたになるまで活動しており、そのコンセンサスのもとでふたたび見いだされるのは、資本主義者それ自身の破廉恥な知覚と変様（アフェクシオン）＝感情である。

例11

以上のような状況は、どのような点で、古代ギリシア人に関係しているのだろうか。プラトン以後、ギリシア人たちは、諸科学をも含む知としての哲学と、彼らがソフィストと雄弁術教師に帰しているオピニオン－臆見とを対立させたとよく言われる。けれども、わたしたちが学び知ったのは、それはそんなにもきっぱりとした単純な対立ではないということである。哲学者たちは、どうすれば、知を手に入れることができるのだろうか——賢者たちの知を復活させることはできず、またそうするつもりもないし、友たちでしかない哲学者たちがである。また、オピニオンは、ひとつの真理値を受け取るのだから、どうして全面的にソフィストのものだと言えるのだろうか。[9]

さらに、ギリシア人たちはまさに、科学について、哲学とは混じり合わないかなり明晰な観念を抱いていたように思われる——それは、原因の、また定義の認識であり、すでに一種のファンクションであった。そのとき、問題全体は、どのようにして、諸定義に、すなわち科学的あるいは論理学的三段論法のあの諸前提に到達することができるのか、ということにあった。それは、ディアレクティケー（問答法、弁証術）のおかげで可能になっていたのである。ディアレクティケーとは、所与のテーマに関して、もろもろのオピニオンのなかで、もっとも真らしいオピニオンを、それが抽出している質によって決定し、もっとも賢明なオピニオンを、それを口にだして言う主体によって決定する、ということをもくろむ探求であった。アリストテレスにおいてさえ、オピニオンのディアレクティケーは、可能な科学的諸命題を決定するために必要であったし、そしてプラトンにおいては、「真なるオピニオン」は、知と諸科学の必要条件であった。すでにパルメニデスが、知とオピニオンを、二つの選言的な（二者択一的な）道としては定立することはなかったのである。[10] ギリシア人たちは、民主主義者であろうとなかろうと、知とオピニオンを対立させたというよりむしろ、もろもろのオピニオンのあいだで論陣を張ったのであり、純粋なオピニオンというエレメントにおいて、互いに対立し、互いに対抗したのである。哲学者たちがソフィストたちを非難したのは、ソフィストたちが臆見（ドクサ）だけで満足したからというのではなく、かえって、知覚から抽出するべき質の選び方がまずく、そして変様（アフェクシオン）＝感情から取り出すべき類的主体の選び方がまずかったので、ソフィストたちは、オピニオンのなかにある「真なる」ものに到達できなかったからなのである。要するに、ソフィストたちは、体験に属する諸変化に囚（とら）われた者たちであったのだ。哲学者たちは、ソフィストに対して、おまえたちは、個々の人間に関して、また人類に関して、さらにまた都市国家（ポリス）の法（ノモス）に関して、任意の感性的な質で満足しているではないかと言って非難したのである（力（ピュイサンス）としての、あるいは「万物の尺度」としての《人間》についての三つの解釈）。しかし、プラトン主義的哲学者たちの方は、尋常ならざるひとつの答をもっていた。それのおかげでこそ、もろもろのオピニオンを選択することができるのだと、彼らは考えていたのである。しかじかの体験された状況において、《美》の展開であるような質を選択しなければならず、《善》によって鼓舞された《人間》を類的主体とみなさなければならなかった。オピニオンが《真》に到達するためには、物は美のなかで展開しなければならなかったし、その使用者は善によって鼓舞されていなければならなかったのである。いずれの場合でも、たやすい仕事ではなかった。《自然》

のなかの美こそが、そして諸精神のなかの善こそが、哲学を、可変的な生のファンクションとして定義するはずであった。したがって、ギリシア哲学は、美のモーメントである。美と善は、オピニオンを真理値としてもつファンクションである。真なるオピニオンに到達するためには、知覚を、知覚されたもの（思い込まれたもの dokounta）の美しさにまで、そして変様＝感情（アフェクシオン）を、善（善いと認められたもの dokimôs）の試練にまで運ばなければならなかったのである。ただし、真なるオピニオンとは、もはや変化しやすく恣意的なそれではなく、根源的オピニオン、元（プロト）−オピニオンであろうし、そしてこれが、わたしたちを、概念の〈忘却された〉祖国へと立ち戻らせるのであろう――たとえば、プラトンの偉大な三部作における、『饗宴』における愛、『パイドロス』における狂気、『パイドン』における死。反対に、感性的なものが、美を欠いたもの、錯覚にまで切り縮められたもののように提示され、精神が、善を欠いたもの、たんなる快楽に委ねられたものとして提示されるようなところでは、オピニオンはそれ自体、詭弁的（ソフィスティック）で虚偽的なままであろう――「おそらくチーズは、泥は、毛は……」。けれども、真なるオピニオンのそうした情熱的な探求、すなわち、まことに驚くべき対話篇『テアイテトス』のなかで表現されているまさにその探求によって、プラトン主義者たちは、或る行き詰まり（アポリアー）のなかに陥るのではないだろうか――オピニオンを真なるものにするためには、知は超越的でなければならない、つまり、知はオピニオンに付け加わりながらも、それから区別されなければならないのだが、しかし、オピニオンがオピニオンのままで真であるためには、知は内在的でなければならない、という行き詰まり（アポリアー）にである。ギリシア哲学は、いぜんとして、いつでもおのれの超越を展開できるあの古い《知恵》に、たとえそれ〔知恵〕がもはやそれ〔哲学〕の友愛しか、変様＝感情（アフェクシオン）しかもっていないにせよ、結びつけられたままである。なるほど、内在がなければならないのだが、その内在は、何か超越的なものへの、つまりイデア性への内在でなければならないという。美と善は、たえずわたしたちを超越に連れ戻してしまうのだ。それはあたかも、真なるオピニオンが、おのれが罷免したはずの知を、それでもなお必要としているかのようである。

現象学は、似たような試みを再開しているのではないだろうか。なぜなら、現象学もまた、わたしたちを、わたしたちの祖国（《大地》）としての世界に結びつける根源的オピニオンの探究から出発しているからである。そして現象学が善と美を必要としているのは、善と美が可変的な経験的オピニオンと一緒くたにならないように、また知覚と変様＝感情（アフェクシオン）がそれらの真理値に到達するようにと考えているからである。美が問題になるのは、今度は、芸術においてであり、人間性の構成が問題になるのは、歴史においてである。現象学が芸術を必要とするのは、論理学が科学を必要とするのと同様である。たとえば、エルヴィン・シュトラウス、メルロ＝ポンティ、あるいはマルディネは、セザンヌあるいは中国絵画を必要としている。体験によっては、概念は、社会心理学的類型としてのひとつの経験的オピニオンにしかならない。したがって、体験が超越論的主観に内在するということによって、オピニオンは、或る元（プロト）－オピニオンにならねばならない——この元（プロト）－オピニオンの構成のなかには、芸術と文化が含まれ、またこの元（プロト）－オピニオンは、友たちの共同体を形成するようにして、体験のなかでのそうした〔超越論的〕主観の超越の行為（コミュニケーション）として表現されるものである。しかし、フッサール的な超越論的主観は、ちょうどギリシア人が「ギリシア化していた」ように、絶えず「ヨーロッパ化する」という特権をもったヨーロッパ的人間を内に隠しもっているのではないだろうか——この特権は、換言すれば、社会心理学的類型として維持された他の諸文化の限界を超克するという特権である。そうなると、わたしたちは、セザンヌやゴッホでさえもそこから逃れることはできないその世界、マーケティングへと生成したコミュニケーションの世界のなかで、紋切り型（クリッシェ）の知覚しか、ブランド物の変様（アフェクシオン）＝感情しかもたない平均的な《資本主義者》の、偉大な《メジャー》の、現代の《オデュッセウス》のたんなるオピニオンに連れ戻されたことになりはしまいか。根源的なものと派生的なものとの区別は、それ自体では、わたしたちをオピニオンの単純な領域の外には出してくれないのであり、根源的臆見（ウアドクサ）は、わたしたちを概念にまで高めてくれないのである。まるでプラトンの行き詰まり（アポリアー）の場合のように、現象学が、或る高次の知恵を、つまり「厳密な学」をそれほどまでに必要としたのは、現象学が、わたしたちに、その高次の知恵を放棄するよう促していたまさにそのときだけである。現象学は、わたしたちをして世界に対して目覚めさせるようにする知覚と変様（アフェクシオン）＝感情をこのわたしたちに与えることによって、わたしたちがもっている概念を更新しようと望んでいた――みどりごとしての、あるいはヒト科の生物としてのわたしたちにではなく、この世界の土台であるような元（プロト）＝オピニオンをもつ権利上の存在者としてのわたしたちにである。けれどもひとは、一方で、知覚と変様（アフェクシオン）＝感情の紋切り型（クリッシェ）に対して闘っていないように、他方では、それらを生産する機械に対しても闘っていないのである。現象学は、原初的な体験を援用するので、また内在を主観への内在とするので、どうしても、主観が、オピニオンしか――約束されたかぎりでの新たな知覚と変様（アフェクシオン）＝感情の紋切り型（クリッシェ）をすでに引きだしているようなオピニオンしか――形成しないのを、妨げることができないのである。そうなれば、わたしたちは、再認の形式のなかで旋回しつづけることになるだろう。わたしたちは、芸術を、ただし芸術的な変様態（アフェクト）と被知覚態（ペルセプト）に立ち向かいうる諸概念に到達することなく、援用することになるだろう。なるほど、都市国家（ポリス）におけるギリシア人たちは、そしてわたしたちの西洋社会における現象学は、オピニオンを哲学の諸条件のひとつとして前提するだけの理由をもっている。しかし、哲学は、オピニオンを深めるための、かつ根源的オピニオンを発見するための手段としての芸術を援用することによって、概念に通じる道を見いだすのだろうか。あるいは反対に、オピニオンの代わりにまさに概念をもたらす無限運動へと、そのオピニオンを、芸術によって、反転させ高めるべきではないのか。

概念とファンクションの混同は、いくつかの点で、哲学的概念にとって破壊的である。そうした混同は、科学的命題（第一の見通し）のなかで表現されるような典型的な概念を、科学からつくりあげる。つぎにそれは、哲学的概念の代わりに、事実的な命題（第二の見通し）のなかで表現されるような論理学的概念をもたらす。さらにそれは、哲学的概念に、縮減され退化した持ち分を与える――すなわち、哲学的概念は、或る高次の知恵あるいは厳密な学への友愛をもてあそぶことによって、オピニオンの領域（第三の見通し）のなかでそうした持ち分を獲得するのである。しかし〔哲学的〕概念は、それら三つの言説＝論証システムのいずれのなかにも、おのれのいるべき場をもっていない。その概念は、科学的あるいは論理学的ファンクションではないように、体験のファンクションでもない。概念とファンクションを漠然と比較対照するかわりに、ファンクションにそなわる指示〔準拠〕を構成しているものと、概念の共立性をなしているものとを比べるときにはじめて、概念がファンクションに還元されえないということがわかるのである。〈物の状態〉、対象あるいは体、体験された〔生きられた〕状態は、ファンクションの指示を形成しており、他方、出来事は、概念の共立性をなしている。或る可能な還元の視点から考察しなければならないのは、まさにそれらの用語である。

例12

以上のような比較は、現代思想においてとりわけ興味深いバディウの企てに対応しているように思われる。彼は、ファンクションから概念に進む一連のファクターを、一本の上昇する線に沿って配列しようともくろんでいる。彼が取りあげるのは、概念に対してもファンクションに対しても同様に中性化された或る基である[*4]——すなわち、無限に高められる《集合》として提示された或る任意の多様体である。第一に、状況がある。それは、集合が、なるほど多様体ではあるが「1として数えること」の体制に従ったいくつかの元(エレメント)（体あるいは対象、状況の単位）に関係している場合である。第二に、状況の状態があって、それは、集合の諸元(エレメント)あるいは状況の諸対象に対してつねに過剰である部分集合である。しかし、そうした状態の過剰は、カントルにおけるようには、もはや階層化(イエラルシゼ)されえない。それは、集合論の展開に応じて、「遍歴の線」に沿っており、「指定不可能」なものである。それは、今度は、状況がほとんど満たされるようになると同時に「不可識別」なものとして、状況のなかでなお再(ル)ー現前化(プレザンテ)されなければならない。この場合、〈彷徨の線〉は、（科学的、芸術的、政治的あるいはドクサ的、愛情的あるいは体験された）類的ファンクションとしての四つの形態、四つのループを形成しており、それぞれに、「真理」の生産が対応している。

しかし、そうなるとおそらく、ひとは、状況に関する内在的会話、すなわち超越的なものを再び持ち込もうとする空虚をそなえた過剰に関する会話に到達するだろう。それは、出来事的部位＝景観であって、これは状況のなかの空虚の縁にくっついており、もはや単位は含まず、かえって右に挙げたファンクションに依存する元（エレメント）としてのいくつかの特異性（サンギュラリテ）＝単独性を含むものである。最後に、出来事それ自身が現れる（あるいは消える）。それは、ひとつの特異性（サンギュラリテ）＝単独性としてというより、むしろ、ひとつの切り離された偶然的な点として現れる。こうした点は、空虚の、あるいは空虚としての真理ソノモノの超越のなかで、部位＝景観に付加されたりそれから差し引かれたりする。その際、出来事の部位＝景観がそのなかに見いだされるその状況に当の出来事が属するのかどうかは決定できない（決定不可能性）。おそらく反対に、出来事に質を与え出来事を状況のなかに含まれるようにする部位＝景観のうえにさいころを一振りするような或る介入が、つまり出来事を「つくる」或る力（ピュイサンス）が存在するだろう。ということは、出来事は概念である、あるいは概念としての哲学である、ということであって、これは、右に挙げた四つのファンクションとは区別されるものである。たとえ、哲学が、それらファンクションからいくつかの条件を受けとり、今度はそれらにいくつかの条件を課すとしてもである——また、芸術が根本的には「詩」であり、科学が集合論主義的であり、そして愛がラカンの無意識であり、さらに政治がオピニオン－臆見（ドクサ）から逃げるにしてもである。(11)

中性化されたひとつの基から、すなわちひとつの任意の多様体を示す集合から出発して、バディウは、ひとつの線を立ちあげる。これは、たいへん複雑な線であるにもかかわらず、唯一の線である。その線に沿って、ファンクションと概念が、前者が下に後者が上になって配列される。したがって、哲学は、或る空虚な超越のなかで浮遊しているように見える。この場合、哲学は、無条件的な概念――すなわち、ファンクションに、おのれの類的な諸条件の全体（科学、詩、政治、そして愛）を見いだしている概念――である。それは、多様なものというみかけをとって、〔他の分野よりも〕卓越した哲学という古い考え方に回帰することではないだろうか。多様体＝多様性（ミュルティプリシテ）の理論は、わたしたちには、任意の多様体＝多様性の仮定を支持するように思える（その点では、数学でさえ、集合論主義を十分もちあわせている）。もろもろの多様体＝多様性があるが、はじめから必要なのは少なくとも二つのもの、二つのタイプである。だからといって、二元論が一なるものより価値があるというわけではない。そうではなく、多様体＝多様性とは、まさに、二つのもののあいだで生起するものなのである。したがって、二つのタイプは、一方が他方の上にあるのでないことはたしかであって、反対に、一方が他方のかたわらに、あるいは一方が他方に対して、互いに面と向かって、あるいは背中合わせにあるのだろう。ファンクションと概念、現働的な〈物の状態〉と潜在的な出来事は、多様体＝多様性の二つのタイプであって、これは、〈遍歴の線〉に沿って配分されるのではなく、むしろ、交差する二つのベクトルに関連している——その一方に即して、〈物の状態〉が出来事を現働化し、他方に即して、出来事が〈物の状態〉を吸収する（あるいはむしろ吸着する）のである。

〈物の状態〉は、限界（リミット）（準拠（レフェランス））によって構成されている若干の条件のもとで、潜在的なカオスから出てくる。〈物の状態〉は現働性（アクチュアリテ）であるのだが、まだ体ではないし、物でさえもなく、単位もしくは集合でもない。それは、独立変項の団塊であり、〈粒子－軌道〉、あるいは〈徴（シーニュ）－速度〉である。それは、混合である。そうした変項は、座標に含まれるかぎりにおいて、特異性（サンギュラリテ）＝単独性を規定しており、また、もろもろの変項のうちのひとつが大多数の他の変項に依存するか、あるいは逆に、それら変項の多くがひとつの変項に依存する、といった事態を成立させるいくつかの関係のなかに取りこまれている。そのようなひとつの〈物の状態〉には、ひとつのポテンシャル、あるいはひとつの力（ピュイサンス）が連合されているということが見いだされている（mv^2というライプニッツの定式[*5]が重要であるのは、その定式が〈物の状態〉のなかにポテンシャルを導入しているからである）。というのも、〈物の状態〉は、おのれとともにひとつの空間を引き起こすことによって、カオス的潜在性を現働化しているからである——その空間とは、なるほど、もはや潜在的ではなくなっているのだが、やはりおのれの起源を証示しており、〈物の状態〉にとって本来的に必要不可欠な相関項として役立つような空間である。たとえば、原子核の現働性において、核子はいぜんとしてカオスの近くにあり、つねに放射されたり再吸収されたりする潜在的な粒子の雲によって取り巻かれていることがわかっている。しかし、現働化のさらに進んだ水準においては、電子は、核物質の新たな状態をもたらすために核子と相互作用をするポテンシャルとしての光子と連関しているのである。〈物の状態〉は、その〈物の状態〉がそれを介して働きをもつそのポテンシャルから切り離せないのであって、ポテンシャルがなければ、〈物の状態〉は活動も展開もしないだろう（たとえば、触媒反応）。すでに幾何学の図形について見たように、〈物の状態〉は、そうしたポテンシャルを介してはじめて、偶然的変化、添加、切除、あるいは射影にさえも直面することができるのである――変数を獲得したり失ったりすること、いくつかの特異性（サンギュラリテ）＝単独性を新たなそれの近傍にまで伸長すること――〈物の状態〉を変化させる分岐に沿うこと――次元の数が補助変数とともに増加する位相空間を通過すること――とりわけ、〈物の状態〉がポテンシャルとともに形成する場のなかで体を個体化すること。以上のような操作はどれも、ただそれだけでおこなわれるのではなく、それらはみな、「問題」を構成しているのである。生物の特権は、〔〈物の状態〉に〕連合されるポテンシャルを内部から再生産することにあるのであって、このポテンシャルを介してこそ、生物は、おのれの状態を現働化しているのであり、おのれの体〔身体〕を個体化しているのである。しかし、〈物の状態〉がひとつのポテンシャルあるいはひとつの力（ピュイサンス）を介して体へ移行することが、あるいはむしろ〈物の状態〉において個体化された体が区分されることが、あらゆる領域において、ひとつの本質的な契機を表している。ここでは、混合から相互作用への移行がある。そして最後に、もろもろの体の相互作用が、感覚能力（サンシビリテ）、元（プロト）－知覚可能性（ペルセプティビリテ）、元（プロト）－変様（アフェクティヴィテ）＝感情性の条件になっており、それらは、それらの現働化が生物のなかでしか成就されないとはいえ、すでに、〈物の状態〉につながれた部分観測者のなかで表現されているのである。「知覚（ペルセプシオン）」と呼ばれるものは、もはや〈物の状態〉ではなく、他の体によって誘発されるかぎりでの〈体の状態〉である。そして「変様（アフェクシオン）＝感情」と呼ばれるものは、他のもろもろの体の作用のもとでの、〈ポテンシャル－力（ピュイサンス）〉の増加もしくは減少としての、この〔体の〕状態から他の〔体の〕状態への移行である――いずれも受動的ではなく、一切が、重力でさえも相互作用である。それは、スピノザが、〈物の状態〉のなかで把握される体に関して、「アフェクティオ affectio」と「アフェクトゥス affectus」について下した定義であり、[*6]ホワイトヘッドが、それぞれの事物を、他の事物の「抱握 prehension」とし、ひとつの抱握から他の抱握への移行を、ポジティヴもしくはネガティヴな「感じ feeling」としているときに、再発見した定義なのである。相互作用がコミュニケーションに生成するのである。（「公共の」）〈物の状態〉は、その先行的な状態において、世界によって現働化されたもろもろの所与の混合であったが、体は新たな現働化であって、その「私的な」状態は、新たな体のために、〈物の状態〉を回復するのである。[12]物は、生物ではない場合でさえ、あるいは有機的ではない場合でさえ、知覚と変様（アフェクシオン）＝感情であるがゆえに、生きられたもの〔体験〕をもっているのである。

哲学を科学と比較してみると、哲学は、科学者なら笑ってしまうような単純すぎる科学のイメージを提出している場合があると言えるだろう。けれども、たとえ哲学が、科学に関して、科学的価値のないイメージを（概念によって）提示する権利があるとしても、哲学は、科学者たちが彼らのもっとも基本的な努力のなかでつねに越えようとしている境界を当の科学に割り当てようとするならば、それによっては何も得るものはないだろう。したがって、ベルクソン哲学のように、あるいは現象学のように、とりわけエルヴィン・シュトラウスにおけるように、哲学が、科学を「すっかりできあがった」ものに送り返し、おのれのためには「できつつある」ものを保持するとき、それは、哲学をたんなる体験〔生きられたもの〕に近づけるという危険を冒すことになるばかりでなく、さらに、科学に関して悪しきカリカチュアを提供することになるのである。ところで、パウル・クレーが、数学と物理学は、ファンクション的なものに取り組む場合には、完成された形ではなく、形成そのものを対象にしているのだと言うとき、彼はたしかに、もっと正しい見方をしている[13]。さらにまた、哲学的多様体＝多様性と科学的多様体＝多様性とを、つまり概念的多様体＝多様性とファンクション的多様体＝多様性とを比べる場合、後者を集合によって定義するのは、あまりにも皮相なやり方であると言えよう。集合というものは、わたしたちがすでに見たように、範囲（リミット）の現働化としてしか利益がないのである。集合は、ファンクションに依存しているのであって、その逆ではない。そしてファンクションこそ、科学の本当の対象なのである。

第一に、ファンクションは、〈物の状態〉のファンクションであり、したがって、第一のタイプの見通し（プロスペクト）としての科学的命題である。このファンクションの項（アーギュメント）は独立変数であり、それに対して連係化（コオルディナシオン）と累乗化がおこなわれ、これらが、独立変数間の必然的な関係を規定する。第二に、ファンクションは、物の、すなわち個体化された対象あるいは体のファンクションであり、これが論理学的命題を構成している。その命題の項（アーギュメント）は、独立した論理学的原子とみなされた特異的＝単独的な辞項（テルム）であり、それに対して、それの述語を規定する記述がおこなわれる〈論理学的な〈物の状態〉〉。第三に、体験〔生きられたもの〕のファンクションは、知覚と変様（アフェクシオン）＝感情をおのれの項（アーギュメント）としてそなえており、オピニオンを構成している〈第三のタイプの見通し（プロスペクト）としてのドクサ〉。わたしたちは、わたしたちが知覚したり、わたしたちを変様させたりするあらゆる物についてオピニオンをもっているので、人間諸科学は巨大な臆見論（ドクソロジー）とみなされてよいほどである——しかし、もっとも基本的な有機体でさえも、それの状態とそれの力（ピュイサンス）が依存している水、炭素、そして塩（えん）についての元（プロト）-オピニオンを抱いているという意味で、物が分子的な知覚と変様（アフェクシオン）＝感情をそなえているかぎりにおいて、物は、それ自身、類的なオピニオンである。以上が、潜在的なものから、〈物の状態〉へ、そして他のもろもろの現働性へくだる道である——だが、この道で出会うのは、概念ではなく、ファンクションである。科学は、カオス的潜在性から、〈物の状態〉へ、そしてその潜在性を現働化している体へくだるのである。しかしながら、科学は、秩序立った現働的なシステムとしておのれを統一しようとする気遣いによって鼓舞されているというよりも、むしろ、科学に取りついているものの一部分を、そして科学の背後にあるカオスの秘密を、さらに潜在的なものの圧力を把握し引きだすために、カオスから遠ざかりすぎないようにしようとする欲望によって、また様々なポテンシャルを掘り起こそうとする欲望によって鼓舞されているのである。(14)

ところで、反対に線を遡る場合、すなわち〈物の状態〉から潜在的なものへ進む場合、これはもはや以前と同じ潜在的なものではないがゆえに、それはもはや以前と同じ線ではない（したがって、その線と以前の線を混同しなければ、その線をやはり同様にくだることができる）。この潜在的なものは、もはやカオス的潜在性ではなく、共立的なものに生成した潜在性であり、カオスを切る内在平面のうえで形成される存在態（アンテイテ）である。それがまさに、わたしたちが《出来事》と呼んでいるものなのであり、言い換えるなら、生起する一切のもののなかにあって、おのれ自身の現働化から逃れるものの持ち分のことである。出来事は、けっして〈物の状態〉ではない。出来事は、〈物の状態〉のなかで、体のなかで、体験のなかで現働化されるのであるが、しかし、出来事はまた、おのれの現働化からたえず差し引かれたりそれに付け加えられたりする薄暗い秘密の持ち分をそなえている。〈物の状態〉とは反対に、出来事には始まりも終わりもないのであって、出来事は、その出来事によって共立性が与えられる無限運動を獲得し、あるいは保持してしまっているのだ。出来事は、現働的（アクチュエル）なものから区別される潜在的（ヴィルチュエル）なものであるのだが、もはやカオス的ではない潜在的なものであって、この潜在的なものは、それをカオスから引き離す内在平面のうえで共立的なものへと、あるいは実在的(レエル)なものへと生成した潜在的なものなのである。現働的であることなしに実在的であること、抽象的であることなしにイデア的〔理念的〕であること。出来事は、〈物の状態〉を俯瞰するがゆえに、超越的なものだと言えそうではあるが、しかし、おのれ自身においてかつ平面のうえでおのれを俯瞰するという能力を出来事に与えるのは、まさに内在平面である。超越的、超-降的であるものは、むしろ、出来事がそのなかで現働化されるその〈物の状態〉である。しかし、この〈物の状態〉のなかでさえ、出来事は、現働化されないもの、あるいは現働化に無関心なままであるものの純然たる内在なのであって、それというのも、出来事の実在性(レアリテ)は現働化に依存していないからである。出来事は、非物質的であり、非物体的であり、体験されえない〔生きられえない〕ものである。それは純然たる蔵なのである。出来事を徹底的に洞察した二人の思想家は、ペギーとブランショである。まずブランショによれば、〈物の状態〉と出来事を区別しなければならないのだが、その場合、〈物の状態〉とは、完成されたものであるか、あるいは、完成の潜勢態(ピュイサンス)にあるもの、私の身体と私自身との少なくともポテンシャルとしての関係にあるものであり、出来事とは、その実在性そのものによっては完成されえないものであり、止むことも始まることもなく、生起することもなければ果てることもないといった果てしのないものであり、私の身体とともにありながらも私および私の身体と無関係なままであるものであり、要するに無限運動である。そしてペギーによれば、やはり両者を区別しなければならないのだが、その場合、〈物の状態〉とは、それに沿ってわたしたち自身とわたしたちの身体が通過してゆくものであり、出来事とは、そのなかへとわたしたちが入り込んだり遡ったりするものであり、始まったことも終わったこともないのに再開するものであり、要するに内在的な内奥のものである[15]。

〈物の状態〉に沿って、雲あるいは流れにさえ沿って、わたしたちは、あれこれの瞬間にいくつかの変項を孤立させようとする。その際、考慮に入れる点は、いつ新たな変項がひとつのポテンシャルの方から介入してくるのかということ、どのような依存関係に変項が含まれうるのかということ、どのような特異性=単独性を変項が経由するのかということ、どのような閾を変項が越えるのかということ、どのような分岐を変項が被る（こうむ）のかということである。〈物の状態〉のファンクションを描いてみよう——局所的なものと大域的なものとの諸差異はファンクションの領域の内部にある（たとえば、すべての独立変項はひとつを残して消去されうるということからすれば）——物理数学と、論理学と、体験との諸差異は、やはりファンクションに属する（体は、〈物の状態〉の特異性=単独性において、あるいはそれ自身特異的=単独的な辞項（テルム）として、あるいは知覚と変様（アフェクシオン）=感情相互の特異的=単独的な閾に即して把握されるということからすれば）。ひとつの現働的な系（システム）、ひとつの〈物の状態〉、あるいはファンクションのひとつの領域は、いずれにせよ、二つの瞬間のあいだのひとつの時間として、あるいは多くの瞬間のあいだのいくつかの時間として定義される。こうしてみると、ベルクソンは、二つの瞬間のあいだには、それらがどれほど接近していようとつねにいくばくかの時間があると言うとき、いぜんとしてファンクションの領域の外には出ていないのであり、ただその領域に体験を少しばかり導入しているだけなのである。

しかしわたしたちは、潜在的なものを目指して上昇するとき、あるいは〈物の状態〉のなかで現働化されている潜在性を目指して身を転じるとき、まったく異なった実在性を発見するだろう。この実在性においては、わたしたちはもはや、ひとつの点からもうひとつの点に向かって、ひとつの瞬間からもうひとつの瞬間に向かって、何が起こっているのかとたずねる必要はない。なぜなら、潜在性はあらゆる可能なファンクションをはみ出しているからである。ひとりの科学者が言ったとみなしうる日常的な言葉遣いをしてみるなら、出来事は、「それがどこにあるのか気にしないし、さらには、それがどのくらい長く存在しているのか気にしない」のであるから、芸術が、そして哲学さえもが、科学よりもいっそうよく、そうした出来事を把捉できるのである[16]。二つの瞬間のあいだにあるのは、もはや時間ではなく、それは、或る合-間であるところの出来事である。合-間は、永遠なものには属さない。しかし、合-間は、時間にも属さない。合-間は、生成に属するのである。合-間、出来事は、つねに、何事も起こらない待ち時間〔日常の例では、スイッチを入れてから装置が作動するまでの合間〕であり、すでに無限に過ぎ去った無限な待機であり、待機にして蔵〔留保〕である。このような待ち時間は、生起するものの後に続くものではない。その待ち時間は、瞬間と、あるいは偶然的なものの時間と共存している。ただし計り知れない空虚な時間としての瞬間と共存しているのであって、そうした空虚な時間において、その待ち時間は、或る知的直観の奇妙な無関心のなかで、まさに来たるべきもの、かつ、すでに生起してしまったものであることが見てとられるのである。すべての合‐間は重なり合っており、他方、すべての時間は継起する。どの出来事のなかにも、多くのつねに同時的で異質な合成諸要素が存在する。なぜなら、それら合成諸要素は、それぞれがひとつの合‐間であり、しかもそれらすべてが、不可識別ゾーン、決定不可能ゾーンを通じてそれらを連絡させあう合‐間そのもののなかに存在するからである。それら合‐間、出来事は、変化＝変奏であり、変化づけであり、インテルメッツォであり、或る新たな無限秩序の特異性＝単独性である。出来事の合成要素はみな、ひとつの瞬間のなかで現働化あるいは実現され、出来事そのものは、それら瞬間のあいだで過ぎ去る時間のなかで現働化あるいは実現される。しかし、合成要素としてのいくつかの合‐間しか、そして合成された生成としての出来事しかもたない潜在性のなかでは、何も起こらない〔過ぎ去らない〕。そこでは、何も起こらない、がしかし、一切が生成する[17]。したがって、出来事には、時間が過ぎ去ったときに再開するという特権がある。何も起こらない、がそれでもなお、一切が変化する。なぜなら、生成〔出来事〕は、絶えずおのれの合成諸要素を繰り返し通過し、そして、よそで別の契機において現働化される出来事を絶えず連れ戻すからである。時間が過ぎ去り、瞬間を連れ去るときには、いつでも、出来事を連れ戻すための合‐間が存在する。まさしくひとつの概念〔ともにつかまれたもの（コンセプト）〕が、出来事を、その生成を、そのもろもろの互いに切り離せない変化（ヴァリアシオン）＝変奏を把捉〔了解〕するのであり、他方、ひとつのファンクションが、ひとつの〈物の状態〉を、ひとつの時間を、そしていくつかの変項を、時間に即したそれらの諸関係とともに、把握するのである。概念は、或る〈反復の力（ピュイサンス）〉をもっており、これは、ファンクションの言説＝論証的な力（ピュイサンス）から区別されるものである。現働的な状態のファンクション、体および体験のファンクションとは反対に、概念は、その生産と再生産において、或る潜在的なものの、或る非物体的なものの、或る悠久（ゆうきゅう）のものの実在性をもっている。ひとつの概念を打ち立てることは、ひとつのファンクションを描くことと同じことではない。双方の側に運動があるにしても、また、双方のケースに変換と創造があるにしてもである。ふたつのタイプの多様体＝多様性は交錯しているのだ。

なるほど、出来事は、たんに、もろもろの互いに切り離せない変化＝変奏からできているというだけでなく、それ自身、それがそのなかで現働化あるいは実現されるその〈物の状態〉、体、および体験からも切り離せない。しかし、逆の言い方もできるだろう。〈物の状態〉の方も、いたるところでその現働化をはみ出している出来事から切り離せない、と。ファンクションにおのれの指示（レフェランス）を与える現働的な〈物の状態〉にまで下降する必要があるかぎりにおいて、概念におのれの潜在的な共立性を与える出来事にまで遡る必要がある。ひとつの主体が体験しうる〔生きうる〕すべてのものから、彼に属する体〔身体〕から、彼の体から区別されるもろもろの体と対象から、そしてそれらを規定する〈物の状態〉あるいは物理数学的な場から、それらに似ていない或る蒸気が漂ってくる。そしてこの蒸気は、戦場と、戦いと、傷を、ひとつの純粋な出来事の合成要素あるいはその変化＝変奏として含み、そこでは、わたしたちの状態にかかわるものへの暗示（アリュジオン）〔引喩〕のみが存続するのだ。巨大な暗示（アリュジオン）としての哲学。出来事は、いやおうなくひとつの〈物の状態〉のなかに巻き込まれるたびごとに、現働化あるいは実現されるのだが、しかし出来事は、概念が、〈物の状態〉から取りだされるために〈物の状態〉から抽象されるたびごとに、反－実現されるのである。「運命愛」としての哲学からつねに分離不可能であった出来事の或る尊厳が存在するのである――出来事と対等であること、自分自身の出来事の息子に生成すること――「私の傷は私以前に存在していた、私は、その傷を受肉するために生まれてきたのだ」[18]。私は、傷を出来事として受肉するために生まれてきた。なぜなら、私は、傷を、〈物の状態〉あるいは体験された状況としては脱受肉する〔肉体から分離する〕すべを知ったからである。哲学の運命愛よりほかの倫理は存在しない。哲学はつねに合－間である。出来事を反－実現する者を、マラルメは、《マイム〔マイム役者〕》と呼んでいた。なぜなら、彼は、〈物の状態〉を回避し、「氷を割ることなく、絶え間なき引喩をおこなうようにとどめる」[19]からである。そのようなマイムは、体験をまねることがないように、〈物の状態〉を再生産することがない。そのマイムは、イメージを与えるのではなく、概念を構築するのである。そのマイムは、生起するものから、ファンクションを求めるのではなく、かえって、出来事を、あるいは現働化されるがままにはならないものの持ち分を、つまり概念の実在性を抽出するのである。嘆き、身を守り、身ぶり〔黙劇（ミミック）〕にふけるあの偽りの意志をもって、生起するものを欲するというのではなく、嘆きと憤怒を、それらが生起するものに対して背を向ける地点にまでもたらし、生ける概念のなかで、出来事を打ち立て、際立たせ、抽出すること。出来事にふさわしいものへと生成すること。哲学は、それ以外の目的をもっていないのだ。そして、出来事を反-実現する者こそ、まさに概念的人物なのである。マイムは、両義的な名称である。それは彼、すなわち、無限運動を操作する概念的人物である。永遠なるものの名においてではなく、生成の名において、未来のそして過去の戦争に抗して戦争を欲すること、すべての死に抗して断末魔を欲すること、あらゆる傷痕に抗して傷を欲すること——以上のような意味でのみ、概念（コンセプト）〔ともにつかまれたもの〕は取り集めをなすのである。

ひとは、潜在的なものから現働的な〈物の状態〉へ下降し、〈物の状態〉から潜在的なものへ上昇する——両者を相互に孤立させることができないままに。しかし、ひとが、そのように上昇し、また下降するのは、同一の線ではない。現働化と反-実現は、同じラインの二つの線分ではなく、別々の異なった線である。〈物の状態〉の科学的ファンクションだけで満足するにしても、そのファンクションは、それが現働化している潜在的なものから孤立させられるがままにはならないとひとは言うだろうが、しかしこの潜在的なものは、さしあたっては、言わば叢雲（むらくも）あるいは霧のように、あるいはカオスのように現れる――概念において順序づけられた出来事の実在性というよりも、むしろカオス的潜在性として現れるのである。それゆえ、科学にとっては、哲学はしばしば、たんなるカオスと重なるように見えるのであり、それがために科学は〔哲学に対して〕次のように言いたくなるのである――君は、カオスと私つまり科学のいずれかを選ぶしかない、と。現働性の線は、カオスと交截（こうせつ）する準拠平面を描く。その線は、そこから〈物の状態〉を引きだす。そしてこの〈物の状態〉がまた、たしかに、潜在的な出来事を、おのれの座標のなかで現働化しているのであるが、その出来事のなかから保持するものは、ファンクションの一部をなして、すでに現働化の途上にあるいくつかのポテンシャルだけである。逆に、出来事の哲学的概念を考察する場合には、その概念の潜在性は、カオスを、しかし今度はカオスと交截（こうせつ）する内在平面のうえで指し示すのであり、そしてその潜在性がカオスから抽出するものは、潜在的なものの共立性あるいはその実在性でしかない。密度が高すぎる〈物の状態〉について言うなら、それは、なるほど出来事によって吸着され、反‐実現されているのだが、しかしそこに見いだされるものは、内在平面のうえでの、かつ出来事のなかでの、それ〔〈物の状態〉〕についての暗示だけである。したがって、二つの線は互いに切り離せないものではあるが、しかし独立したもの、それぞれおのれ自身において十全なものなのである。それは、二つのかくも異なった平面の外被のようなものである。哲学は、暗示(アリュジオン)によってでしか科学について語れず、科学は、まるで雲についてであるかのようにしか哲学について語ることができない。それら二つの線が互いに切り離せないということは、それらがそれぞれに充足しているということでもある。そして哲学的概念が科学的ファンクションの構成に介入しないように、そのファンクションもまたそうした概念の構成に介入することはないのである。概念とファンクションが、それぞれおのれ固有の手段によってでしか創造されないにもかかわらず、必然的に交差するのは、それらのまったき成熟のゆえであり、それらの構成のプロセスによるのではないのである——それぞれのケースに、ひとつの平面、いくつかのエレメント、いくつかの作用者〔概念的人物と部分観測者〕があるのだ。だから、科学者たちが、真に哲学的な手段をもたずに哲学をするのは、あるいは哲学者たちが、実際に科学的な手段なしに科学を論じるのは、いつでも遺憾(いかん)なことなのである(わたしたちがそのようなことをするつもりだったわけではない)。

ファンクションが概念に適用されないように、概念はファンクションを省察することはない。概念とファンクションは、それぞれがおのれの線をたどりながらも、しかし互いに交差せざるをえない。たとえば、空間に関するリーマンのファンクションは、哲学に固有なリーマン空間の概念については、何もわたしたちに語ってくれない。わたしたちがファンクションという概念をもつのは、哲学がその概念を創造するのに適しているかぎりのことである。同様に、無理数は、有理数の二つの級数(セリー)——一方は最大値をもたず、あるいは他方は最小値をもたない――の共通のリミットとして、ファンクションによって定義される。けれども概念は、数のセリーを指し示さず、（伸長によって連鎖するかわりに）空隙の上方で再連鎖する諸理念の連続を指し示しているのである。死は、独立変項のファンクションとして、あるいは体験された状態のファンクションとしてさえ、科学的に定義可能な〈物の状態〉と同一視されうる。しかし、死はまた、生と外延的意味を等しくする変化＝変奏をそなえた純粋な出来事としても現れる。それらきわめて異なった二つのアスペクトは、ビシャにおいて見てとることができる。ゲーテは、光と影との相互不可分な変化＝変奏と、不可識別閾と、強度増加のプロセス――いかなる点において哲学においてもまた実験が存在するのかを示すプロセス――をもって、偉大な色彩概念を構築する。他方、ニュートンは、独立変数のファンクションあるいは振動数を構築した。哲学が、自分と同時代の科学を根本的に必要としているのは、科学が概念の可能性とたえず交差するからであり、概念が、事例でも、応用でも、反省でさえもない、科学への暗示（アリュジオン）を必然的に含んでいるからである。では逆に、概念のファンクション、科学固有の〈概念の〉ファンクションは存在するだろうか。そう問うことはまた、科学は、わたしたちがそう信じているように、哲学を等しくかつ強度をもって必要としているのだろうかと問うことである。しかし、その問に答えるにふさわしい者は、ひとり科学者のみである。

7 被知覚態（ペルセプト）、変様態（アフェクト）、そして概念（コンセプト）

カンバスに描かれた若者の微笑は、カンバスが持続するかぎり、やむことがないだろう。女のようなこの顔の皮膚のしたで血が脈打つように流れ、そして風が枝を揺すり、支度をおえた一群の男たちがいま出発しようとしている。小説のなかで、あるいは映画のなかで、若者は微笑をやめるかもしれないが、しかるべき頁をめくれば、あるいはしかるべき場面を見れば、またほほえみだすだろう。芸術とは何かを保存するものであり、しかも保存されるこの世で唯一のものである。芸術は、事実上は、石、カンバス、化学塗料などの支持材やマテリアルよりも長くは持続しないにせよ（事実問題）、しかし、それ自体において保存しかつ保存されるものである（権利問題）。少女は、彼女が五千年前にとったポーズをいまも維持している、ということは、少女がいましている身ぶりは、その身ぶりをしてみせたときの少女にはもはや左右されないということだ。空気は、それが去年の或る日に保持した乱れ、そよぎ、光をいまも維持しているが、その日の朝にその空気を吸った者にはもはや左右されることがない。芸術が保存をするのだから、工業生産が物を持続させるために何らかの物質を添加するような仕方で保存をするわけがない。物は、はじめから、「モデル」から独立してしまっているのだ。だが、物はまた、別のありうべき人物、すなわちそれ自身〈芸術家の-物〉である人物、つまりあの絵画の空気を吸っている絵画の人物からも独立している。しかもそれにおとらず、物は、現にいる観衆や聴衆からも独立している。彼らは、体験する力があるにしても、後になってようやく物を体験するだけである。では、創作者からはどうか。物は、それ自体において保存される創造物の自己定立によって、創作者からも独立している。保存されるもの、つまり物、あるいは芸術作品は、諸感覚のブロック、すなわち被知覚態と変様態の合成態である。

被知覚態（ペルセプト）は、もはや知覚（ペルセプシオン）ではない。被知覚態（ペルセプト）は、それを体験する者の状態から独立している。変様態（アフェクト）は、もはや情緒（サンチマン）あるいは変様＝感情（アフェクシオン）ではない。変様態（アフェクト）は、それを経験する者の能力をはみだしている。[*1] 感覚、すなわち被知覚態（ペルセプト）と変様態（アフェクト）は、それ自身で妥当性をもつ存在であり、あらゆる体験を超え出ている。石のなかに、カンバスのうえに、あるいはいくつもの語にそって捉えられたものであるかぎりでの人間は、それ自身被知覚態（ペルセプト）と変様態（アフェクト）の合成態（コンポゼ）であるのだから、被知覚態（ペルセプト）と変様態（アフェクト）は、〔主観としての〕人間の不在において存在すると言ってよいだろう。芸術作品は、或る感覚存在であり、他の何ものでもない。すなわち、芸術作品は即自的に存在するということだ。

調和は変様態（アフェクト）である。音あるいは色の調和は、協和していようと不協和であろうと、音楽的あるいは絵画的変様態（アフェクト）である。ラモーは、和音と変様態（アフェクト）が同じものだということを強調していた。芸術家が創造するものは被知覚態（ペルセプト）と変様態（アフェクト）のブロックなのだが、ただし、そのような合成態は自分ひとりで持ちこたえなければならないという唯一の創造条件がある。芸術家がそうした合成態を**自分ひとりで立って持ちこたえる**ようにさせること、これがもっとも難しい問題である。そのためには往々（おうおう）にして、前提されたモデルから見れば、また体験された知覚と変様＝感情（アフェクシオン）から見れば、幾何学的にはありそうにもないこと、物理的には不完全であること、器質的には異常であることが多く必要になるのだが、しかしそれら崇高な誤謬は、立って（あるいは座って、あるいは寝て）持ちこたえるための内的な手段である以上、芸術の必然性に通じているのである。物理的な可能性とは何の関係もない絵画的な可能性が存在するのであって、それが、このうえなくアクロバティックな姿勢に、安定する能力を付与するのである。それに反して、かくも多くの作品が、芸術たらんと欲しながら一瞬のあいだも立って持ちこたえることがない。自分ひとりで立って持ちこたえるといっても、それは、高低を維持することではないし、直立することでもない（というのも、〔絵画のなかで持ちこたえている〕家屋でさえもふらふらしたり、傾いていたりするからだ）。自分ひとりで立って持ちこたえるということは、創造された感覚合成態が或る行為によってそれ自体において保存されるときのその行為のことである。たとえばエミリー・ディッキンソンの詩のように、ひとつのモニュメントが、いやモニュメントそのものが、いくつかの線（トレ）〔筆致〕もしくはラインのなかで持ちこたえることができる。酷使されて衰えた年寄りのロバのクロッキーについて言うなら、「なんて素晴らしいんだ、これは二つの描線でできているが、不変の基礎のうえに置かれて安定しており」、そこでは、感覚がそれだけにますます、「執拗で、粘り強く、不遜な仕事」の年月を物語っているのである。[1]短音階が音楽家に突きつけている挑戦は、短音階を、アクロバティックな位置のなかでさえ、堅固で持続可能なものに、自己保存的なものにするために、短音階をその移ろいやすいコンビネーションから引き離せるかということにある。それだけに、短音階は、音楽においてますます本質的な試練なのである。音は、その発生と展開においてはもちろん、その消滅においても保持されなければならないのだ。セザンヌは、ピサロとモネを称賛していたにもかかわらず、印象派の画家たちを、次のように非難していた――もろもろの色の視覚混合だけでは、合成態〔芸術作品〕を十分に、ルーベンスにおける「血の永続性」のように、「美術館に収蔵されるべき芸術のように堅固で長持ちする」ものに仕立てあげるには十分ではない。[2]だが、これは言葉のあやにすぎない。というのも、セザンヌは、何か印象派を保存するようなものを付け加えたいわけではないからである。かれは、或る別の堅固さを、いくつかの別の層と別のブロックを追求しているのだ。

つぎのような問題がある。麻薬は、芸術家がそれらの感覚存在を創造する手助けとなるのかどうか、麻薬は、内的な手段の一部であるのかどうか、麻薬は、わたしたちを実際に「知覚のドア」に連れていってくれるのかどうか、麻薬は、わたしたちを被知覚態（ペルセプト）

と変様態（アフェクト）のもとに届けてくれるのかどうか、という問題である。そのような問題は、麻薬の影響下でつくられた合成態がほとんどすべての場合異常にもろく、おのれ自身を保存することができず、できあがるそばからまた見ているそばから壊れだす以上、すでに一般的な答が出ている。こどもの描く絵に感心したり、あるいは心を動かされたりするというのもよくあることだ。だが、こどもの絵が立って持ちこたえる場合はまれであるし、こどもの絵がクレーやミロの作品に似ていると思いたくなるのは、こどもの絵をちらっとしか見ない場合だけである。反対に、狂人の絵は持ちこたえることがしばしばある。ただし、画面がぎっしり描きこまれていて、空白を残していないという場合にかぎられる。けれども、〔諸感覚の〕ブロックにはやはり、空気と空白のポケットが必要である。なぜなら、空白でさえも感覚であり、一切の感覚はそれ自身によって合成されながら空白によっても合成され、一切は、土地のうえにかつ空気のなかに身を持し、そして空白を保存し、自分自身を保存しながら空白のなかで保存されるからである。カンバスを、もはや空気が通らないほどまでに、隅から隅まで塗りつぶすのもよい。だが、それが一個の芸術作品になるのは、それでもなおそれが、かの中国の画家が言っているように、（たとえいくつもの多種多様な面によってでしかないとしても）何頭かの馬を跳ね回らせるに十分な空白を保持する場合だけである[3]。

ひとは、諸感覚によって、描き、彫り、作曲し、書く。ひとは、諸感覚を描き、彫り、作曲し、書く。被知覚態（ペルセプト）としての感覚は、ひとつの対象（指示対象）を指し示すような知覚ではない。感覚が何ものかに類似するならば、それは感覚自身の手段によって産みだされた類似に由来するのであり、カンバスに描かれた微笑は、いくつかの色、いくつかの描線、光と陰だけからできている。類似が芸術作品につきまとうのは、感覚がおのれのマテリアルにしか関係しないからである。すなわち、感覚はマテリアルそのものの被知覚態(ペルセプト)もしくは変様態(アフェクト)であるということだ。たとえば、油の微笑、テラコッタの身振り、金属の跳躍、ロマネスク様式の石積のうずくまり、ゴシック様式の石積の屹立。そしてマテリアル（カンバスという支持材、筆や刷毛(はけ)という仲介物、チューブのなかの絵の具）は場合ごとにたいへん異なるので、マテリアルがどこで終わって感覚がどこで始まるのかを言うのは、事実上困難である。カンバスの地塗り、筆の毛先の跡が、そして手前にあるそれ以外の多くのものが、感覚の一部をなしている。感覚は、持続可能なマテリアルなしにどうして保存されようか。そして、時間がどれほど短かろうと、その時間はひとつの持続とみなされるものである。やがてわたしたちは、どのようにしてマテリアル平面が抑えがたく浮上し、そして諸感覚そのものの合成(コンポジシオン)＝創作平面に侵入し、ついにはそれの一部となり、あるいはそれから識別されえなくなるのかを見るだろう。まさにこの意味で、ひとはつぎのように言うのだ――「チューブから押しだされた絵の具として捉えられた色とともに、筆の毛の一本一本の痕跡とともに」、水の青ではなく「リキッドペイントの青」であるこの青とともに、画家は画家であり、画家以外の何ものでもない、と。だがそれでもなお、感覚(サンサシオン)〔そのもの〕は、少なくとも権利上は、マテリアルと同じものではない。権利上保存されるものはマテリアルではないのであって、マテリアルはたんに事実上の条件をなすにすぎない。しかしこの条件が満たされるかぎり（カンバス、絵の具、あるいは石が灰燼に帰すことがないかぎり）、それ自体において保存されるものは被知覚態もしくは変様態なのである。たとえマテリアルが二、三秒しか持続しなくても、その短い持続とともに共存する永続性のなかで、存在し、それ自体において保存される能力を、マテリアルは、感覚に与えるだろう。マテリアルが持続するかぎりにおいて、感覚がそうした時間そのもののあいだで享受するのは、まさに或る永遠性である。マテリアルが全面的に感覚のなかに、すなわち被知覚態あるいは変様態の〔合成態の〕なかに移らずには、感覚はマテリアルのなかで実現されることはない。材料全体が表現的になるということである。メタリックであったり、結晶質であったり、石状等々であったりするのは、まさに変様態であり、セザンヌが言うように、感覚は色づけられるものではなく、色づけるものなのである。そこにこそ、画家でしかない画家がまた、画家以上の者でもある理由がある。なぜなら、画家が「わたしたちの目の前に、そして固定されたカンバスの前に到来させる」ものは、類似ではなく、それは、「ねじ曲げられた花の、斬りつけられ、切り傷をつけられ、圧しつぶされた風景の」――「絵画の水を自然に」返す――純然たる感覚だからである。(4) わたしたちが、ひとつのマテリアルをもうひとつのマテリアルに取りかえるのは、たとえばバイオリンをピアノに、筆を刷毛に、油絵の具をパステルに取りかえるのは、諸感覚の合成態〔芸術作品〕がそれを要求するかぎりのことでしかない。そして芸術家がどれほど強く科学に興味をもっていようと、諸感覚の合成態は、印象派の「視覚混合」が明白に立証しているように、科学が〈物の状態〉として規定するマテリアルの「混合」とはけっしてまじりあっていないのである。

マテリアルの諸手段によって芸術が目ざしているのは、対象知覚（ペルセプシオン）からそして知覚主体の諸状態から、被知覚態（ペルセプト）を引き離すことであり、或る〔体験された〕状態から別の状態への移行としての変様（アフェクシオン）＝感情から、変様態（アフェクト）を引き離すことである。諸感覚のブロックを、純然たる感覚存在を抽出すること。そのために必要になるのは、作者ごとに異なり、しかも作品の一部をなす方法である。プルーストとペソアを比較するだけでよい。それぞれにおいて、〈存在としての感覚〉の探求のために、異なる手法が編みだされているからだ。[5] この点で作家は、画家や音楽家や建築家と同じ状況にある。作家に特有のマテリアルは、語であり、統辞法である。彼の作品のなかに抑えがたく浮上して感覚のなかに移る創造された統辞法である。体験された知覚の外に出るためには、たんに、古い諸知覚を呼び起こすような記憶にたよっても明らかに不十分であり、現在を保存するファクターとしてのレミニッセンスを付加するような非意志的な記憶にたよってもまた不十分である。記憶というものは、芸術にはほとんど介入してこない（プルーストにおいてさえ、そしてプルーストにおいてはとくにそうである）。なるほどあらゆる芸術作品はひとつのモニュメントであるが、モニュメントだと言ってもこの場合それは、過去を記念するものではなく、現前する〔現在の〕諸感覚のブロックなのであり、この諸感覚は、おのれ自身の保存をおのれ自身だけに負い、出来事に、それを祝う合成態を与えるのである。モニュメントの行為は、記憶ではなく、仮構(ファビュラシオン)である。作家は、こども時代の思い出によって書くのではなく、現在の〈こどもへの-生成〉としての様々な〈こども時代のブロック〉によって書く。音楽には、そのようなものが充ち満ちている。そこで必要になるのは記憶ではない。記憶のなかにではなく、語のなかに、音のなかに見いだされる複合的なマテリアルが必要になるのだ。「記憶よ、わたしはおまえを憎む」。わたしたちにとって手が届く被知覚態(ペルセプト)あるいは変様態(アフェクト)は、自律的で自足した存在にほかならず、それをいま体験している者たち、もしくはかつて体験した者たちには何ものも負っていないのである。けっして体験されたこともなく、体験されていず、これからも体験されることのないような〔『失われた時を求めて』における〕コンブレ、カテドラルあるいはモニュメントとしてのコンブレ。

そして方法が、芸術ごとに、さらには作者ごとに異なるとはいえ、それにもかかわらずモニュメントの大きな類型の特徴を、あるいは感覚合成態という「多様性(ヴァリエテ)」の特徴をつぎのように示すことができる。まず、振動。これは、単純感覚の特徴である（しかしこの感覚は、それだけですでに、持続可能なものあるいは合成されたものであって、それというのも、その感覚は、上昇あるいは下降し、構成要因としての準位的差異をみずからの内に折り込み、大脳的というよりはむしろ神経的である不可視の線索に沿うからである）。つぎに、密着あるいは接し合い（だがその場合、もはや「エネルギー」でしかない接し合いのなかで、二つの感覚は、きわめて緊密に交接しながら、互いに他方のなかで共振する）。さらに、後退、分割、膨張（その場合、二つの感覚は反対に、互いに離れ、ゆるんで開くのだが、それら二つの感覚は、それらのあいだに、あるいはそれらのなかに、楔として打ち込まれる光、空気、あるいは空白によるのでなければ、もはやふたたび結びつけられることはなく、しかもこの楔は、あまりに密度が高くあまりに軽いので、二つの感覚が離れれば離れるほどあらゆる方向に拡大し、もはやいかなる支えも必要としないひとつのブロックを形成するのである）。感覚を振動させること——感覚をカップリングすること——感覚を切り開き、あるいは切り裂き、えぐること。彫刻は、以上のような類型をほとんど純粋な状態で提示してくれる——強拍と弱拍の順序で、凹凸の順序で振動する石感覚、大理石感覚、あるいは金属感覚によって、また、それらを絡み合わせる強力な接し合いによって、さらに、ひとつのグループと他のグループのあいだの、かつ同じひとつのグループの内部の、大きな空白の調整によって。そのとき、彫るのは、あるいは彫られるのは、光であるのか否か、空気であるのか否か、もはやわからなくなっている。

小説はしばしば被知覚態に達している。たとえばハーディにおける、荒野の知覚ではなく、被知覚態としての荒野。メルヴィルの海洋の被知覚態。ヴァージニア・ウルフにおける都市の被知覚態、あるいは鏡の被知覚態。風景が見るのだ。一般的に言って、作家が、或る日の時間を、或る瞬間の温度を、それ自体において保存するそれらの感覚存在（たとえば、フォークナーの丘、トルストイのステップ地帯、あるいはチェーホフのそれ）を創造することができなかったとするなら、どうして彼は偉大な作家だと言われえようか。被知覚態、それは、人間の不在における、人間以前の風景である。しかし風景は、前提される〈登場人物の知覚〉から独立していず、またそれを介して、作者の知覚と想起から独立していないのだから、以上のすべてのケースにおいて、なぜそのように言いきってかまわないのだろうか。そして都市は、人間なしにかつ人間以前に、どのようにして存在しうるのだろうか。また鏡は、その鏡に映る老女がいなければ、たとえ彼女が鏡のなかの自分をみつめなくても、どのようにして存在しうるのだろうか。それは、（注釈されることの多い）セザンヌの謎である——「不在の、しかし風景のなかではまったき人間」。登場人物が存在することができ、作者が登場人物を創造することができるのは、登場人物は風景のなかで知覚せずに、風景のなかに移ってしまい、それ自身が感覚合成態の一部になっている、ということだけを理由にしている。海の知覚を有しているのはもちろんエイハブであるが、しかし彼がその知覚を有しているのは、かれがモービー・ディックとの関係のなかに移ってしまい、この関係が彼をして〈鯨への－生成〉たらしめ、こうして、もはや人称を必要としないひとつの〈諸感覚の合成態〉つまり《海洋》を形成する、という理由だけにもとづいている。都市を知覚するのはダロウェイ夫人であるが、その理由は、彼女が、「すべての事物を通過するひとつのナイフ」として、都市のなかに移ってしまい、彼女自身は知覚されえないものに生成するということにある。（都市をも含めて）被知覚態（ペルセプト）が自然の非人間的な風景であるとすれば、変様態（アフェクト）はまさしく、人間の非人間的な〔人間ではないものへの〕生成である。「過ぎ去る世界の一分間が存在する」とき、ひとはその一分間を、「その一分間へ生成する」ことなしに保存することはないだろう、とセザンヌは語っている。[6] ひとは世界内に存在するのではない、ひとは世界とともに生成する、ひとは世界を観照しながら生成する。いっさいは、視（ヴィジオン）であり、生成である。ひとは宇宙へと生成する。動物への、植物への、分子への、ゼロへの生成。クライストは、おそらく、もっとも多く変様態（アフェクト）によって書いた作家である。たとえば、かれは変様態（アフェクト）を石としてあるいは武器として利用し、それらを、不意の石化あるいは無限の加速という生成のなかで、ペンテジレーアの〈雌犬への‐生成〉とその幻覚性の被知覚態（ペルセプト）とのなかで捉えたのである。すべての芸術について、こうたずねてよい――音楽は、同じひとつの感覚存在のなかで、分子的なものと宇宙的なものを、星を、原子を、そして鳥を合成しながら、メシアンの言うように、音楽の「メロディーの風景」とその「リズムの人物」[*2] をつらぬいて、どのような不思議な生成をその鎖から解き放つのだろうか。いかなる恐怖が、向日葵（ひまわり）への生成のなかに取りこまれたゴッホのあたまに取りついているのだろうか。体験された知覚（ペルセプシオン）から被知覚態（ペルセプト）へ、体験された変様（アフェクシオン）＝感情から変様態（アフェクト）へ高まるためには、そのつどスタイルが――作家の統辞法、音楽家の音階とリズム、画家の描線と色が――必要になるのだ。

わたしたちが小説という芸術を強調するのは、それが或る誤解の源泉になっているからである。多くのひとがこう考えている。すなわち、作家は、自分の知覚と変様＝感情(アフェクシオン)を、自分の思い出と昔の記録を、自分の旅行と幻想を、自分のこどもと親を、自分が出会うことのできた興味深い人物を用い、さらにとりわけ自分自身が当然そうである興味深い人物（そうでない人物はいるのだろうか）を用い、そして最後に自分のオピニオンを用いて、全体を緊密にまとめあげ、小説をひとつ仕立てあげることができるのだと、こう考えている。ひとは必要があれば、トマス・ウルフやミラーのような、自分の人生を語ることとしかしなかったような大作家を引き合いにだす。ふつうひとが手に入れるのは、寄せ集めの選集であり、そのなかでひとは動きまわるが、結局のところひとは、自分自身のなかにしか見つからないひとりの父を求めているのである――ジャーナリストの小説。本当に芸術的な仕事がまったく欠けているところでは、わたしたちには何も免除されないのだ。一般に認められているコミュニケーションの困難に関するオピニオンをもう一度つくるためには、自分が目撃できた残酷な行為を、そして自分が経験した絶望をそれほどつくりかえる必要はない。ロッセリーニは、そこに、芸術を放棄する理由を見いだした。芸術は、あまりにも幼稚症と残酷さによって同時に侵入され、残酷で哀れっぽく、愚痴っぽくて満足げになっていたから、芸術なんか放棄したほうがいい、というわけだ(7)。最高に興味深いのは、ロッセリーニが同じ侵入を絵画のなかに見ていたということである。しかし、まずもって文学こそが、体験とのそのような曖昧な関係を絶えず維持していたのである。ひとはたしかに、観察の大いなるセンスと多くの想像力をもつことはできるだろう。では、知覚、変様＝感情（アフェクシオン）、そしてオピニオンによって書くということは可能だろうか。もっとも自伝的な要素の少ない小説においてさえ、多数の人物のもろもろのオピニオンが対立しあい、交差しあうのが見てとれるのであり、それぞれのオピニオンは、その社会的状況とその個人的冒険に応じて、各人物の知覚と変様＝感情（アフェクシオン）のファンクションであり〔知覚と変様＝感情（アフェクシオン）に依存し〕、オピニオンの総体は、作者のオピニオンでもあろうような巨大な流れのなかに取りこまれるのだが、このオピニオンは、諸人物にあたって跳ね返るために分割され、あるいは、読者が自分のオピニオンを抱くために隠される。まさしくこのようにして、バフチンの偉大な小説理論が始まる（幸いなことに、彼はそこにとどまってはいない、それは、まさに小説の「パロディー的」基盤なのである……）。

　想起を増幅してみても、幻想をもちだしても、創造的仮構（ファビュラシオン）は、そんなものとまったく関係がない。事実、芸術家は、小説家をも含めて、体験の知覚的状態や感情的移行をはみだしている。芸術家は、見者であり、生成者である。彼はひとつの陰影であるがゆえに、彼が語るものごとは、どうして彼の身に起こったことや彼が想像するものであろうか。彼は、生に、何かあまりにも大きいもの、またあまりにも耐え難いものを、そして、生を脅かすものとその生との密着を見てとってしまい、したがって、彼が知覚する自然の片隅、あるいは都市の街区とそこにいる人物たちは、それらを通してあの生の、あの瞬間の被知覚態（ペルセプト）を合成するひとつの視（ヴィジオン）に達しており、もはやそれ自身以外の対象も主体ももたない、一種の、キュビスム、シミュルタネイスム〔同時主義、同時話法〕、なまの光あるいは黄昏（たそがれ）、緋あるいは青のなかで、この視（ヴィジオン）が、体験された知覚を炸裂させるのである。ジャコメッティは、「時間と空間のなかで捉えられたそれらの視（ヴィジオン）を、スタイルと呼ぶ」と語っていた。生が囚われの生であるまさにそのときに生を解放すること、もしくは或る不確定の戦闘のなかでそれを試みること、これがつねに問題なのである。ロレンスにおけるヤマアラシの死、カフカにおけるモグラの死は、ほとんど鼻持ちならない小説家的行為である。そしてときには、大地に身を横たえねばならぬ。ちょうど、画家もまた、「モチーフ」すなわち被知覚態（ペルセプト）に手を届かせようとしてそうするように。被知覚態（ペルセプト）は、望遠鏡的または顕微鏡的なものだと言ってよい。あたかも、どのような生きられた〔体験された〕知覚にも手が届かない或る生が、人物と風景とを満たしてふくらませるように、被知覚態（ペルセプト）は、風景と人物に、巨人的な諸次元を与える。バルザックの偉大さ。そうした人物が凡庸であるのか否か、ということはどうでもいい。ブヴァールとペキュシエ、ブルームとモリー、メルシエとカミエのように、〔作家が創造する〕人物は巨人へと生成し、絶えずそれがそれである当のものになる。凡庸の力によって、さらには愚鈍あるいは下劣ささえの力によって、人物は巨大なものへ生成することができ、単純なものにはならないのだ（人物はけっして単純ではない）。小人や不具者ですら、おおいに有用でありうる。あらゆる仮構（ファビュラシオン）は巨人の製造であるということだ。(8)

凡庸であろうと偉大であろうと、人物はあまりにも生きているので、生きられうる〔体験されうる〕ものでも生きられた〔体験された〕ものでもありえない。トマス・ウルフは、自分の父親からひとりの巨人を引き出したし、ミラーは、都市からひとつの黒い惑星を引き出した。ウルフは、古きカトーバの人々を、彼らのばかげた意見と偏執的な議論好きを通して描くことができる。彼がおこなっていること、それは、彼らの孤独の、彼らの砂漠の、彼らの永遠の土地の、そしてひとに気づかれない彼らの忘れられた生活の秘められたモニュメントを打ち立てることである。同じようにフォークナーも、こう叫ぶことができる。おお、ヨクナパトーファの人々よ……。モニュメンタルな小説家は、彼自身生きられたもの〔体験〕から「インスピレーションを得る」と言われているが、なるほどその通りではある。たとえば、〔プルーストが描く〕シャルリュス男爵と〔そのモデルと言われている〕モンテスキューはとても似ている。しかし、モンテスキューとシャルリュス男爵のあいだには、類似点を数えあげたところで、吠える動物としての犬と天の犬座のあいだにある関係[*3]ぐらいしかない。

どうすれば、世界の一瞬間を持続可能にすることが、あるいはそれ自身で現存させることができるだろうか。ヴァージニア・ウルフは、エクリチュールばかりでなく絵画や音楽にとっても価値があるひとつの答をだしている。「それぞれの原子を飽和させること」、ありふれたそして生きられた〔体験された〕わたしたちの知覚に貼りついているすべてのものを、小説家の糧を平凡なものにしてしまうすべてのものを、「屑にすぎないすべてのものを、死を、そして余分なものを排除すること」、わたしたちに被知覚態を与えてくれる飽和だけを守ること、「瞬間のなかに、不条理なものを、諸事実を、汚いものを、ただし透明にする処理をほどこしたかぎりで、含めること」、「そこにすべてを置くこと、けれども飽和させること」[9]。「聖なる源泉」としての被知覚態に手が届いたからには、そして生きているもののなかに《生》を、あるいは生きられたもの〔体験〕のなかに《生きているもの》を見てとったからには、小説家は、さもなくば画家は、目を真っ赤にし、息を切らせて戻ってくる。彼らはアスリートだ。なるほど多くの作家が、スポーツに芸術と生を高める手段を見ないわけではなかったが、彼らがアスリートだといっても、体を鍛えあげて生きられたもの〔体験〕を養ったようなアスリートではない。むしろ、〔カフカの〕「断食芸人」あるいは泳げない「偉大な泳ぎ手」というタイプの奇妙なアスリートである。有機的または筋肉的ではない《陸上競技》、他者の非有機的な分身でもあるような「変様の陸上競技」、おのれの力ではない力だけを開示する生成の陸上競技、「可塑的なスペクトル」[10]。この点で、芸術家は哲学者のようなものである。彼らの健康は、多くの場合、あまりにも弱くもろい。しかしそうであるのは、病気のせいでも神経症のせいでもない。それは、彼らが、生のなかに、誰にとっても何か大きすぎるもの、彼ら自身にとっても何か大きすぎるものを見てしまっているからであり、この何ものかが、彼らに死の密やかな烙印を押してしまっているからである。だが、この何ものかがまた、生きられたもの〔体験〕の病をつらぬいて彼らをなお生きさせるあの源泉であり、あの息なのである（それをニーチェは健康と呼んでいる）。「ひとは、いつの日かおそらく、芸術というものはなく、ただ医学だけがあったということがわかるだろう……」[11]。

被知覚態（ペルセプト）が知覚（ペルセプシオン）のなかに収まらないように、変様態（アフェクト）は変様（アフェクシオン）＝感情のなかに収まらない。変様態（アフェクト）は、ひとつの体験された状態からもうひとつの体験された状態へ移行することではない。変様態（アフェクト）とは、人間が非人間的〔なもの〕に生成することである。エイハブは〔モービー・ディックへの生成において〕モービー・ディックを模倣しているのではなく、ペンテジレーアは〔雌犬への生成において〕雌犬を「演じる」のではない。そうした生成は、模倣でも、体験された共感でもなく、想像上の同一化でさえもない。そうした生成は類似に属してはいないのである。たとえそこに、いささかの類似が存在するにしてもである。だが、この類似は、正確には、所産としての類似でしかない。むしろ、その生成は、類似なき二つの感覚が密着するときの、あるいは反対に、そうした二つの感覚を同一の反映のなかに取り込んでしまうような光から遠ざかるときの、或る極度の近接なのである。アンドレ・ドーテルは、〈木に生成する〉、あるいは〈シオンに生成する〉といった、異様な〈植物への‐生成〉のなかに、自分の人物たちを置くすべを知っていた。彼が言うには、それは、一方が他方に変貌するということではなく、一方から他方へ何かが移り行くということである[12]。この何かを明示するためには、それは感覚であると言うよりほかに、どうにも明示のしようがない。それは、ひとつの不確定ゾーン、不可識別ゾーンなのである。あたかも、或るいくつかの物、或るいくつかの獣と人物（エイハブとモービー・ディック、ペンテジレーアと雌犬）が、それらの自然的分化の直前にあるあの点に、それぞれのケースで、けれども限りなく到達していたかのような事態である。それが、ひとつの変様態（アフェクト）と呼ばれるものである。『ピエール——あるいはアンビギュイティーズ——』において、ピエールは、かれの異母姉妹イザベルからそこでもはや区別されえなくなるゾーンにたどり着いて、女へと生成する。生のみが、生者たちが渦巻くそうしたいくつものゾーンを創造し、そして芸術のみが、その共‐創造の企てにおいて、それらのゾーンへと到達し、そこに浸透してゆくことができるのである。というのも、たとえばロダンの彫刻におけるように、マテリアルが感覚のなかに移ってゆくやいなや、芸術それ自身が、それらいくつもの不確定ゾーンを生きるからである。それこそがブロックなのである。人間の形態と動物の形態との類似を示し、それらの変形をわたしたちに目撃させるようなデッサン画家がいるが、絵画が必要としているのは、そうした画家の技巧ではない。必要なのは、反対に、形態（フォルム）〔図〕を崩潰させることができる背景（フォン）〔地〕の力（ピュイサンス）である。すなわち、もはやどれが動物でどれが人間なのかがわからなくなるあのゾーンの存在を認めさせることのできる背景の力（ピュイサンス）である。なぜなら、人間と動物との区別不可能性の勝利もしくはそのモニュメントのようなものがおのれを打ち立てるからだ。たとえば、ゴヤ、あるいはドーミエ、ルドンにおいてさえ、そうなのである。芸術家が創造しなければならないものは、生の原始的な沼地をいたるところに再創造するかくも偉大な企てに必要な統辞法的もしくは可塑的な手段とマテリアルである（ゴヤによるエッチングの技法とアクアチントの技法の活用）。あたかも、類似の観点から、文明人のなかに、動物的あるいは原始的な人間の存続を再発見するといったように、起源へ回帰するなどということを、変様態（アフェクト）が可能にするわけではたしかにない。属、性、目、界の分化を回避する赤道地帯や氷河地帯が現在働きをもち、繁栄するのは、まさしくわたしたちの文明の温暖な環境の内部においてである。いまここで問題になっているのは、もちろんわたしたちのことだが、しかし、わたしたちのなかでは、動物的なもの、植物的なもの、鉱物的なもの、あるいは人間的なものは、もはや判明ではない——たとえ、このわたしたち自身は、それらによって大いに判明になるにしてもである。最大限の規定が、そうした近傍ブロックから、さながら稲妻のように出現するのだ。

オピニオンは体験のファンクションであるというまさにこのことから、オピニオンは、変様（アフェクシオン）＝感情に関する或る種の認識をもっていると主張する。オピニオンは、人間の情念を、そして情念の永遠性を凌駕（りょうが）しているということだ。しかし、ベルクソンが指摘していたように、わたしたちの印象からしても、オピニオンは感情的な諸状態を誤解しており、そうであるはずではないものをそうだとしてまとめあげたり切り離したりしているのである。(13) 精神分析がおこなっているように、変様（アフェクシオン）＝感情をひとつひとつ列挙し、禁止された対象をそれらにあてがっておけばよいというわけではさらさらないし、また、不確定ゾーンのかわりに、たんなるアンビヴァレンツをもってくればそれで十分だということでもない。一個の偉大な物語作家は、何よりもまず、未知の、あるいは〔一般には〕誤解されているようないくつかの変様態を考案する芸術家なのであって、彼は、それら変様態を、おのれの人物たちの生成として明瞭に描写するのである。たとえば、クレチヤン・ド・トロワの物語のなかの騎士たちの薄明の諸状態（騎士道というありうべき概念と関連して）、ラ・ファイエット夫人による、義務と混じりあっているほとんど緊張病的な「休息」の諸状態（静寂主義という概念と連関して）……、最近にいたっては、変様＝感情としては貧困であるだけにますます雄大な変様態としての、ベケットの諸状態。ゾラが、読者に、「注意せよ、私の人物たちが感受しているのは後悔ではない」と呼びかけるとき、わたしたちがそこに見るべきものは、ひとつの生理学的テーゼの表現ではなく、かえって、自然主義における人物たちの創造、たとえば《凡》人、《倒錯》者、《獣》人の創造によって湧きあがる新たな変様態の特定である（しかもゾラが本能的と呼ぶものは、或る〈動物的への－生成〉と切り離せないものなのだ）。エミリー・ブロンテがヒースクリフとキャサリンを結びつける絆を描くとき、彼女は、二匹の狼のあいだの同類関係のような激しい変様態を考案しているのであって、この変様態〔情動〕は、とりわけ愛情と混同されてはならないものである。プルーストが嫉妬をたいへん細かく描写しているように見えるとき、彼が考案しているのは実はひとつの変様態なのである。というのも、彼は、オピニオンが変様＝感情のなかで前提している秩序を、すなわちそれに従えば嫉妬は愛情の不幸な帰結になるであろう秩序を、絶えずひっくり返そうとしているからである。嫉妬は、プルーストにとっては反対に、目的因、目的地であり、愛する必要があるのは、嫉妬することができるためなのである。嫉妬とは、もろもろの記号（シーニュ）＝徴候の意味（サンス）＝方向であり、言わば記号学（セミオロジー）＝症候学としての変様態（アフェクト）である。クロード・シモンが、〈女－大地〉の驚くべき受動的愛情を描写するとき、彼は、粘土の変様態（アフェクト）を彫琢しているのだ。彼は「それは私の母だ」と言うことができ、ひとは、彼がそう言っているので彼の言うことを信じているのだが、しかしその母は、彼が感覚そのもののなかに移らせたひとつの母であって、彼はその母に対してかくも独創的なモニュメントを打ち立てているがゆえに、その母は、或る特定しうる関係を、もはや彼女の本当の息子に対してではなく、むしろはるか遠くにある、一個の創造された人物、フォークナー〔の『村』〕のユーラに対して結んでいるのである。以上のように、変形し、振動し、密着し、あるいは切り裂かれるもろもろの感覚合成態のなかで、偉大な創造的諸変様態（アフェクト）が、ひとりの作家から別のひとりの作家へ向かって、連鎖していったり逸れていったりするのである。芸術家と民衆との関係について、同一の芸術家が生みだした作品どうしの関係について、あるいは芸術家相互のありうべき親和性について[14]、事態を説明してくれるのはまさに、そうしたもろもろの感覚存在なのである。芸術家はつねに、いくつかの新たな変化性（ヴァリエテ）＝多様体を世界に付け加えてゆくのだ。〔芸術における〕感覚存在は変化性＝多様体であり、同様に、〔哲学における〕概念存在は変化（ヴァリアシオン）＝変奏であり、〔科学における〕ファンクション存在は変数（ヴァリアブル）＝変項である。

どのような芸術に関しても、こう言わねばなるまい――芸術家とは、彼がわたしたちに与えてくれるもろもろの被知覚態（ペルセプト）あるいはもろもろの視（ヴィジオン）と連関した、変様態（アフェクト）の遣い手、変様態（アフェクト）の考案者、変様態（アフェクト）の創造者である、と。芸術家は、彼の作品のなかだけで変様態（アフェクト）を創造しているのではない。彼は、わたしたちに変様態（アフェクト）を与えるのであり、わたしたちを変様態（アフェクト）とともに生成させるのであり、わたしたちを合成態のなかに取り込むのである。ゴッホの向日葵（ひまわり）生成であり、デューラーのアザミ、ボナールのミモザも同様である。ルドンは、リトグラフのひとつに、「花のなかで試みられた最初の視（ヴィジオン）がおそらく存在した」という題をつけた。花が見るのだ。純然たる恐怖――「それじゃあ君は、私の寝室の窓越しに、なかを覗（のぞ）きこんでいるあの向日葵（ひまわり）が見えるか。やつは、一日中、私の部屋のなかを覗いているんだぜ[15]」。花の絵画史は、言わば、花の変様態（アフェクト）と花の被知覚態（ペルセプト）との絶えず繰り返される連続創造である。芸術は、語を経由しようと、色を経由しようと、音を経由しようと、あるいは石を経由しようと、諸感覚の言語活動である。芸術は、オピニオンをもたない。芸術は、知覚（ペルセプシオン）と変様（アフェクシオン）＝感情とオピニオンからなる三重の組織を破壊し、それに代えて、被知覚態（ペルセプト）と、変様態（アフェクト）と、言語活動にかかわる感覚ブロックとによって合成されたモニュメントをつくりあげるのだ。作家はもちろん語を用いるのだが、ただし、或るひとつの統辞法を創造しながら言葉を用いるのであって、この統辞法によってこそ、語は感覚そのもののなかに移り、滑らかな日常語は吃音になり、あるいは震え、あるいは叫び、あるいは歌いさえするのである。それこそ、諸感覚のスタイル、その「トーン」、その言語活動であり、言い換えるなら、言語の内なる奇妙な言語、来たるべき民衆に訴えかける言語である——おお、古きカトーバの人々よ、おお、ヨクナパトーファの人々よ。作家は——あのいまだ不在の民衆をめざしてこそ、とわたしたちはそう期待しているのだが——言語活動をねじ曲げ、震わせ、締めつけ、切り裂き、こうして被知覚態（ペルセプト）を知覚（ペルセプシオン）から、変様態（アフェクト）を変様＝感情（アフェクシオン）から、そして感覚（サンサシオン）をオピニオンから引き離すのである。「私の記憶は、愛情ではなく、憎しみにみちており、過去を再現しようとしてではなく、過去を遠ざけようとして働くのだ……。私の家族が何を言わんとしていたのか、私にはわからない。それは生まれついての吃音であった。が、それでもなお何か言うべきことをもっていた。生来の吃音が、私や、私の同時代人たちの多くを圧していたのだ。わたしたちが学んだのは、語ることではなく、口ごもることであった。そして、時代の高まりゆく騒音に耳を傾けることによって、しかもいったんはその波頭の泡で漂白されることによって、ようやくわたしたちはひとつの言語を身につけたのである」[16]。まことにそれは、あらゆる芸術の責務である。そして、色や音を大地の歌と人間たちの叫びにまで高めている新たな調和〔和音〕を、可塑的な風景あるいはメロディーの風景を、リズムの人物を、絵画は、そして音楽は、当の色や音から引き離すのである。すなわち、トーンや健康や生成を構成しているものを、あるいは視覚ブロック、音響ブロックを引き離すのだ。或るモニュメント〔芸術作品〕は、何か過ぎ去ったものを記念したり祝ったりするのではなく、かえって、出来事を受肉させる〔具現する〕持続的な諸感覚を、未来の耳に託すのである——たとえば、絶えず新たに繰り返される人間たちの苦難、繰り返しおこなわれる彼らの抗議、つねに反復される彼らの闘争をである。だが、そんなことはすべて無駄であるのかもしれない。というのも、そうした苦難は未来永劫にわたって存在するからであり、諸革命はその勝利まで生き残りはしないからである。しかし、ひとつの革命の成功は、その革命それ自体のなかにある——正確には、その革命が遂行されていたときにそれが人間たちに与えた振動、密着、開きのなかにある。そして、この振動、密着、開きが、ひとつのつねに生成のうちにあるモニュメントを、即自的に合成するのであって、それはあたかも、新たな旅人が一人ひとり一個の石を持ってきて置いてゆく石塚のようなものである。ひとつの革命の勝利は内在的なものである。そしてその勝利は、革命が新たな絆を人間たちのあいだに創設するということにあるのだ。たとえその人間たちが、溶解しつつある革命の材料と同様に持続せず、たちまち分裂や裏切りに取って代わられるにしてもである。

美的＝感性的形像（フィギュール）〔人物像（フィギュール）〕（と、それらを創造するスタイル）は、レトリックとは何の関係もない。それらは感覚なのである。すなわち、被知覚態（ペルセプト）と変様態（アフェクト）、風景と顔、視（ヴィジオン）と生成である。ところで、わたしたちが哲学的概念というものを定義するのは、やはり生成によってではないだろうか。しかもほとんど同じ言葉遣いで。けれども、美的＝感性的形像は、概念的人物と同一ではない。おそらく、双方とも、たとえば〔マラルメの〕イジチュールのように、あるいは〔ニーチェの〕ツァラトゥストラのように、一方の方向から、あるいは他方の方向から、双方が相手のなかに移行するだろう。が、それは、概念感覚と感覚概念が存在するかぎりにおいてのことである。それは、同じ生成ではないのだ。感覚的生成とは或る行為(アクト)である。すなわち、これによって、何かがもしくは誰かが、たとえば向日葵(ひまわり)が、あるいはエイハブが、〔それ本来のものであり続けながらも〕絶えず〈他に‐生成する〉といった行為である。他方、概念的生成もやはり或る行為である。すなわち、これによって、共通の出来事それ自身が、現に存在するものから身をかわすといった行為である。概念的生成は、或る絶対的な形(フォルム)のなかに含まれている異質性であり、感覚的生成は、或る表現質料のなかに入り込んでいる他性(アルテリテ)である。モニュメントは、潜在的(ヴィルチュエル)な出来事を現働化(アクチュアリゼ)しているのではなく、むしろ、出来事を具体化し、あるいは受肉させているのである。モニュメントは、潜在的な出来事に、或る体を、或る生を、ある宇宙を与えるのである。そうであればこそ、プルーストは、「体験〔生きられたもの〕」よりも高次のそうした生をもって、しかもその「質的(キャリタティヴ)諸差異」、その「もろもろの宇宙」をもって、〈芸術‐モニュメント〉を定義していたのである。しかも、それら宇宙は、自分たち自身の限界を、自分たちどうしの遠さと近さを、自分たちの布置を構築し、自分たちが回転させる感覚ブロックを構築するのである――〈レンブラント‐宇宙〉あるいは〈ドビュッシー‐宇宙〉。それら宇宙は、潜在的でも現働的でもなく、可能的なものである。それら宇宙は、美的＝感性的カテゴリーとしての可能的なものであり（「少しでも可能的なものを、さもないと私は窒息してしまう」〔キルケゴール〕）、可能的なものの現存（エグジスタンス）〔実存〕なのである。他方、出来事〔概念〕は、潜在的なものの実在性（レアリテ）であり、すべての可能的な宇宙を俯瞰（ふかん）する或る《思考－《自然》》の形である。だからといって、概念は権利上感覚に先行するということにはならないのであって、ひとつの感覚概念でさえ、その固有の諸手段によって創造されなければならないのである。しかし、ひとつの感覚は、概念が必然的にその絶対的な形をとって現存するという事態を伴うことなしに、その可能な諸宇宙のなかに現存するのである。

感覚を、或る根源的なオピニオンと、すなわち世界の土台もしくは不動の基盤としてのウアドクサ〔根源的臆見〕と、同一視するということは可能だろうか。現象学が感覚を見いだすのは、知覚的かつ感情的な「質料的ア・プリオリ」のなかであって、これは、体験された〔生きられた〕知覚と変様（アフェクシオン）＝感情とを超越しているものである。たとえば、ゴッホの黄色、あるいはセザンヌの生得的感覚。周知のように、現象学は芸術の現象学になる運命にあり、それというのも、超越論的（トランサンダンタル）主観への体験の内在は、超越的（トランサンダン）機能のなかで表現される必要があるからだ。もちろん、この超越的機能は、経験一般を規定する機能というだけでなく、体験そのものをいまここでつらぬき、そしていくつかの生ける感覚を構成しながら体験において受肉するという機能である。〔そうなると〕感覚という存在、つまり被知覚態（ペルセプト）と変様態（アフェクト）のブロックは、感覚するものと感覚されるものとがひとつになること、もしくは両者相互の可換性として、すなわち握りあっている二つの手のような、両者の親密な絡みあいとして現れるだろう。それが、肉なのであって、これは、生きられた身体と、知覚された世界と、前者から後者へのいまだあまりにも経験に結びついた志向性との三者から、同時に解放されるはずのものである——ところがその一方で、肉（シェール）は、わたしたちに感覚という存在を与え、経験判断から区別される根源的なオピニオンを担っている。たがいに交換されうる相関項としての、世界の肉と身体の肉——イデア的合致[17]。現象学のこの最後の転身に息を吹き込んでいるのは、或る奇妙な《肉主義》であり、それゆえに、現象学は〔キリスト教の〕受肉の秘義のなかに陥っている。これは、信心と同時に官能性の意味をもった観念であり、官能性と宗教の混合であって、それなしには、肉はおそらく、おのれひとりで立っていることはないだろう（肉は、〔現代の画家〕ベーコンの〔絵の〕形像（フィギュール）〔人物像（フィギュール）〕がそうであるように、骨にそって落ちてゆくだろう）。肉は芸術にとって十全であるかという問は、つぎのように言い換えてよい——肉は、被知覚態（ペルセプト）と変様態（アフェクト）を担いうるのか、感覚存在を構成しうるのか——さらに言い換えるなら、担われなければならないのは、そして生が有する他のいくつかの力（ピュイサンス）のなかに移行しなければならないのは、肉の方ではないか。

肉は、たとえ感覚の開示に寄与するとはいえ、感覚ではない。感覚はものごとを受肉させると言うのであれば、わたしたちは、性急に語り過ぎているのである。絵画は、或る場合には肉色（赤と白の重ね合わせ）によって、また或る場合にはトーン転化（不等な割合での補色どうしの並置）によって、肉をつくる。しかし、感覚を構成しているもの、それは〈動物への－、植物等々への－生成〉であって、この生成は、『鏡のヴィーナス』のような、このうえなく優美で、このうえなく繊細な裸体のなかから、肉色の帯域のもとで、さながら生皮をはがれた獣、あるいは皮をむかれた果実の現前のように上昇してくる。あるいは、その生成は、トーン転化の溶解、その煮え立ち、その流れのなかから、獣と人間との不可識別ゾーンのように立ち現れるのだ。肉がひとりで持ちこたえるようにさせるための或る第二のエレメントが存在しなかったとするなら、それはおそらく、ひとつのごたまぜ、あるいはカオスになってしまうだろう。肉なるものは、或る生成の検温器でしかない。肉は柔らかすぎる。第二のエレメントというのは、骨あるいは骨格というよりも、むしろ、家、枠構造である。身体が開花するのは、家（あるいはその等価物、泉、木立）のなかである。ところで、家を定義づけるものは、もろもろの「部分面」である。すなわち、肉にその枠構造を与える様々に方向づけられた諸平面の諸断片、たとえば、前面と後面、水平面、垂直面、左面、右面、直交面と斜面、平らな面あるいは曲面などである。[18] こうした部分面は、壁面でもあり、そればかりでなく、床、ドア、窓、〔床まで届く〕フランス窓、鏡でもあって、それらがまさしく、感覚に、いくつかの自律的なフレームのなかで自分ひとりで持ちこたえる能力を与えるのである。それらは、感覚ブロックのもろもろの面なのである。偉大な画家たちには、たしかに、二つの徴がある——天与の才を示す徴と、謙虚さを示す徴である。ひとつは、彼らが、色に接近し、そのなかに入ってゆくときの、ほとんど恐怖に近い敬意であり、ひとつは、彼らが、いくつもの部分面あるいは平面の接合——深さ=奥ゆき（プロフォンドゥール）のタイプはそれに依存している——を遂行するときの、入念さである。こうした敬意と入念さがなければ、絵画は虚（むな）しいものであり、何の働きも、何の思想もないものである。難しいのは、〔メルロ=ポンティにおけるように〕両手を合わせることではなく、平面を接合することであり、いくつかの平面を接合して張り出しをつくること、あるいは反対に、いくつかの平面をへこませること、切断することである。ふたつの問題が、すなわち平面の建築と色の体制とが、よく混同されることがある。セザンヌにおいては、水平面と垂直面が接合されている。「色のなかの平面たち、平面たち！　彩色された場所が、あるいは平面たちの魂が溶解する……」。偉大な画家であれば、あるいは偉大な作品でさえも、同じ仕方で制作しているものは二つとはない。けれども、ひとりの画家には、複数の傾向があるのだ。ジャコメッティにおいては、左右で異なっているいくつかの水平面が、遠ざかってゆき、そして一個の物体（小さなりんごの肉）のうえで結びつくように見える。しかし、それは、まるでくぎ抜きのようだ——もしも、その物体をつらぬいてそれを今度は糸のように細くしてしまうような長いピンのような、厚みのない糸のようにしか見えないひとつの垂直面が、その物体を固定せず、結局は保存せず、それに永続的な存在を与えないのであれば、そのくぎ抜きは、その物体を後ろに引き抜き、それを消してしまうかもしれない。家は、生成全体の性格をもっている。家とは、生であり、「諸物の非有機的生」である。諸平面を無数の方向づけに即して接合することがまさに、すべての可能な様態において、〈家－感覚〉を定義するものである。家そのもの（あるいはその等価物）こそ、彩色された諸平面の有限な接合である。

第三のエレメント、それは宇宙であり、コスモスである。開かれた家は、窓あるいは鏡によって、風景に通じているばかりでない。このうえなく閉じられた家でさえも、宇宙に開かれているのだ。モネの家は、解き放たれた庭――バラのあるコスモス――の植物の諸力(フォルス)に、幾度となく捉えられる。或る〈宇宙－コスモス〉があり、それは肉ではない。すべての平面が無限に繋(つな)がっていけば、その〈宇宙－コスモス〉が構成されうるかもしれないが、それはまた、部分面でも、互いに接合される平面の断片でも、様々な向きをもつ平面でもない。この宇宙は、結局のところ、単色ベタ塗り、唯一の大平面、彩色された空虚、モノクロームの無限として現前する。マティスに見られるように、フランス窓はもはや黒のベタ塗りにしか開かれていない。肉、あるいはむしろ形像は、場所の、家の住人ではなくなり、家を支える或る宇宙の住人になる（生成）。それはさながら有限から無限への移行であり、しかしまたそれは、領土(テリトリー)から脱領土(テリトリー)化への移行でもある。それはまことに、無限なものの契機、すなわち無限に変化し変奏される(ヴァリエ)無限なものたちの契機である。ゴッホにおいて、ゴーガンにおいて、ベーコンにおいて、肉と、単色ベタ塗りとの直接の緊張、すなわち、トーン転化の流れと、生き生きとして飽和した均質な単色の帯域との直接の緊張、これの出現が目撃される（「けちなアパルトマンのありふれた壁を描くかわりに、僕は無限を描き、このうえなく豊かな、このうえなく強烈な青のシンプルな背景をつくる……」[19]。モノクロームのベタ塗りは背景とは別のものだ、というのは本当のことである。そして絵画が、被知覚態(ペルセプト)を空虚の手前にある極小として構築することによって、あるいは被知覚態(ペルセプト)を概念へ最大限に接近させることによって、ゼロからやり直そうと欲するとき、その絵画は、あらゆる家から、さもなければあらゆる肉から解放された単色によってことに当たるのだ。とりわけ青が無限を担い、青こそが、被知覚態(ペルセプト)を、「コスミックな感性」に、あるいは自然のなかにあるいっそう概念的なものに、いっそう「命題的なもの」に仕立てあげ、人間の不在における色に、色のなかに移った人間に仕立てあげる。が、青（もしくは黒、または白）が、タブローのなかで、あるいはタブローどうしで、完全に同一であるならば、まさに画家こそが、或る純粋な変様態(アフェクト)に応じて青へと生成するのである――「イヴ、ル・モノクローム」――それは、宇宙を空虚へと変転させて、とりわけ画家にはもはやなすべきことを何も残さないような、或る純粋な変様態(アフェクト)である[20]。

彩色された、いやむしろ彩色する空虚は、それだけですでに力(フォルス)である。現代絵画における偉大な単色画の大半は、もはや、〔ゴッホやゴーガンにおけるような〕壁紙にちりばめられた小さなブーケに頼る必要がない。そうした単色画は、知覚できないほどの（けれどもひとつの被知覚態(ペルセプト)を構成している）微細な変化(ヴァリアシオン)＝変奏を提示している。それというのも、そうした単色画の画面の一方の側が、テープや、リボンや、別の色の部分面あるいは他のトーンの部分面によって、区分されたり、あるいは縁(ふち)取られていて、それらが、近さや遠さによって、単色ベタ塗りの強度を変化させ変奏しているからであり、また、そうした単色画は、トーンにトーンを重ねて、線状のあるいは環状のほとんど潜在的な図形を提示しているからであり、さらにまた、そうした単色画は、穿たれていたり切り裂かれていたりするからである。以上の点が、またもや、ただし特異なかたちで拡大した、接合に関する問題なのである。要するに、単色ベタ塗りは、かいま見られる諸力を担うものであるがゆえに、振動し、締めつけられ、切り裂かれるのだ。そして抽象絵画を成立させるのは、何よりもまず、以下のような作業である——諸力を呼びだすこと、諸力を単色ベタ塗りに生息させてそのベタ塗りに担わせること、見えない諸力をそれら自身において見えるようにさせること、幾何学的なみかけをもつ図形を打ち立てること、ただし、諸力の、たとえば引力の、重力の、自転の、渦の、爆発の、膨張の、発芽の力、要するに時間の力、でしかない図形を打ち立てること（同様に、音楽について、たとえばメシアンの場合、音楽は時間の音響的な力を聞こえるようにしてくれると言ってよく、また文学については、たとえばプルーストの場合、文学は時間のもつ読み取りがたい力を読めるようにして理解できるようにしてくれると言ってよいのだ）。

被知覚態それ自身の定義とは、以下のようなことではないだろうか——すなわち、世界に生息し、わたしたちを変様させ、わたしたちを生成させる感覚しえない諸力を感覚されうるようにするということ。それを、モンドリアンは、ひとつの正方形の辺のあいだの単純な差異によって成し遂げているし、カンディンスキーは、線の「緊張」によって成し遂げているし、そしてクプカは、点の周囲の湾曲した諸平面によって成し遂げているのである。時代の奥底からわたしたちに到来するものは、ヴォーリンガーが、抽象的で無限な北方的な線と呼んでいたものである。すなわち、リボンや細長い帯、ホイールやタービンを形成している宇宙の線であり、非有機的な力強い生を構成し、そして「機械的な諸力を直観にまで高める」、「生ける幾何学」の全体である。[21] 絵画の永遠の目的は、ティントレットのように、諸力を描くことなのである。

おそらくここでもまた、わたしたちは、家を、さらには体〔身体〕を見いだすことになるのだろうか。というのも、無限な単色ベタ塗りは、窓やドアがそれへと開かれている当のものなのだが、そうでなければ、その単色ベタ塗りは、家そのものの壁あるいは床であるからだ。ゴッホとゴーガンは、単色ベタ塗りに小さなブーケをちりばめて、それを壁紙とし、それを背景にして顔がトーン転化のなかで浮き出るようしている。実際のところ、家は、わたしたちをコスモスの諸力から守ってくれはしないのであって、家にできることは、せいぜい、コスモスの諸力を濾過して、選択することである。事実、家は、コスモスの諸力を好ましい力にすることがある。たとえば、アルキメデスの力、つまり、家の浴槽のなかに浮かぶ優美な身体に対する水の浮力だが、それを見えるようにすることは、ボナールが『浴槽の裸婦』において成功したようには、その〔抽象〕絵画がなしうることではなかった。けれどもさらに、このうえなく不吉な諸力が、半開きのあるいは閉じられたドアから、入り込んでくることができる。それは、横なぐりに顔に吹きつけ、顔をひっかき、顔を四方八方に溶解させてゆくような顔のトーン転化のなかで、不可識別ゾーンをみずから惹起するようなコスモスの諸力であり、まさにこの不可識別ゾーンこそが、単色ベタ塗りのなかに潜むそうした諸力を開示するのである（ベーコン）。被知覚態（ペルセプト）としての力（フォルス）と、変様態（アフェクト）としての生成（ドゥヴニール）との、或るまったき相補性、密着が存在するのだ。ヴォーリンガーによれば、抽象的な力線は動物的なモチーフを豊かに含んでいる。コスモスの、あるいはコスモス発生の諸力には、〈動物へのー、植物へのー、分子へのー生成〉が対応する——体が、単色ベタ塗りのなかへと消え去ってゆくか、壁のなかへと戻ってゆくかするほどまでに、あるいは反対に、単色ベタ塗りが、体の不可識別ゾーンのなかで曲がりくねり、そして旋回するほどまでに。要するに、感覚存在は、肉ではなく、或る合成態である——コスモスの非人間的な諸力と、人間の非人間的な生成と、それらを交換し、調節し、風のように旋回させる両義的な家との合成態なのである。肉とは、開示者——おのれが開示するもののなかで、つまり感覚合成態のなかで、消えてゆく開示者——にすぎない。あらゆる絵画と同様に、抽象絵画は感覚であり、感覚以外の何ものでもない。モンドリアンにおいては、部屋こそが、無限なる空虚な平面を彩色された部分面によって分割することによって、感覚存在に到達しているのであるが、それとひきかえに無限なる空虚な平面は、部屋に、或る開きの無限を与えるのである[22]。カンディンスキーにおいては、家たちは、抽象の源泉のひとつであり、この抽象は、幾何学的な図形（フィギュール）からなるというよりも、むしろ、力学的な行程と歩く線、付近を「歩きまわる道」からなるものである。クプカにおいては、何よりもまず体に合わせてこそ、画家は彩色されたリボンあるいは部分面を裁断するのであり、それらによって、空虚のなかに湾曲した諸平面が与えられ、これらの平面が、コスモス発生の諸感覚へと生成することによって、その空虚に生息するのである。それは精神的感覚であろうか、あるいはすでに、或る生ける概念なのだろうか――部屋、家、宇宙は。抽象芸術、さらにはコンセプチュアル・アートは、あらゆる絵画に付きまとう問をダイレクトに立てるのだ――概念（コンセプト）に対する芸術の関係、ファンクションに対する芸術の関係。

芸術は、おそらく、動物とともに始まる。少なくとも、テリトリーを裁断し家をつくる動物とともに始まる（テリトリーと家は、相関項であり、あるいはアビタ〔生息地、住居〕habitatと呼ばれているもののなかで、ときには混同されることさえある）。〈テリトリー－家〉というシステムによって、性行動、生殖、攻撃性、餌の獲得といった、多くの有機的な機能が変化する。だが、領土（テリトリー）と家の出現を折り開く〔説明する〕のは、そうした変化ではない。むしろ、逆であろう。すなわち、テリトリーが、純粋な感覚されうる質の、つまりセンシビリアの発現を折り込んでいる〔含意している〕のであって、このセンシビリアは、機能的でしかないという状態をやめ、機能の変化を可能にする表現特性へと生成するものなのである(23)。なるほど、そうした表現性はすでに生のなかで拡散してしまっているし、野に咲くありふれた百合（ゆり）でさえ天の栄光を祝うと言うこともできよう。しかし、テリトリーと家によってこそ、そうした表現性はものごとを構築するようになる。そして、〔感覚されうる〕質から新たな因果性や合目的性を引きだす前にその質を祝うような或る動物的なミサの儀式的モニュメントを、そうした表現性は打ち立てるのだ。外界のマテリアルの処理に関しても、〔動物の〕身体の姿勢や色に関しても、また、テリトリーを印づける鳴き声や叫び声に関しても、そのような〔質の〕発現こそが、すでに芸術に属しているのである。それは、特性〔線〕、色、音の噴出であって、それらは、表現的なものに生成するかぎりにおいてたがいに切り離しえないのである（哲学的なテリトリー概念）。オーストラリアの多雨林に棲む鳥、スキノピーティス・デンティロストリスは、毎朝あらかじめ切り取っておいた木の葉を下に落とし、それを裏返すことによって、色の薄い裏側を地面と対照させ、こうして言わば〔モダンアートにおける〕レディ・メイドのような情景をつくり、そして、その真上で、蔓や小枝にとまって、くちばしの下に生えている羽根毛の黄色い付け根をむきだしにしながら、或る複雑な歌を、すなわちスキノピーティス自身の音色と、スキノピーティスがその間、断続的に模倣する他の鳥の音色によって合成された歌を歌う――この鳥は完璧に芸術家である。[24] 一個の芸術作品全体の下描きをなすものは、肉のただ中における共感覚ではなく、テリトリーのなかの諸感覚のブロック、すなわち色、姿勢、そして音である。この音響ブロックはリトルネロであるが、さらに、姿勢リトルネロと色彩リトルネロも存在する。姿勢と色はつねにリトルネロに入り込んでいるということだ。かがむ、そして頭をあげる、輪になって踊る、色の線を引く。リトルネロの全体が感覚存在なのである。

モニュメントはリトルネロなのだ。こうしてみると、芸術は絶えず動物に付きまとわれている。カフカの芸術は、テリトリーと家についての、巣穴についての、また、姿勢の描写（首を前に傾けてあごを胸にうずめる住人、あるいは反対に、自分のとんがった頭で天井に穴をあける「偉大な恥ずかしがり屋」）についての、さらには〈音－音楽〉（姿勢そのものからして音楽家である犬、歌うのかどうか誰にもわからない歌姫ネズミ、ヨゼフィーネ、部屋－家－テリトリーという複雑な関係のなかで妹のバイオリンに自分の鳴き声を結びつけるグレーゴル）についてのこのうえなく深い省察であろう。そこにこそ、芸術をおこなうために必要な一切がある――ひとつの家、もろもろの姿勢、もろもろの色、もろもろの歌声――それらすべてが、あたかも魔女の箒（ほうき）のような発狂したベクトルに、つまり宇宙のあるいは脱領土（テリトリー）化の線に沿って開かれ、飛び出すという条件のもとで。「住人のいる部屋のパースペクティヴ」（クレー）。

どのテリトリーにおいても、どのアビタ〔生息地、住居〕においても、その時空的であるだけでなく質的でもある複数の平面あるいは部分面が接合されている。たとえば、〈ひとつの姿勢とひとつの鳴き声〉、〈ひとつの鳴き声とひとつの色〉、〈いくつかの被知覚態（ペルセプト）といくつかの変様態（アフェクト）〉。さらに、テリトリーはどれも、いくつかの別の種類のテリトリーを包含するかそれと交截（こうせつ）するかしており、あるいはまた、テリトリーをもたない動物の行動経路を横切っており、異種間のいくつかの接合を形成している。ユクスキュルが、何よりもまず、メロディー的、ポリフォニー的、対位法的な《自然》という考え方を展開するのは、まさに以上の意味においてのことである。或る鳥の鳴き声〔歌〕には対位法的な関係がそなわっているのだが、しかしそればかりでなく、その鳴き声には、別の種類の鳥たちの鳴き声との関係が見いだされることができ、そして、あたかも非常に多くの周波数を占有することが問題であるかのように、その鳴き声自体がそれら別の鳴き声の模倣になりうるのである。クモの巣は、それにとって対位旋律の役割をもつ「ハエのとても繊細なポートレート」を含んでいる。軟体動物の家としての殻は、軟体動物が死んだとき、ヤドカリの対位旋律へと生成する。というのも、ヤドカリは、泳ぐためではなく、つかむための尾部、つまり空いた殻の捕獲を可能にしてくれる尾部によって、その殻を自分自身のアビタにするからである。ダニは有機的に構築されている動物だが、それは、ダニの対位旋律が、ダニがいる枝の下を通りかかった〔ときに、そのダニが落下してゆく〕何かの哺乳動物に見いだされるような仕方で構築されているのであり、それはちょうど、かわら状に並んだカシの葉の対位旋律が、そのうえに流れ落ちる雨の滴(しずく)に見いだされるようなものである。以上のような理解の仕方は、目的論的ではなくメロディー的な理解の仕方なのであって、その場合にはもはや、何が芸術〔技術〕に属していて、何が自然に属しているのかはわからない(「自然の技術(テクニック)」)。まるでマルハナバチとキンギョソウの結婚のように、ひとつのメロディーが他のメロディーのなかに「モチーフ」として介入するたびごとに、対位法が存在するのである。以上のような様々な対位法の関係によって、いくつかの平面〔部分面〕が接合され、いくつかの諸感覚の合成態、ブロックが形成され、いくつかの生成が規定されるのだ。けれども、自然を構成しているのは、以上のような一定のメロディー合成態ではない。たとえ一般的な意味でのメロディー合成態であってもである。別の観点からすれば、さらに、《家》から宇宙に向かって、内部感覚から外部感覚に向かって、無限なシンフォニー的合成＝創作平面が必要である。なぜなら、テリトリーは、〔部分面の〕孤立化や接合をおこなうだけではないからであって、さらにテリトリーは、コスモスの諸力、すなわち、内部から上昇してくるか、あるいは外部から到来するコスモスの諸力に開かれていて、しかもテリトリーは、住人へのおのれの効果を感覚されうるようにするのである。ドングリの発育力と雨の滴の形成力を担い、あるいは含んでいるのは、まさしくカシの合成＝創作平面である。また、ダニを十分な高さの枝の先端へと引き寄せることのできる光の力と、通りかかった哺乳動物のうえにそのダニを落ちるがままにさせる重力を担っているのは、ダニの合成＝創作平面である——しかもそれら二つのあいだには、哺乳動物が通りかからなければ何年も持続しうる驚くべき空虚〔ダニの睡眠〕が、無があるばかりだ。[25] そしてあるときは、そうした諸力は微妙な推移において互いのなかへと溶解してゆき、ほとんどかいま見られることさえなく分解してゆき、またあるときは、交替しあったり対立しあったりもする。あるときは、そうした諸力はテリトリーによる選択に身をゆだね、もっとも好ましい諸力だけが家のなかに入る。あるときは、そうした諸力は、住人をテリトリーから引き離す神秘的な呼び声を発し、住人を抵抗しがたい旅へとせき立てる。たとえば、突然数えきれないほど集まってくる〔オーストラリアの〕アトリ科の鳥、あるいは水底で壮大な巡礼の旅を歩きで企てるエビ。あるときは、そうした諸力は悪意をもってテリトリーに襲いかかり、テリトリーをくつがえし、テリトリーがそこからほとんど出てこれなかったカオスを復活させる。しかし、自然は芸術のようなものであって、それは、つねに、自然があらゆる仕方でつぎのような二つの生けるエレメントを共役的に結びつけているからである――《家》と《宇宙》、《居心地のよいもの(ハイムリッヒ)》と《不気味なもの(ウンハイムリッヒ)》、テリトリーと脱領土(テリトリー)化、有限なメロディー的合成態と無限な合成＝創作大平面、小リトルネロと大リトルネロ。

芸術は、肉とともに始まるのではなく、家とともに始まる。それゆえ、建築が諸芸術のなかで第一のものである。デュビュッフェがアール・ブリュット〔生(なま)の芸術〕の或る状態を際立たせようと試みるとき、彼が手がかりを求めるものは何よりもまず家であり、彼の全仕事は建築と彫刻と絵画とのあいだで打ち立てられている。また形式だけを問題にしてみても、もっとも高尚な建築は、絶えず、いくつかの平面を、つまり部分面をつくり、それらを接合する。だからこそ建築を、絵画から映画にいたるまでの他の諸芸術にとって必要不可欠であるはずの「フレーム」として、あるいは様々な向きをもつ複数のフレームの相互のはめ込みとして定義してよい。或る研究によれば、タブローの前史として、まず壁のフレーム、フレームのなかのフレスコ画、つぎに窓枠(フレーム)のなかのステンドグラス、さらに床のフレームのなかのモザイクが挙げられている。小円柱、交差リブ、小窓つきの尖塔からなるゴシックのフレームのように、「フレームは、タブローを、そのタブローがそれの縮図になっている当のモニュメントに結びつけている臍（へそ）である」[26]。建築を第一のフレーム芸術とみなすことによって、ベルナール・カッシュは、建造物の具体的な内容や機能についてまったく事前の判断を含んでいないフレーミング形式をいくつか挙げることができる——すなわち、遮断のための壁、（テリトリーにつながっている）取り込みあるいは選択のための窓、払いのけるためあるいは減少化のための地面－床（「人間が歩く道筋において自由に行き来できるように土地（テール）の凹凸を少なくすること」）。場所の特異性を包み込んでいる屋根（「傾斜した屋根が建造物を丘のうえに位置づけている……」）。それらのフレームをはめ込むこと、あるいは、壁－部分面、窓－部分面、床－部分面、傾斜－部分面といった平面をすべて接合することは、点（ポワン）と対位点（コントルポワン）〔対位法、対位旋律〕を豊かにもつ或る合成システムなのである。諸フレームとそれらの接合は、諸感覚の合成態を保持し、図形（フィギュール）を持ちこたえさせ、そしてそれらを持ちこたえさせることと、つまりそれら自身の持ちこたえと一体になる。そこにこそ、ひとつの感覚さいころのもろもろの面（ファース）がある。フレームあるいは部分面（パン）は座標ではない。フレームや部分面は諸感覚の合成態に属しているのであって、フレームや部分面はこの諸感覚の合成態の面（ファース）や接続面（インターフェイス）をなしているのである。しかし、そうした〔合成〕システムがどれほど拡張可能であっても、さらに、ひとつの広大な合成＝創作平面そのものが必要である——すなわち、いくつかの逃走線にしたがって一種の脱フレーミングを遂行するひとつの広大な合成＝創作平面が必要なのだ。そして、この脱フレーミングは、テリトリーを宇宙に開くためにのみテリトリーを通りぬけ、〈家－テリトリー〉から〈町－コスモス〉へと進むのである。しかも、そうした脱フレーミングはいまや、《大地(テール)》の変化＝変奏のなかで、すなわち、場所をもつというよりも、むしろ抽象的な凹凸線を褶曲させているいくつかのベクトルをもつひとつの町のなかで、場所の同一性を崩潰させるのだ。たとえば「或る抽象的なベクトル空間」としての合成＝創作平面のうえでこそ、円錐、角柱、二面角、狭義の平面、といった幾何学的図形(フィギュール)が描かれるのであるが、それらはもはや、溶解したり、変貌したり、対立しあったり、交替しあったりすることのできるコスモスの諸力にしか属していないのである――それは、人間によって生産された世界であるにもかかわらず、人間以前の世界なのだ(27)。諸平面を相互に関係づけるというよりも、むしろ諸平面をそれらの間隙に関係づけて、新たな変様態(アフェクト)を創造するためには、いまや、諸平面を分解することが必要である(28)。ところで、わたしたちがすでに見たように、絵画は以上と同じ運動に従っている。タブローのフレームそのものつまり縁(へり)は、なによりもまず、一連の諸フレームつまり諸部分面――すなわち、接合され、線や色の対位法を操作し、そして感覚合成態を規定している諸フレームつまり部分面――を包み込む外側の囲いである。しかし、タブローは脱フレーミングの力(ピュイサンス)によってもつらぬかれており、この力(ピュイサンス)は、タブローを、合成＝創作平面に、すなわち諸力(フォルス)の或る無限な場に開くのである。そうするには、そのような外側のフレームの水準においてさえ、色々なやり方がある——不規則な形態、ぴったり合わさっていない辺、スーラにおける描かれたあるいは点描されたフレーム、モンドリアンにおける端が重なっているいくつもの正方形——それら一切が、タブローに、カンバスの外に出る能力を与えるのだ。画家の振舞(ふるまい)はけっしてフレームのなかにとどまってはいない。それはフレームの外に出るものであって、フレームとともに始まるものではない。

文学、とりわけ小説も、以上とは別の状況にあるとは思われない。できの悪い小説に見られるような、社会的類型とその性格に合致させられた登場人物たちのオピニオンに重要性はない。重要なのはむしろ、それらオピニオンを含んでいる対位法的諸関係であり、それら登場人物が彼らの生成と視(ヴィジオン)においてそれら自身経験するあるいは経験させるもろもろの感覚合成態である。対位法は、本当の会話であれ虚構の会話であれとにかく会話を報告するのに役立つのではない。対位法はむしろ、あらゆる会話から、また心の内なる対話であろうとあらゆる対話から、狂気を立ちのぼらせるのに役立つのである。小説家が、彼の社会心理学的「モデル」の知覚(ペルセプシオン)、変様(アフェクシオン)＝感情、そしてオピニオンから引きだす以上のすべては、まさしく、全面的に被知覚態(ペルセプト)と変様態(アフェクト)に移行し、この被知覚態(ペルセプト)と変様態(アフェクト)へと、登場人物は、それとは別の生を保持せずに高まらねばならない。しかも以上のようなことは、ひとつの広大な合成＝創作平面を折り込んでいるのである。だが、この平面は、けっしてあらかじめ抽象的に構想されたものではない。コスモスの諸力の浸透に従ってしだいに限界(リミット)をなくしていくような諸合成態を開き、かき混ぜ、こわし、そしてつくり直しながら、仕事が進行するのに応じて、その合成＝創作平面は構築されてゆくのである。バフチンの小説理論は、まさに以上のような方向で展開しており、ラブレーからドストエフスキーにいたるまで、建築的あるいはシンフォニー的合成＝創作平面をともなう、対位法的で、ポリフォニー的で、多義的なもろもろの合成態の共存を指摘している。[29] ドス・パソスのような小説家が、複数の登場人物、ニュース映画、伝記、〈カメラの目〉を用いていくつもの合成態を形成するのと同時に、ひとつの合成＝創作平面が無限に拡大して、一切を、《生》のなかに、《死》あるいは〈町－コスモス〉のなかに引きずり込んでゆく——そうしたいくつもの合成態のなかでこそ、彼は対位法の前代未聞の芸術を達成しえたのである。そしてわたしたちはプルーストに戻るのだが、それは、他の誰にもまして彼が、二つのエレメントを、それらが互いのなかで現前しているにもかかわらずほとんど継起するように仕向けたからである。言い換えるなら、プルーストが〈失われた時〉の流れのなかで打ち立てる感覚合成態の方から、合成＝創作平面が、〈見出された時〉とともに、あるいは感覚されうるものに生成した純粋な時の力（フォルス）いやむしろその諸力（フォルス）とともにそれ自身において現れるようになるまで、少しずつ、生に対して、死に対して露呈してくるのである。一切はいくつかの家から始まっていて、どの家もその部分面を接合していなければならず、コンブレ、ゲルマント公爵の館、ヴェルデュラン夫人のサロンといったいくつかの合成態を持ちこたえさせねばならないのであり、しかもそれらの家自体がいくつかの接続面（インターフェイス）にしたがって接合されているのであるが、しかし、ひとつの惑星状《コスモス》がすでに現に存在し、望遠鏡で見ることができ、そしてこのコスモスが、それらすべてを破壊しあるいは変貌させ、そして単色ベタ塗りのひとつの無限のなかに吸収するのである。一切はいくつかのリトルネロから始まっていて、どのリトルネロも、ヴァントゥイユのソナタの小さなフレーズのように、それ自身において合成＝創作されているばかりでなく、他のいくつかの変化＝変奏可能な感覚、たとえば見知らぬ通りすがりの女の感覚、オデットの顔の感覚、ブーローニュの森の葉叢の感覚とともに合成＝創作されてもいるのだ——そして一切は、大《リトルネロ》のなかで、すなわち永続的メタモルフォーゼにおける七重奏のフレーズ、いくつもの宇宙の歌、人間以前のあるいは人間以後の世界のなかで、無限に終了してゆくのである。プルーストは、有限な事物をみな、ひとつの感覚存在に仕立てあげる、そしてこの感覚存在は絶えず保存される——ただし《存在》の合成＝創作平面のうえへと逃走することによって——「逃走の存在たち」……。

例13

音楽も、以上とは別の状況にあるとは思われないし、そればかりかおそらく、フレームをさらに一段と力強く受肉させてさえいるだろう。けれども、音にはフレームがないというのが普通の考え方である。しかしそれにもかかわらず、感覚合成態、つまり音響ブロックは、複数の部分面あるいは複数のフレーミング形式をもっているのであって、これらは、それぞれのケースにおいて、接合されて、或る一定の閉包を保証するべきものなのである。もっとも単純なケースは以下のものである。〔1〕メロディーとしての歌曲、それは、モノフォニーのリトルネロである。〔2〕すでにポリフォニー的なモチーフ、それは、他のメロディーの展開のなかに介入して対位法をつくるひとつのメロディーの要素である。〔3〕主題、それはメロディーラインを貫通する〔連続的〕和声変更の対象である。以上の三つの要素的な形式は、音響的な家とそのテリトリーを構築する。それらの形式は、或るひとつの感覚存在の三つの様式に対応している。なぜなら、歌曲は或る振動であり、モチーフは或る密着、或るカップリングであり、他方、主題は、閉じれば、同時にまた緩め、切り裂き、開きもするものだからである。事実、音響諸感覚の合成態がいっそう複雑になるにつれて現れるもっとも重要な音楽現象は、こういうことなのである——すなわち、（その合成態のもろもろのフレーム、そのもろもろの部分面の接合による）その合成態の閉じあるいは閉包は、合成＝創作平面への、しかもますます限界（リミット）をなくしてゆく合成＝創作平面への開きの可能性を伴っているということである。もろもろの音楽存在は、ベルクソンによれば言わば生きている（ヴィヴァン）ものであり、それは、個体化をなすその閉じを、転調、反復、移調、並置……によってつくられる開きをもって補うものである。ソナタを取りあげてみるなら、そこには、二主題性（ビテマティスム）にもとづく、ことさらに厳格なフレーミング形式が見いだされるのであり、その第一楽章（ムーヴメント）〈運動〉は、つぎのようないくつもの部分面を表している——第一主題の提示部、推移部、第二主題の提示部、第一主題あるいは第二主題の展開部、コデッタ、転調をともなう第一主題の展開部、等々。それは、色々な部屋をもったひとつの家の全体である。だが、そのようなかたちをして個室をなしているのは、むしろ第一楽章〈全体〉なのであって、偉大な音楽家が規則どおりの形式に従うことは稀である。他の諸楽章、とりわけ第二楽章は、主題と変奏を通じて開かれることが可能である。事実リストが、「交響詩」というかたちで諸楽章の融合を確かなものにしているほどである。その場合ソナタは、むしろ、〈交差点－形式〉として現れるのであって、そこでは、いくつもの音楽的な部分面の接合から、つまりいくつもの音響合成態の閉じから、合成＝創作平面への開きが生まれるのだ。

こうしてみると、ピアノ練習曲から作曲のエチュード〈練習曲、研究〉が生まれるときには、主題の和声的フレームを維持する〈主題と変奏〉という古い方法は、一種の脱フレーミングに席を譲ることになる（ショパン、シューマン、リスト）。それは、ひとつの新たな本質的契機である。というのも、創造的な仕事は、もはや〈モチーフと主題〉という音響合成態にかかわることはなく、その結果ひとつの平面を露呈させることになってしまい、それどころか、合成＝創作平面そのものに直接かかわって、そこから、はるかに自由で脱フレーミングされた合成態を生まれさせるからである。こうした合成態は、不十分であったり詰め込まれすぎていたりする音塊、つまり恒常的なアンバランスの状態にある音塊であると言ってよいだろう。しだいに重要になってくるのは、まさしく音の「色」である。（シュトックハウゼンの作品が取りあげなおすはずの方式にしたがって）わたしたちは《家》から《コスモス》へ移行するのだ。合成＝創作平面にかかわる仕事は、調性のフレームの分解を引き起こすであろう二つの方向で展開される――ひとつは、ワーグナーにおける、連続的変化＝変奏のもろもろの広大な単色ベタ塗りの方向であり、それらが、音に生成した諸力を密着させ結びつける――もうひとつは、ドビュッシーにおける、もろもろのトーン〔調〕転化の方向であり、それらが、トーン〔調〕のいくつもの可逆的移行を配列しながら、諸力を切り離し散乱させるのである。〈ワーグナー－宇宙〉、〈ドビュッシー－宇宙〉。すべての歌曲、フレーミングするあるいはフレーミングされるすべての――こどもの、家庭の、職業の、国民の、テリトリーの――小リトルネロは、マーラー、ベルク、あるいはバルトークとともに湧きあがる大リトルネロ、或る力強い〈大地の歌〉――脱領土化されたリトルネロ――のなかに運び込まれる。なるほど合成＝創作平面は、たとえば音列におけるように、そのつどいくつかの新たな閉じを産みだす。しかし音楽家の行為の本質は、ブーレーズに取りついている方式にしたがって、そのつど、脱フレーミングすること、開きを見いだすこと、合成＝創作平面を取り戻すことにある。ブーレーズの方式とは、和声の垂直線にもメロディーの水平線にも還元されえない横断線を引くことであり、この横断線は、音響ブロックを、可変的な個体化にもたらし、またそればかりでなく、それら音響ブロックの密度と、平面上でのそれらの進路とを規定する或る時空のなかで、それらを開きあるいは切り裂きもするのである。[30] たとえ帰ってくるつもりでも、わたしたちが家から離れれば、大リトルネロが湧きあがる。というのも、わたしたちがいつか帰るとき、それがわたしたちだとわかる者は、もはや誰もいなくなっているからだ。

合成＝創作、コンポジシオン、それこそ芸術の唯一の定義である。この合成＝創作は美的＝感性的なものであり、合成＝創作されたのではないものは芸術作品ではない。けれども、技術的合成＝創作、すなわちしばしば科学（数学、物理学、化学、解剖学）を介入させるようなマテリアルにかかわる仕事と、美的＝感性的合成＝創作、すなわち感覚にかかわる仕事を混同してはなるまい。美的＝感性的合成＝創作だけが十全な意味でコンポジシオン composition の名に値するのであり、芸術作品は、けっして、技術によって、あるいは技術のためにつくられるのではないのだ。もとより、技術が精通している多くの事物は、芸術家ごとに、また作品ごとに個々別々である――文学においては語と統辞法、絵画においてはカンバスだけでなく、さらにそれの地塗り、様々な顔料、その混合の仕方、遠近法の諸方法、西洋音楽においては、十二音〔平均律〕、楽器、音階、音高……。しかも、二つの平面、すなわち技術的な合成＝創作平面と美的＝感性的な合成＝創作平面との関係は、絶えず、歴史的に変化している。油彩画における二つの対立しうる状態を取りあげてみよう。第一のケースでは、タブローの制作は、白亜〔炭酸カルシウム〕による白い地塗りから始まり、そのうえに、デッサン〔線描〕がなされ、そのデッサンに淡彩がほどこされて（下絵）、最後に色が置かれ、光と影がつくられる。第二のケースでは、地塗りはどんどん厚く、不透明に、そしてアブソーベント〔吸収性〕になるので、地塗りは淡彩で彩色されるようになり、褐色の色合い〔の地塗り〕のうえに絵の具を厚塗りして仕事がおこなわれ、「制作中の修正（ルパンティール）」が下絵の代わりになる——画家は、色のうえで描き、つぎに色のわきに色を描き、こうして色たちはしだいにアクセントへと生成し、建築構造は「補色どうしのコントラスト、および類似色どうしの合致」（ゴッホ）によって確かなものになる。建築構造は、まさに色によってこそ、そして色のなかでこそ見いだされるだろう。たとえ、彩色のいくつかの大きなユニットを再構成するために、アクセントを放棄しなければならないとしてもである。なるほど、グザビエ・ド・ラングレは、この第二のケース全体に、カゲロウのようなものに落ち込んで建築構造を回復しえない或る長い衰退を見てとっている——タブローは、暗くなり、艶（つや）が消え、あるいはたちまち鱗（うろこ）のようにはげ落ちる。[31] そしてたしかに、こうした指摘は、芸術における進歩の問題を少なくとも否定的なかたちでは提起している。なぜならラングレは、その衰退はすでにファン・アイクの直後に始まっているとみなしているからである（彼はいささか、音楽はグレゴリオ聖歌で終わり、哲学はトマス・アクィナスで終わったと考える連中に似ているところがある）。しかしながら、ラングレの指摘は、マテリアルだけにかかわる技術上の指摘である。マテリアルの持続はまったく相対的な持続であり、加えて、感覚はそれとは別のレヴェルに属しているのであり、感覚はマテリアルが持続するかぎりにおいて即自的存在を所有する、という問題点があるのだ。マテリアルに対する感覚の関係は、感覚はマテリアルの持続がどのような持続であろうとも、その持続の諸限界のなかで評価されなければならない。芸術において進展が存在するのは、芸術が、もろもろの新たな被知覚態（ペルセプト）と新たな変様態（アフェクト）を創造することによってのみ生き、また同時に、それと同じだけの迂回、回帰、分割線、水準と尺度の変更……を創造することによってのみ生きることができるからである。この観点からすれば、油彩画の二つの状態の区別は、まったく別のアスペクトを、つまり美的＝感性的であってもはや技術的ではないアスペクトを呈する——この区別は、「再現的（ルプレザンタティフ）＝代理的か、否か」という区別には帰着しないのであって、それというのも、いかなる芸術も、いかなる感覚も、けっして再現的（ルプレザンタティフ）＝代理的であったためしはないからである。

　第一のケースでは、感覚はマテリアルのなかで実現され、しかもこの実現作用の外では存在しない。よく準備された技術的な合成＝創作平面のうえに感覚［そのもの］（諸感覚の合成態）が投射され、その結果、美的＝感性的な合成＝創作平面が技術的な合成

=創作平面を覆いにくるようになる、と言ってもよさそうである。したがって、マテリアルそのもののなかに遠近法のメカニズムが含まれていて、そのおかげで、投射された感覚が、タブローを覆うことによってだけでなく、深さ=奥行き（プロフォンドゥール）にしたがうことによっても実現される、というのでなければならない。芸術は、その場合、外見上の超越——再現=代理（ルプレザンテ）されるべき事物のなかでではなく、〔感覚の〕投射の範列的特徴と遠近法の「象徴的」特徴のなかで表現される外見上の超越——を享受する。《形像（フィギュール）》はベルクソンにおける仮構（ファビュラシオン）のようなものである。形像（フィギュール）〔前兆〕は或る宗教的起源をもっているのだ。しかし、形像が美的=感性的形像に生成すると、その感性的超越は、諸宗教における超感性的な超越に対して、暗黙にあるいは公然と対立するようになる。

第二のケースでは、感覚がマテリアルのなかで実現される、というのではなく、むしろマテリアルこそが感覚のなかに移行するのである。もちろん、第一のケースと同様に、感覚はそうした移行のそとでは存在しないし、技術的な合成=創作平面は自律性をもっていない。技術的な合成=創作平面はけっして、それ自身だけで価値を持つというのではない。しかしいまや、技術的な合成=創作平面は、美的=感性的な合成=創作平面のなかに上昇し、そして、ダミッシュが語っているような、あらゆる遠近法と深さ=奥行き（プロフォンドゥール）から独立した或る固有の厚みを、美的=感性的な合成=創作平面に与えると言ってもよさそうである。それは、芸術の諸形像がみかけの超越あるいは範列的モデルから解放され、罪なきその無神論、その多神論を明らかにする契機なのである。そしてたしかに、それら二つのケース、感覚〔そのもの〕のそれら二つの状態、技術（テクニック）のそれらふたつの極のあいだでは、つねに、推移、組み合わせ、そして共存が成立する（たとえば、ティツィアーノあるいはルーベンスにおける厚塗りによる仕事）。それら二つは、現実的に区別される運動であるというよりも、むしろ抽象的な極なのである。それでもなお、やはり現代絵画は、油やメディウム〔展色剤〕だけを用いる場合であっても、ますます第二の極に向かっており、マテリアルを美的＝感性的な合成＝創作平面の「厚みのなかに」上昇させ移行させている。だから、現代絵画における感覚を、純粋な視覚的平面性を仮定することによって定義するのはひどく間違っている。そうした誤謬はおそらく、厚みは強かったり深かったりする必要がない、ということに由来しているのだろう。ひとは、モンドリアンを厚みの画家であると評することができた。またスーラが、絵画を「表面をくぼませる芸術」と定義したとき、彼にとっては、画用紙のくぼみと太い線に依拠するだけでよかった。それは、「下地」が現れているがゆえに、もはや下塗りのない絵画である。表面はくぼませることができる――あるいは合成＝創作平面は、マテリアルが上昇するかぎりにおいて厚みをおびる――深さ（プロフォンドゥール）＝奥行きもしくは遠近法から独立に、影から独立に、そして色の色彩秩序からさえも独立にである（恣意的な色彩画家）。ひとはもはや、覆うことはしない。ひとがおこなうことは、〔マテリアルを〕上昇させること、集積すること、積みあげること、貫通すること、隆起させること、折り畳むことである。それは、地面（ソル）〔土地、床〕の或る向上である。そして平面は層状になるのだから、彫刻は平面的なものに生成することができる。ひとはもはや、「うえに」描くのではなく、「したに」描く。アンフォルメルでは、デュビュッフェによって、地肌（テクスチュール）のそうした様々な新しい力（ピュイサンス）と、地面のそうした上昇が徹底的に利用された。抽象表現主義、ミニマル・アートでも同様であって、たとえば、絵の具のしたたりや、繊維や、層状のものが用いられたり、薄紗（ターラタン）やチュールといった生地が使われたりし、そうすることで画家は、或る盲目状態のなかで、タブローの背後で描くことができるほどである。[32]〔現代の画家〕アンタイにおいて、いくつもの折り畳みが、折り畳まれた状態からいったん広げられれば観賞者の目には明らかになるものごとを、画家のまなざしに対して隠している。絵画は、どのような様式をとっていても、またどのような状態にあっても、思考されているのである。すなわち、視（ヴィジオン）は思考を通じて存在し、目は、聴くというより、はるかにもっと思考するのだ。

ユベール・ダミッシュは、「編むということが、来たるべき絵画のために、かつては遠近法の役割であったものに類した役割を十分に果たしうるだろう」と述べて、平面の厚みというものを、ひとつの正真正銘の概念に仕立てあげた。けれども、これは絵画だけに固有の事態ではない。なぜなら、たとえば建築家スカルパが、容積（ヴォリューム）を平面そのものの厚みのなかに内接させるために、投影の運動と遠近法のメカニズムを斥（しりぞ）けるときなど、ダミッシュは、建築平面の水準にも〔絵画の場合と〕同じ区別を見いだしているからである。[33]そして文学から音楽にわたって、いかなる形式的な深さ（プロフォンドゥール）＝奥行きにも還元されえないマテリアルの厚みが確認されるのだ。現代文学において、語と統辞法が合成＝創作平面を遠近法に従わせずに、かえってその平面のなかで上昇し、その平面をくぼませるとき、そうしたマテリアルの厚みは、まさに現代文学の特徴である。そして、音楽が投影を放棄し、さらに、音の高低、音律、半音階主義によって強要されるもろもろの遠近法的視野をも放棄して、音響平面に或る特異な厚みを与えるとき、そうしたマテリアルの厚みはまさに音楽の特徴でもある。厚みを立証してくれるものは、つぎのようないくつかのたいへん異なったエレメントである。〔1〕ピアノ・エチュードの展開。すなわち、ピアノ・エチュードは、たんに奏法のためのエチュードであることをやめ、（ドビュッシーが発展させたピアノ・エチュードによれば）「作曲（コンポジシオン）のエチュード」へと生成する。〔2〕ベルリオーズの管弦楽法が有する決定的な重要性。〔3〕ストラヴィンスキーとブーレーズにおける音色の上昇。〔4〕メタルや、皮や、木による、打楽器的変様態（アフェクト）の増殖。および、マテリアルから切り離せないもろもろのブロックを構成するための、管楽器と打楽器的変様態（アフェクト）との混合（ヴァレーズ）。〔5〕騒音や、生（なま）の複雑な音に関連した、被知覚態（ペルセプト）の再定義（ケージ）。〔6〕音の高低以外の合成要素への半音階主義の拡大、またそればかりでなく、ひとつの無限連続体のなかでの音の非半音階的出現への傾向（電子音楽、あるいは電子音響音楽）。

　芸術は、美的＝感性的な合成＝創作平面以外の平面を含んでいないという意味で、唯一の平面しか存在しない。事実、技術的平面は、かならず美的＝感性的な合成＝創作平面によって覆われ、吸収されるからである。物質が表現的なものに生成するには、つぎのことを条件としている――すなわち、感覚合成態がマテリアルのなかで実現されるということ、あるいは、マテリアルが合成態のなかに移ってゆくということ、ただしいずれにせよ、本来的に美的＝感性的なひとつの合成＝創作平面のうえに定位しなければならないということ。芸術には多くの技術的な問題があるので、それらの問題を解決するために科学が介入するということは可能である。しかし、技術的な問題は、美的＝感性的な合成＝創作の問題に応じてしか提起されないのである。事実、美的＝感性的な合成＝創作の問題は、諸感覚の合成態にかかわり、さらに諸感覚の合成態とそのマテリアルとが必然的に関係する平面にかかわっているからである。あるゆる感覚は、たとえそれに答えるものが沈黙でしかないとしても、ひとつの問である。芸術において問題が立てられるのは、つねに、しかじかの平面のうえに打ち立てるべきモニュメントはどのようなものか、あるいは、しかじかのモニュメントのしたに描くべき平面はどのようなものかを見いだすためであり、しかもそれら二つを同時に見いだすためなのである。たとえば、クレーにおいては、「肥沃な国の限界におけるモニュメント」と「肥沃な国のなかのモニュメント」がそれである。諸宇宙、諸作者、あるいは諸作品と同じだけの異なった諸平面が存在するということにはならないだろうか。実際、同じひとつの芸術においても、ひとつの芸術からもうひとつの芸術に向かっても、それぞれの宇宙はたがいに他の宇宙を派生させあうことができ、あるいはまた、あらゆる派生から独立に、いくつかの捕獲関係に入ったり諸宇宙の布置を形成したりすることができ、またそればかりでなく、いくつもの星雲あるいは様々な天体のシステムのなかで、もはや空間でも時間でもない質的な距離をとってバラバラになることができる。だが、まさしくおのれの逃走線のうえでこそ、諸宇宙が連鎖もしくは分離するのであってみれば、諸宇宙が多様であり、他に還元されえないのとまったく同時に、平面は唯一のものでありうるのだ。

（技術（テクニック）をも含めて）一切が、感覚合成態と美的＝感性的な合成＝創作平面（プラン）とのあいだで活動する。ところで、この平面は、意図されたものでも、あらかじめ構想されたものでもなく、またプログラムなどとは何の関係もないのだから、前もって到来するものではない。しかしこの平面は、後から到来するというのでもない。たとえその平面についての意識が少しずつ熟していって、しばしば後になってから突然現れるにしてもである。町は家の後から到来するのではなく、コスモスはテリトリーの後から到来するのではない。宇宙は形像の後から到来するのではないのであって、形像とは、宇宙の素質なのである。わたしたちは、これまで、合成感覚から合成＝創作平面にやって来たわけだが、それは、感覚と平面との厳密な共存、あるいは両者の相補性を確認するためであり、二人三脚で進行することを確認するためであった。被知覚態（ペルセプト）と変様態（アフェクト）でできた合成感覚は、自然的、歴史的、社会的な一定の中間＝環境のなかで支配的なもろもろの知覚と変様（アフェクシオン）＝感情を結合するオピニオンのシステムを脱領土（テリトリー）化する。しかし、合成感覚は、合成＝創作平面のうえでおのれを再領土（テリトリー）化する。なぜなら、合成感覚はその平面のうえで自分の家を打ち立てるからであり、また合成感覚は、その平面のうえで、いくつかの互いにはめ込まれたフレーム、あるいは接合された部分面のなかに姿を現すからである――もちろん、それら部分面は、純然たる被知覚態（ペルセプト）に生成した風景、純然たる変様態（アフェクト）に生成した人物という、感覚の合成諸要素を包囲するものである。そして同時に、合成＝創作平面は、或る高次の脱領土（テリトリー）化のなかに感覚を引きずり込み、一種の脱フレーミングを通過させ、これによって感覚は、或る無限なコスモスに向かって開かれ、切り裂かれるのである。ペソアにおけるように、ひとつの感覚は、平面上でひとつの場所を占めるときにはかならず、その場所を《大地》全体にまで広げ、引きのばし、それが含んでいるすべての感覚を解放する――すなわち、開く、あるいは切り裂く、無限なものに等しくなる。無限なものをふたたび見いだし回復するためにこそ、有限なものを通過すること、これがおそらく、芸術固有の活動であろう。

　思考の定義、あるいは思考の三つの大きな形態、すなわち芸術、科学、および哲学の定義とは、つねに、カオスに立ち向かうこと、カオスのうえに或る平面を描くこと、或る平面を描くことである。ただし、哲学が欲するのは、無限なものを、それに共立性（コンシスタンス）〔堅固さ〕を与えることによって救うことである。哲学は、内在平面を描く、すなわち、概念人物の作用のもとで共立的な〔堅固な〕出来事つまり概念を無限なものに到達させる〔無限に担う〕内在平面を描くのである。科学は反対に、準拠（レフェランス）〔指示〕を得るために無限なものを放棄する。科学はたんに無際限な座標平面を描き、この平面が、部分観測者の作用のもとで、そのつど〈物の状態〉やファンクションあるいは指示命題を限定するのである。芸術が欲するのは、有限なものを創造して無限なものを回復するということである。芸術は合成＝創作平面を描き、この平面が今度は、美的＝感性的形像の作用のもとで、モニュメントあるいは合成感覚を担うのである。ダミッシュが精密に分析しているのは、クレーのタブロー「無限なものに等しくなれ」である。これは、たしかにアレゴリーではなく、むしろ絵画として姿を現す〈絵を描く行為〉である。余白で踊りカンバスを横ぎるいくつもの褐色の斑点は、わたしたちには、カオスの無限な経過句（パッセージ）のように思われる。カンバスのうえで、いくつかの細い棒によって分けられている点の散らばりは、有限な合成感覚であるのだが、しかし合成＝創作平面に開かれていて、この平面がわたしたちに無限なもの＝∞を返してくれるのである。けれども、芸術は、科学と哲学との総合のようなもの、あるいは有限な道と無限な道との総合のようなものであると考えてはなるまい。それら三つの道は、独特なものであり、それぞれ同程度に直接的なものであって、平面の本性と、平面を占めるものの本性とによってのみ区別されるのである。思考するということ、それは、概念によって思考するか、ファンクションによって思考するか、感覚によって思考するかのいずれかである。そしてそれらの思考のどれもが、他の思考よりも優れているわけではなく、他の思考よりもいっそう十全に、いっそう完全に、いっそう総合的に「思考」であるというわけでもない。芸術におけるフレームは科学における座標ではない。同様に、感覚は概念ではなく、概念も感覚ではない。抽象芸術とコンセプチュアル・アートは、芸術を哲学に近づけようとする最近の二つの試みであるが、それらの試みは、感覚のかわりに概念を用いようとしているわけではない。それらの試みが創造するのは、感覚であって、概念ではない。抽象芸術が試みているのは、建築的な合成＝創作平面を広げることによって、感覚を洗練し、感覚を脱マテリアル化することだけである。そしてこの平面が広げられれば、そこでは感覚が、或る純然たる精神的存在、思考し思考される或る絢爛（けんらん）たるマテリアルに生成し、もはや海の感覚あるいは木の感覚ではなく、海の概念の感覚あるいは木の概念の感覚に生成するだろう。コンセプチュアル・アートが試みているのは、〔抽象芸術とは〕対照的な、一般化による脱マテリアル化である。その場合、十分に中性化された合成＝創作平面（たとえば、未発表の作品を集めたカタログ、それ自身の地図で覆われた地面、建築構造のない廃用になった空間、平面（プラン）つまり「平台（フラットベッド）」）を設立することが必要であって、なぜそうするかというなら、一切が、すなわち、物、映像あるいはネガ、命題が、その平面上で無限に複製可能な感覚の価値を帯びるようになるためである――ひとつの物、同じスケールでかつ同じ場所で写したそれの写真、辞書から引用したそれの定義。だが、コンセプチュアル・アートにおいては、そのようなやり方で、感覚に到達しているのか、そして概念に到達しているのかは確実ではない。なぜなら、〔コンセプチュアル・アートにおいては〕合成＝創作平面は「情報伝達的」になる傾向があるからであり、また感覚は観賞者のたんなる「オピニオン」に左右されるからであり、〔感覚を〕「マテリアル化する」かしないかということ、すなわちそれは芸術に属するのか否かを決定することが、場合によっては観賞者のなすべき仕事になりうるからである。これは、ふつうの知覚と変様＝感情（アフェクシオン）をいく度となく無限に発見するための、また、社会体のひとつのドクサ、あるいはアメリカのあの巨大なメトロポリスのひとつのドクサに、概念を帰着させるための、たいへんな骨折りである。

三つの思考は、交差しあい、絡みあっているが、そこには総合も、同一化もない。哲学は、哲学に属する概念をもって出来事を出現させ、芸術は、芸術に属する感覚をもってモニュメントを打ち立て、科学は、科学に属するファンクションをもって〈物の状態〉を構築する。〔三種類の〕平面のあいだに、照応関係の豊かな織地が張りめぐらされうる。しかし、この組織網は〔三つの〕頂点をもつ。それは、感覚がそれ自身、概念感覚あるいはファンクション感覚に生成するとき、概念が、ファンクション概念あるいは感覚概念に生成するとき、そしてファンクションが、感覚ファンクションあるいは概念ファンクションに生成するときである。しかも、それらの〈概念、ファンクション、感覚という〉エレメントのどれもが、他のエレメントがいまだに到来していないままでありうるのでなければ、いまだに未規定のままでありうるのでなければ、いまだ未知のままでありうるのでなければ、現れることがない。ひとつの平面のうえで創造されたエレメントはそれぞれ、これから他の平面で創造されるべき他の異種的なエレメントに訴えかける——異種発生（ヘテロゲネシス）としての思考。確かに、それらの頂点は、二つの極度の危険を含んでいる――わたしたちが抜け出したいと思っている当のオピニオンに、わたしたちが連れ戻されてしまうこと――わたしたちが立ち向かいたいと思っている当のカオスに、わたしたちが突き落とされてしまうこと。

結論　カオスから脳へ

わたしたちが若干の秩序を要求するのは、カオスから自分を守るためでしかない。それ自身から逃れる或る思考、逃げてゆく或るいくつかの観念——荒仕上げすらほとんどされず、すでに忘却によって蝕（むしば）まれているか、あるいはわたしたちがもはや制御していない別の諸観念のなかに投げ込まれるかして、消えてゆく或るいくつかの観念——そのような思考、そのような観念よりももっと苦しく、もっと不安にさせるものはない。それらこそ、その消失と出現がかち合う無限の変化可能性なのである。それらこそ、無色かつ沈黙の無の不動性と混じりあっている無限速度たちである。しかもその速度たちは、本性も思考もないこの無を駆け抜けるのだ。それは、時間に比べて長すぎるのか短すぎるのかがわたしたちにはわからない瞬間である。わたしたちは、まるで動脈がずきずきするように、痛みにつらぬかれる。わたしたちは、自分が手にしている諸観念を絶えず失う。だからこそわたしたちは、いくつかの揺るぎないオピニオンというものに、こんなにもしがみついているのだ。わたしたちが要求しているのは、自分が手にしている諸観念は最小限の恒常的な諸規則に従って連鎖しているということだけである。そして観念連合は、わたしたちに、そうした保護的な諸規則、すなわち類似、近接、因果性という規則を提供するということ以外に何ら他の意味をもっていなかったということであって、それらの規則のおかげでこそ、わたしたちは、諸観念のなかに若干の秩序をもたらすことができ、空間と時間の秩序に従って一方の観念から他方の観念へ移行することができ、しかもわたしたちの「空想」（妄想（デリール）、狂気）が瞬時に宇宙を駆け抜けてそのなかにペガソスや火を吐く竜を産みだしてしまうことのないようにするのである。[*1] けれども、すでに物もしくは〈物の状態〉のなかにもまた、ひとつの客観的なアンティ・カオスとしての秩序が存在していたのでなければ、諸観念のなかに若干の秩序が存在するということにはならなかっただろう。「辰砂が、或るときは赤く或るときは黒く、また或るときは軽く或るときは重いとするなら……、わたしの経験的構想力〔想像力〕は、赤い色の表象とともに重い辰砂を思考のなかに受け入れる機会を見いだすことはなかったであろう[(1)]」。要するに、物と思考の出会いにおいて必要なのは、感覚がそれらの一致の担保あるいは証人として再生されるということである。すなわち、現在を知覚するときには必ずその現在に過去との合致を強制する身体器官によって、わたしたちが辰砂を手に取るたびごとにその重いという感覚が再生され、わたしたちがそれを見るたびごとに赤いという感覚が再生される、ということが必要なのである。わたしたちをカオスから守ってくれる一種の「傘（かさ）」として、自分にひとつのオピニオンをつくるために、わたしたちが要求するものは、まさに以上のすべてである。

以上のすべてから、わたしたちのオピニオンがつくられる。しかし、芸術、科学、哲学は、それよりももっと多くのことを求めている。すなわち、それらは、カオスのうえにもろもろの平面を描くのである。それら三つの学問分野は、宗教のようなものではない。というのも、傘〔の内側〕にひとつの天空を描くために、わたしたちのオピニオンがそこから出てくる或る根源的臆見（ウアドクサ）の諸形像としての、神々の系譜や、唯一神のエピファニーを援用するからである。哲学、科学、そして芸術が欲しているのは、わたしたちがそうした穹窿（きゅうりゅう）を引き裂くこと、わたしたちがカオスのなかに潜ることである。そのような代価を支払ってこそ、わたしたちはようやくカオスを征服するのだ。そして私は、三度、征服者としてアケロン[*2]を渡ったのである。哲学者、科学者、芸術家は、まるで黄泉（よみ）の国から帰ってくる者であるかのようだ。哲学者がカオスから持ち帰るものは、或る諸変化＝変奏である。すなわち、ひとつの交截（こうせつ）内在平面を描いている或るいくつかの絶対表面のうえで、あるいは或るいくつかの絶対容積のなかで、無限なままではあるが互いに切り離しえなくなってしまった諸変化＝変奏（ヴァリアシオン）である。それらの変化＝変奏（ヴァリアシオン）は、もはや、区別された別々の諸観念の連合ではない。それはむしろ、ひとつの概念のなかでの、区別不可能ゾーンを介する〔合成諸要素の〕再－連鎖なのである。科学者がカオスから持ち帰るものは、或る変数〔変項〕である。すなわち、干渉をなしうる他の任意の変化可能性（ヴァリアビリテ）を排除することによって、要するに減速によって、独立的なものになった変数である。その結果、保持されたこの諸変数は、ひとつのファンクションのなかで規定しうるいくつかの関係の支配下に入る。これらの関係は、もはや、諸物におけるもろもろの固有性の絆(きずな)ではなく、むしろ交截(こうせつ)準拠平面のうえでの有限な座標である。しかもこの平面は、もろもろの局所的な確率からひとつの大域的なコスモロジーに移るものである。芸術家がカオスから持ち帰るものは、変化性=多様体である。すなわち、もはや器官のなかで感覚されうるものが再生されるという事態を構成するのではなく、かえって無限なるものを回復しうる非器官的な合成=創作平面のうえで、感覚されうるものという存在を、つまり感覚存在を打ち立てる、といった変化性(ヴァリエテ)=多様体である。セザンヌとクレーが、絵画のなかで、しかも絵画の核心において、現働態において示した〈カオスとの闘い〉は、科学のなかでも、哲学のなかでも、別の仕方ではあるがやはり再び見いだされるものである。つまり問題になるのはつねに、カオスを横切るひとつの交截(こうせつ)平面によってカオスを征服する、ということである。画家というものは、或るカタストロフ、もしくは或る燃え立ちを経由するのだが、こうした経由の軌跡を、カオスから合成=創作へと画家を導く跳躍の軌跡として、カンバスのうえに残すのである。[2] 数学で用いられる方程式そのものは、あたかもひとつの支配的な科学的オピニオンの承認のようなひとつの静謐(せいひつ)な確実さを享受していず、かえって或る深淵から出てくるものなのである。この深淵があればこそ、数学者は「計算のうえを両足そろえて跳び」、そうすることによって、「両方の側からぶつかること[3]」なしには自分が真理を実現しえずまた真理に達することもない、ということを予見するのである。哲学的思考はというなら、それに或る亀裂がいまだ通っていなければ、おのれの諸概念を友愛へと糾合することはない。この亀裂は、それらの概念を、憎悪なるものへ連れ戻し、あるいは共存しているカオスのなかへ追い散らすのだが、このカオスのなかでこそ、やはりそれらの概念は取り戻され、探求されなければならないのだし、一度跳んでみなければならないのだ。それはまるで、網を打つようなものである。しかも、漁師は、港にたどり着いたと思ったとたん、いつでも引き戻されて海の真ん中に身を据えているかもしれないのだ。[*3] 以上の三つの学問分野は、危機あるいは動揺によって、ただしそれぞれ異なった仕方でことに当たる。そして、それぞれのケースで「前進」を言うことができるのは、まさに継起のおかげである。カオスに対する闘いは、敵〔カオス〕との親和力なしには進みそうもない。というのも、別の闘い、すなわち、カオスそのものからわたしたちをそれでもなお守るのだと言い張っていたオピニオンに対する闘いが展開されるからであり、その闘いにこそより大きな重要性があるからだ。

ロレンスは、激しいまでに詩的な或るテクストにおいて、詩が何をなすのかを記述している。すなわち、ひとびとは自分たちを守ってくれる傘を絶えずつくっており、その裏側に、天空を描き、自分たちの慣例やらオピニオンやらを書きこんでいるのだが、詩人、芸術家は、傘に裂け目をつけ、天空を引き裂きさえし、こうして風のような自由なカオスを少しばかり通し、その裂け目を通じて現れる視（ヴィジオン）——ワーズワースのサクラソウあるいはセザンヌのリンゴ、マクベスもしくはエイハブのシルエット——を、突然の光のなかでフレーミングするのである。その後を群れをなして追うのは模倣者たちであり、彼らは、その視(ヴィジオン)におぼろげに似た作品でもってその傘を繕(つくろ)う。またその後を群れをなして追うのは注釈者たちであり、彼らは、いくつかのオピニオンでもってその裂け目をふさいでしまう——それがコミュニケーションというものだ。しかし、別の裂け目をつくるためには、つねにまた別の芸術家が必要になるだろう。別の芸術家たちが、おそらくますます大きくなるであろう必要な破壊を遂行し、こうして自分たちの先達に、もはやひとが見ることができないでいたコミュニケート不可能な新しさを回復してやるのだ。言い換えるなら、芸術家が戦うのはカオスに対してであるというよりも（というのは芸術家は或る種の仕方でカオスをこいねがっているから）、むしろオピニオンのもつ「紋切り型(クリッシェ)の表現」に対してであるということだ[4]。画家は未使用のカンバスのうえに描くのではないし、作家もまっさらの紙面に書くのではない。紙面あるいはカンバスは、あらかじめ存在しあらかじめ打ち立てられた紋切り型の表現によってすでにはなはだしく覆われてしまっているのであれば、まずはじめに消し、拭(ぬぐ)い、凸凹をならし、ずたずたに切りさえしなければならないのであって、こうすることで、カオスから流れ出てわたしたちに視(ヴィジオン)を運んでくる一陣の風を通すことができるのである。フォンタナが、彩色されたカンバスを、かみそりを一閃(いっせん)させて切るとき、彼がそのようにして切り裂くのは色なのではない。反対に彼は、わたしたちに、裂け目を通じて純粋な色の平滑さを見せてくれているのだ。芸術が実際に闘っている相手はカオスではあるが、しかしそれは、カオスを一瞬照らし出すひとつの視（ヴィジオン）を、つまりひとつの《感覚》を、カオスから出現させるためなのである。家でさえも……――スーティンの描くふらついた家々は、たがいにぶつかりあい、カオスのなかに再び落ちこまないようにしているが、その家々がどこから出てくるかというなら、それはまさにカオスからなのである。モネの描く家は、あたかも、ひとつの裂け目を通じてカオスが薔薇（ばら）の視（ヴィジオン）に生成するその裂け目のように現れる。皮を剝（は）いで内部を見せる標本の表面に肉が露呈するように、このうえなくデリケートな赤い肉色がカオスのうえに露呈する。(5) なるほど、カオスによる作品は、オピニオンによる作品よりもよいというわけではないし、芸術は、オピニオン以上にカオスからできているというわけでもない。だが、芸術がカオスに対して戦うのは、オピニオンに向ける武器をカオスから借りるためなのであり、信頼しうる武器でもってオピニオンに打ち勝つためなのである。絵画が最初に紋切り型の表現によって覆われているからこそ、画家は、カオスに立ち向かって、破壊を急がせ、こうして、あらゆるオピニオンに、またあらゆる紋切り型の表現に挑戦するひとつの感覚を産み出さなければならないのだ（どれほど時間が？）。芸術はカオスではなく、視（ヴィジオン）あるいは感覚をもたらすカオスの合成＝創作であればこそ、芸術は、ジョイスの言うようなカオスモスを、つまり――予想も予断もされなかった――合成されたカオスを構成するのである。芸術は、カオス的変化可能性（ヴァリアビリテ）を、カオイド的〔カオスに由来する〕変化性（ヴァリエテ）＝多様体に変える。たとえば、グレコによるグレーと黒と緑の燃え立ちに、ターナーによる金色の燃え立ちに、あるいはスタールによる赤の燃え立ちに変える。芸術はカオスと闘うのだが、しかしそれは、最高に魅惑的な人物を通じて、最高に魅力を与えられた風景を通じて、カオスを感覚されうるものに仕立てあげるためなのである（ワトー）。

同じような、蛇行した、爬虫類的な或る運動が、おそらく科学を活気づけるのである。カオスに対するひとつの闘いが本質的にそうした運動に属するように見えるのは、その闘いが、減速した変化可能性を、諸定数や諸極限の支配下に置くときであり、そのようにして、その変化可能性を、平衡の諸中心に戻すときであり、そうした変化可能性を、座標軸のなかで少数の独立変数しか保持しない或る選択のもとに置くときであり、未来の状態を現在の方から決定しうるもろもろの比を、それらの独立変数のあいだに設定するときであり〈決定論的計算〉、あるいは反対に、〈物の状態〉が統計的でしかないまさにその場合に、多くの変数を介入させるときである（確率論）。以上のような意味でこそ、カオスから勝ち取られた文字通り科学的なオピニオンは、或る場合には初期情報によって決定され、或る場合には大規模な情報によって決定されるコミュニケーションとして論じられるだろう。しかもこのようなコミュニケーションは、現在から未来へ進むにせよ、分子的なものからモル的なものへ進むにせよ、とにかく要素的なものから合成されたものへ進む場合がもっとも多いのである。しかしそのときでもなお、科学は、おのれが戦うカオスへの或る深い牽引を身にこうむらざるをえない。減速が、大海たるカオスからわたしたちを隔てる薄い縁飾りであるならば、科学は、なしうるかぎり、もっとも近いいくつかの波に接近し、変数の出現と消失とともに保存されるもろもろの比を定立する（微分学）。言い換えるなら、ひとつの変化可能性の出現と消失が混じりあっているカオス状態と、現れたり消えたりする諸変数の極限としてのひとつの比が現前する準カオス状態との差異は、しだいに小さくなってゆくということだ。ライプニッツに関してミシェル・セールはこう語っている。「二つの下意識が存在するだろう。深い方は、任意の集合、純粋な多様体あるいは可能性一般、諸記号の確率的混合として構造化されており、浅い方は、この多様体のいくつかの組み合わせ的図式によって覆われているだろう……」(6)。諸座標からなるひとつのセリー、あるいは諸位相空間からなるひとつのセリーを、複数の篩（ふるい）からなるひとつの継起と考えることができるだろう。この継起において、先行するものは、その都度、相対的にひとつのカオス状態をなし、後続するものはひとつのカオイド〔カオスに由来する〕状態をなすだろうし、その結果、要素的なものから合成されたものに進むかわりに、いくつものカオス的な閾を通ることになるだろう。統一を夢見、おのれの諸法則を統一することを夢見て、今日ではさらに、四つの力の共通性を探求するようなひとつの科学〔超重力理論〕を、オピニオンというものはわたしたちに提示してくれる。しかし、たとえこの上なく異なった四つの力がカオスのなかで動き回っていようとも、カオスのかけらを捉える夢は、やはりいっそう執拗なものである。科学は、探査可能でもあろうカオスの切れ端のかわりに、自分が切望する合理的統一をそっくり与えてしまうだろう。

芸術は、カオスのかけらを捕まえてひとつのフレームに入れ、ひとつの合成されたカオスを形成する。そして、そのカオスが感覚されうるものへと生成するのであり、あるいはそのカオスから、変化性＝多様体（ヴァリエテ）であるかぎりのひとつのカオイド的感覚を当の芸術が引き出すのである。他方、科学は、カオスのかけらを捕えてひとつの座標系のなかに入れ、ひとつの準拠的カオスを形成し、そのカオスが《自然》へと生成し、またそのカオスから、科学が、ひとつの確率関数と、カオイド的諸変数とを引き出すのである。このようなわけで、現代の数理物理学のもっとも重要な諸局面のひとつが、「ストレンジ・アトラクタ」あるいはカオス的牽引因子の作用のもとでのカオスへの推移という事態のなかに現れている。すなわち、一定の座標系のなかにあるふたつの隣接した軌道は、そのままの状態にあるのではなく、かえって、いく度も反復してカオスと交截（こうせつ）するような〈引き広げと折り畳みなおし〉のはたらきによって接近する前に、指数関数的に発散するということだ。[7] 平衡アトラクタ（不動点、リミット・サイクル、トーラス）が、まさにカオスに対する科学の闘いを表現しているとするなら、ストレンジ・アトラクタは、科学がカオスへ深く牽引されるということを暴露し、同様にまた、現代科学の内部における或るカオスモスの構成（以前の時代に、とりわけ乱流というものに魅了されて、あれこれの仕方で歪曲されて伝えられていたすべての事物）をも暴露するのである。したがってわたしたちは、芸術について下したのと同じような結論を、再び見いだすことになる。すなわち、カオスとの闘いは、オピニオンに対するもっと深い闘いの手段にすぎないのであって、それというのも、人間たちの不幸は、まさにオピニオンというものからやって来るからである。科学は、おのれに統一性の、あるいは統一化の宗教的味付けをするオピニオンに敵対する。それればかりでなく、科学はそれ自体において、根源的臆見（ウアドクサ）であるかぎりでの文字通り科学的なオピニオンにも敵対しているのであって、ここで根源的臆見（ウアドクサ）というのは、あるときは決定論的予測であり（ラプラスの神）、あるときは確率論的概算（マクスウェルの魔）である。初期情報と大規模な情報から解放された科学は、微小なゆらぎの特異な諸効果によって決定されるいくつかの創造条件を、コミュニケーションの代わりに採用するということだ。創造の本質は、美的＝感性的変化性（ヴァリエテ）＝多様体もしくは科学的変数（ヴァリアブル）にあるのであって、これらは、カオス的変化可能性（ヴァリアビリテ）と交截（こうせつ）することが可能なひとつの平面の上に出現するものである。オピニオン的諸現象を考察するつもりになっている疑似科学についてはどう言うべきだろうか。疑似科学が利用する人工脳は、確率論的プロセスや安定アトラクタのモデルとして、まさに形態再認のロジックとでも言うべきものを保持しているのだが、オピニオンに対する思考の闘いと当のオピニオンのなかへの思考の堕落とを同時に理解しようとするなら、カオイド〔カオスに由来する〕状態とカオス的アトラクタに到達しなければならない（コンピュータの進化の道のひとつは、カオス的あるいはカオス化的な系（システム）を想定する方向に向かっているのだ）。

第三のケースにおいて確認されるもの、それはもはや感覚されうる変化性＝多様体でもファンクション的変数でもなく、哲学のなかに現れるような概念的変化＝変奏である。哲学は哲学でまたカオスと闘うのであって、そのカオスは言わば未分化の深淵あるいは非類似の海洋である。だからといって、哲学はオピニオンというものの側にあると結論してはなるまい。また、オピニオンは哲学の代わりになることができると結論するべきでもない。〔哲学における〕ひとつの概念は、ひとつのオピニオンのような、連合された諸観念の一集合ではない。そうした概念はまた、〔デカルト的な〕〈理由の秩序〉でもない。すなわち、せいぜいのところ一種の合理化された根源的臆見しか構成できない一連の秩序づけられた諸理由でもないのである。概念というものに到達するためには、諸観念を連合する諸原理と同類の原理に諸現象が従うということだけでは、あるいは諸理由を秩序づける諸原理に物が従うということだけでは、まったく不十分である。ミショーが言うように、「ありきたりの諸観念」にとって十分なものは、だからといって、「生命的観念」——創造しなければならぬもの——にとって十分であるわけではない。諸観念は、イメージとしてでなければ連合可能ではないし、抽象物としてでなければ秩序づけ可能ではない。だから、概念に到達するためには、わたしたちはイメージとしての観念も抽象物としての観念も越える必要があり、そうして、実在的存在として規定しうる或る心的諸対象にできるかぎり速く到達する必要があるのだ。それはすでに、スピノザとフィヒテが指摘したはずのことである。すなわち、わたしたちは、想像物と抽象物を利用せざるをえないのだが、それはひたすら、或る平面に到達して、そこで実在的存在からまた実在的存在へ移動し、概念構成の仕事にあたる、ということのために必要なかぎりにおいてであるということだ[8]。そうしたことが言えるのは――この辺の事情はわたしたちがすでに見たところであるが――いくつもの変化(ヴァリアシオン)＝変奏〔合成諸要素〕が、近傍ゾーンあるいは不可識別ゾーンに沿って互いに分離不可能になるかぎりのことである。このとき、それらの変化(ヴァリアシオン)＝変奏は、想像力の気まぐれに応じて連合されうるものであったり、あるいは理性の要求によって識別され秩序づけされうるものであったりすることをやめて、正真正銘の概念ブロックを形成するようになる。一個の概念は、たがいに分離不可能な諸変化(ヴァリアシオン)＝変奏の一集合なのであって、こうした集合は、内在平面がカオス的変化可能性(ヴァリアビリテ)と交截(こうせつ)し、それにいくらかの共立性(コンシスタンス)〔実在性〕を与えるかぎりにおいて、その内在平面のうえで産み出され構築されるものである。一個の概念は、したがって、ひとつの典型的なカオイド〔カオスに由来する〕状態である。この状態は、共立的になったカオス、《思考》へと生成したカオス、すなわち心的なカオスモスを意味している。だから、*思考する*ということは、絶えずカオスに対して力量を競うのでなければ、どうということもないものだろう。《理性》は、「その噴火口のなかでとどろく」ときにしか、おのれの本当の顔をわたしたちに*差し出さない*のだ。コギトに傘やらシェルターやらを見いだすのをあきらめること、コギト自身になじむようなひとつの内在〔意識内在〕を前提するのをやめ、反対に、コギトが属する内在平面のうえで、しかもコギトを海の真ん中に連れ戻す内在平面のうえでコギトそのものを定立すること、これが必要である。これを条件に、コギトから、そのコギトをひとつの概念たらしめている相互に分離不可能な諸変化（ヴァリアシオン）＝変奏を引き出すことができる。それをしないかぎり、コギトでさえ、ひとつのオピニオンでしかないし、せいぜいのところひとつの根源的臆見（ウアドクサ）でしかない。要するに、カオスは、それと交截（こうせつ）する平面に応じて三人の娘たちをもっているということだ。それは、《カオイドたち》、すなわち芸術、科学、そして哲学であり、それらは、思考あるいは創造の形（フォルム）なのである。わたしたちは、カオスと交截（こうせつ）する三つの平面のうえで産み出される実在を、カオイド〔カオスに由来するもの、カオスの娘〕と呼ぶのだ。

三つの平面の（統一ではなく）接合が、脳なのである。なるほど、同時に脳は、一定のファンクションとみなされるときには、水平的な諸連結と垂直的な諸統合とが相互に反応しあうひとつの複雑な集合として現れる。これは、脳「地図」が証言しているとおりである。その場合、問は二重になる。すなわち、そのようなもろもろの連結は、あらかじめ設定されていて、あたかもレールによって導かれるのか、あるいは、いくつかの力の場のなかでつくられたり壊れたりするのか、という二重の問である。さらに、そのような統合のいくつものプロセスはヒエラルキーの局在的中心をなすのか、あるいはむしろ、中心そのものの位置が依存するひとつの場のなかでおのれの安定性の諸条件に達する形（フォルム）（ゲシュタルト）をなすのか、という二重の問である。ゲシュタルト理論は、この点で、知覚理論ばかりでなく脳理論においても重要性をもっている。なぜなら、ゲシュタルト理論は、条件反射の観点から明らかになるような皮質の身分規定とダイレクトに対立しているからである。しかし、考慮されるべき観点がどのようなものであろうと、まったく出来あがっているかあるいは出来つつある道や、機械論的あるいは力動説的な諸中心が、同様な諸困難にぶつかってしまう、ということを指摘するのは何の造作もないことだ。わたしたちが漸進的に辿ってゆくような出来あがった道には、すでにひとつの先行的な道筋が折り込まれている。しかし、力の場で構成されつつある道は、やはり漸進的に作用する圧力の緩和によって進行する（たとえば、網膜の中心窩と網膜に投射された光点とのあいだの接近圧力であり、この場合、網膜はひとつの皮質領に似た構造をもっている）。以上の二つのシェーマは、或る「平面」を前提している。すなわち、目的あるいはプログラムではなく、或る〈場全体の俯瞰〉を前提しているのだ。それこそ、ゲシュタルト理論が説明する〔折り開く〕ことのできないものであって、ちょうど機械論が先行的組立というものを説明する〔折り開く〕ことができないのと同様である。

構成された科学的対象として扱われる脳は、オピニオンの形成とそのコミュニケーションの器官でしかありえない、ということに驚いてはなるまい。なぜなら、漸進的な連結、および中心における統合は、いぜんとして再認の偏狭なモデルの支配下にあるからだ（認知と実践、「これは立方体だ」、「それは鉛筆だ」……）。また、脳に関する生物学は、以上の点で、このうえなく硬直した論理学と同じ諸公準に従っているからである。

オピニオンというものは、環境や、利害や、信念や、障害[*4]を考慮に入れた、あたかもゲシュタルトに即したシャボン玉のような、プレグナンツの形態なのである。してみれば、哲学、芸術、そして科学をも、対象化された脳のなかのニューロンによるたんなるアセンブラ〔変換〕としての「心的対象」のように扱うのは、難しいように思える。なぜなら、くだらない〈再認のモデル〉は、そうした心的対象をドクサのなかに閉じ込めているからである。もしも哲学と芸術と科学という心的対象（すなわち生命的観念）が場所をもつとするならば、その場所は、対象化されることができない或る脳の裂孔、間隙、そして合－間のなかに、シナプスの裂のもっとも深いところにあるのだろう――それらを探すために洞察することが創造することであろう場合には――。それは、客観的な定義の能力から逃れるものを出現させるような諸強度をもつテレビの画面の調整のなかにある、と言ってよいかもしれない[9]。つまり、思考は、それが科学のなかでみずから身にまとう形をとったときでさえ、有機的な連結と統合からできている脳には依存していないということだ。さらに言うなら、刺激はその不確実さをも含めて世界から先取りされ、反応はその不調をも含めて人間から先取りされているように、脳は人間と世界との関係から先取りされているがゆえに、脳は必然的にその関係に合致するのであって――思考は、現象学によれば、まさにそうした人間と世界との関係に依存しているということになるだろう。「人間が思考するのであって、脳が思考するのではない」と現象学は言うだろうが、機械論と力動説に対して二重の批判を加えながら、世界内《存在》へ向かって脳を越えてしまうという現象学の遡行は、わたしたちを、ほとんどオピニオンの圏域の外へは出してくれないのであり、ただ、根源的なオピニオンあるいは諸意味の定立された根源的臆見(ウアドクサ)へと連れてゆくだけである。[10]

他のところで、すなわち脳が「主体」であり、主体へと生成するというところで、転回するべきではないだろうか。思考するのはまさに脳であり、人間ではないのであって、人間とは脳におけるひとつの結晶にすぎないものである。セザンヌが風景について語るように、脳について語ってみよう――「不在の、しかし脳のなかではまったき人間」。哲学、芸術、科学は、対象化された脳の心的対象ではない。哲学、芸術、科学は、三つのアスペクト――それらのもとで脳が主体へと、《思考》-脳へと生成する――であり、三つの平面、三つの筏(いかだ)――それらのうえから脳がカオスへと潜り、カオスに立ち向かう――である。もはや二次的な連結と統合によっては定義されないそうした脳の特徴はどのようなものであろうか。その脳は、脳の背後にあるひとつの脳ではなく、何よりもまず、大地とすれすれの、或る〈距離なき俯瞰の状態〉であり、いかなる奈落も、いかなる襞も裂孔も失われていない自己俯瞰である。その脳は、リュイエが定義していたように、或る一次的な「真の形(フォルム)」である。それは、ひとつのゲシュタルトでもひとつの知覚された形でもない。それは、いかなる外的な観点をも指し示さないひとつの即自的な形であって、ちょうど網膜あるいは皮質の線条域がそれとは別のものを指し示さないのと同様である。つまり、そうした脳は、ひとつの絶対的な共立的な形なのであって、こうした形は、あらゆる補足的な次元に依存せずに自分を俯瞰し、したがっていかなる超越にも訴えることなく、次元がいくつあろうと唯一の側面しかもたず、自分のすべての諸規定に対して近さも遠さももたずに共－現前したままであり、〈限界－速度〉をもたずに無限速度でそれらの規定を走り抜け、こうして、それらをみな不可分の変化＝変奏に仕立てあげ、これらの変化＝変奏に、混乱なきひとつの等ポテンシャルを与えるのである。(11) 以上が、純粋な出来事としての、あるいは潜在的なものの実在性としての身分であるということは、すでにわたしたちの見たところである。そしてなるほど、諸概念はただひとつの同じ脳に還元されるわけではない。というのも、まさにそれらの概念がそれぞれひとつの「俯瞰領域」を構成しているからであり、ひとつの概念からもうひとつの概念への移行は、新たな概念の方がその諸規定の共－現前と等ポテンシャルを必然的なものにしないかぎり、還元不可能なままであるからだ。さらにまた、あらゆる概念が脳であると言ってもならないだろう。しかし、脳は、そうした絶対的な形という第一のアスペクトのもとでは、まさしく諸概念の能力、すなわち諸概念の創造の能力として現れる。それと同時に、諸概念がそのうえに置かれ、置き換えられ、そのうえで秩序と関係を変え、更新され、そして絶えず創造される当の内在平面を、まさに脳が描き出すのである。脳は、精神そのものである。脳が主体〔下に投げられたもの〕へと生成する、あるいはむしろホワイトヘッドの言葉では「自己超越体[*5]〔上に投げられたもの〕」へと生成するのと、概念が、創造されたものとしての対象、出来事、あるいは創造そのものへと生成し、哲学が、内在平面へと、すなわち諸概念を担いかつ脳が描く内在平面へと生成するのは、まさに同時である。こうして、脳の諸運動は概念的人物を産出するのである。

《私》と言うのは脳である、が、《私》とは一個の他なるものである。それは、超越が存在しないにせよ、二次的な連結と統合からなる脳と同じ脳ではない。そしてこの《私》は、哲学としての、脳の「私は概念的に理解する」であるばかりでなく、芸術としての、脳の「私は感覚する」でもある。感覚は、概念におとらず脳である。ひとは、神経の連結つまり刺激‐反応を、そして脳の統合つまり知覚‐行動を考察してみるならば、経路のどのような契機においてまたどのような水準において、感覚が現れるのかとは自問しないだろう。なぜなら、感覚は前提されているからであり、引きこもっているからである。引きこもりは、俯瞰の反対ではなく、ひとつの相関項である。感覚、それは刺激そのものである。ただし、感覚が反応へと漸進的に引き継がれ移行するかぎりにおいてではなく、感覚がおのれを保存し、おのれの振動を保存するかぎりにおいて、感覚は刺激そのものなのである。感覚は、神経の表面であるいは脳の容積のなかで、刺激物の振動を縮約する。すなわち、先行するものは、後続するものが現れるとき、まだ消えないということだ。それが、カオスに応答する感覚なりの仕方である。感覚は、いくつもの振動を縮約するがゆえに、それ自身振動する。感覚は、いくつもの振動を保存するがゆえに、それ自身を保存する。要するに、感覚は《モニュメント》である。感覚は、おのれの倍音たちを共振させるがゆえに、それ自身共振する。感覚、それは、縮約され、質、変化性＝多様体（ヴァリエテ）へと生成した振動である。その場合、したがって、〈脳－主体〉は心あるいは力と言われるのである。なぜなら、物質が放散し、あるいは放射し、前に出させ、反射し、屈折させ、あるいは変換するものを、ひとり心（アーム）だけが縮約して、保存するからである。そうであれば、わたしたちは、反応とその反応が引き継ぐ刺激にとどまっているかぎりは、また行動とその行動が反映する知覚にとどまっているかぎりは、感覚を探求しても無駄なのである。ということは、心（あるいはむしろ力（フォルス））は、ライプニッツが語っていたように、何もつくらないし、能動的に作用もせず、ただ現前するだけであるということ、心は保存をするということだ。つまり、縮約（コントラクシオン）は、能動ではなく、純粋受動であり、先行するものを後続するもののなかで保存する或る観照（コンタンプラシオン）である。[12] それゆえ、感覚は、メカニズムや、力動（ディナミスム）や、合目的性とは別の平面のうえにある。それは、つまり、或る合成＝創作平面であり、そのうえで、感覚は、その感覚を合成するものを縮約しながら、そしてその感覚がさらに縮約する他の諸感覚とともに合成されながら、形成されるのである。感覚は、純粋観照である。というのも、ひとがそこから生じてくる当の諸要素をひとが観照するのに応じて、ひとはおのれ自身を観照しながら、要するに観照によって、縮約をなすからである。観照すること、それは創造することであり、受動的創造の神秘であり、それが感覚なのである。感覚は、合成＝創作平面を満たし、自分が観照するもので自分を満たしながら、自分自身で自分を満たすのである。

要するに、感覚は、「享受（エンジョイメント）」であり、「自己ー享受」である。感覚は、ひとつのsujet〔主体、下に投げられたもの〕であり、あるいはむしろ injet〔中に投げられたもの〕である。プロティノスは、すべての事物を、すなわち人間や動物ばかりでなく、植物や大地や岩をも、観照として定義することができた。概念によって《イデア》を観照する、というのではない。反対に、感覚によってまさしく物質の諸要素を観照する、ということである。植物がそこから生じてくる諸要素、たとえば光、炭素、そして塩を、当の植物は縮約しながら観照し、そのつど自分の変化性＝多様体（ヴァリエテ）の、そして自分の合成の質を表す色や匂いでもって、自分自身を満たすのである。植物は、即自的感覚である。[13] あたかも花は、神経と脳をもつ作用者によって知覚される前に、あるいは感覚される前にさえ、最初の視（ヴィジオン）あるいは嗅覚の試みを感覚しながら、つまりその花を合成するものを感覚しながら、自分自身を感覚するかのように。

もちろん、岩も植物も神経系をもってはいない。しかし、組織と共存する〈感覚する能力〉としての〈力（フォルス）ー脳〉を、神経の連結と脳の統合が前提している以上、さらに、胚状の組織とともに共存し、ひとまとまりの集合的脳としての《種》のなかに現前する〈感覚する能力〉をも前提することは、実に本当らしいことであって、この能力は、あるいは「小さい種」における植物的組織とともに共存するだろう。しかも、化学的親和力および物理的因果性は、それら自身、〔感覚する能力としての〕いくつかの原初的な力（フォルス）を指し示している。すなわち、親和力の、そして因果性の諸要素を縮約してそれらを共振させながら、親和力および因果性の長い連鎖を保存することができる諸力をである。要するに、どれほどささいな因果性でも、そうした主観的な審廷なしには、理解されえないものにとどまるということだ。あらゆる有機体が脳をもつというわけではないし、あらゆる生が有機的だということもない。だが、或るいくつかのミクロ脳を、あるいは事物の或る非有機的な生を構成している或る力が、いたるところに存在するのである。フェヒナーやコナン・ドイルのように、《大地》の神経系という壮麗な仮説をつくることがかならずしも必要ではないのは、縮約する力、あるいは保存する力、すなわち感覚する力が、しかじかのダイレクトに縮約された諸要素としかじかの縮約様式——領域に応じて異なり、還元不可能な変化性＝多様体をまさに構成する諸要素と様式——との対比においてのみ、ひとつの全体的な脳として現前するからである。けれども、結局のところ、《宇宙》のすべての変化性＝多様体を担う唯一の合成＝創作平面を構成するのは、究極的な同じ諸要素と引きこもっている同じ力である。生気論については、つねに二つの解釈が可能であった。ひとつは、作用するが存在はせず、したがって外的な頭脳的〔知的〕認識の観点からのみ作用する《理念》という（カントからクロード・ベルナールまでの）解釈である。もうひとつは、存在するが作用はせず、したがって内的な純粋な《感覚すること》として存在する力という（ライプニッツからリュイエまでの）解釈である。わたしたちには、後者の解釈が必要不可欠のように思えるのだが、それは、保存をする縮約が、能動的作用に対してあるいは運動に対してさえ、つねに切り離されている状態にあり、認識なき純粋観照として現前しているからである。そうしたことは、学習あるいは習慣（アビチュード）＝持ち前の形成という優れて頭脳的な領域においてさえ見てとることができるのであって、たとえ一切が、一方の試練から他方の試練へ向かっての、能動的で漸進的な連結と統合のなかで生じるように思われるにせよ、ヒュームが指摘していたように、もろもろの試練あるいは事例や、もろもろの状況は、認識ならびに行動から見れば区別されたままなのだが、それでもやはり或る観照的な「想像力」のなかで縮約（コントラクテ）される、ということが必要である。ひとがネズミであるときでもなお、観照によってこそ習慣（アビチュード）＝持ち前を「つける（コントラクテ）」のである。さらに必要なことは、行動の喧騒の下に、或る脳に味方して証言する内的な創造的諸感覚あるいは沈黙の諸観照を発見するということである。

〈脳－主体〉のそれら最初の二つのアスペクトあるいは二つの薄層、つまり概念ならびに感覚はとても脆（もろ）い。べとつくようになった諸感覚が、しだいに縮約しがたくなるもろもろの要素と振動を逃がす、という事態をつくるのは、客観的な脱接続と脱統合〔有機的な脳の老化〕であるばかりでなく、或る計り知れない疲労である。老いとは、まさにこうした疲労なのである。その場合、疲労は、合成＝創作平面の外に出て心的カオスのなかに転落することであるか、あるいはまた、紋切り型の表現や出来合いのオピニオンへ引き下げられることである。そしてこのような表現やオピニオンというものは、芸術家にはもはや語るべきものが何もなく、もはや新しい諸感覚を創造することができず、もはやどのように保存し、観照し、縮約すべきかがわからないということの証拠なのである。哲学の場合、同様な疲労に左右されるとはいえ、事態はいささか異なっている。〔『エティカ』における〕第三種〔の認識〕に属する無限速度たちは、まるでひとつの渦のように、概念がそのすべての強度的＝内包的合成要素と同時に共現前（コプレザンス）していること（共立性（コンシスタンス））の尺度になるのだが、内在平面のうえでおのれを維持することができない疲労した思考は、今度は、この無限速度たちをもはや維持することができないのである。疲労した思考は、相対的な速度たちに送り返されているのであって、相対的な速度たちはというなら、それは、ひとつの点からもうひとつの点への、延長的＝外延的なひとつの合成要素からもうひとつの合成要素への、ひとつの観念からもうひとつの観念への運動としての継起にしかかかわらないものであり、概念を再構成する能力のないいくつかのたんなる〔観念〕連合の尺度にしかならないものである。なるほど、そうした相対的な速度たちが、絶対的なものの見せかけになるほどまで、たいへん大きいということもある。けれども、それらは、オピニオンの、ディスカッションの、あるいは「当意即妙」の可変的な速度にすぎない。こんなものは、頭の回転の速さが褒めてもらえる疲れを知らない若者たちがもっている速度であるし、疲労した老人たちだってもっている速度だ。このような老人たちは、自分の空になった頭の内部で、緩んだオピニオンを追い求め、たったひとりで語りながら淀んだディスカッションを養っている。まるで、カオスのなかに再び完全に陥らないために、自分の古い諸概念の遠い記憶になおもしがみついているかのように。

なるほど、因果性や、〔観念〕連合や、〔脳における〕統合は、わたしたちにオピニオンと信念を吹き込む。それらは、ヒュームの言うように、〔「心的対象」をも含む〕何らかのものを期待し認識する様態である。たとえば、〈雨が降るだろう〉、〈水は沸騰するだろう〉、〈これが最短の道である〉、〈それは別の側面が見えているけれども同じ図形である〉……。しかし、そのようなオピニオンは、頻繁（ひんぱん）に科学的命題のあいだに滑り込むことがあるだろうが、それに属することはないのであって、科学はそれらのプロセスを別の本性をもった活動に従わせるのである。そしてこの活動が、認識作用の活動をなしているのであり、認識能力を、〈脳－主体〉のすでに言及した二つの薄層におとらず創造的な第三の薄層として指し示すのである。認識は、形（フォルム）でも、力（フォルス）でもない。それは、或るファンクションである。たとえば、「わたしは機能する」。いまや主体（スュジェ）は、「外に投げられたもの」のような観を呈する。なぜなら、この場合の主体は、区別、識別を主要特徴とする諸要素を引き出すからである。それらは、限界（リミット）、定数、変数、ファンクション、あのすべてのファンクティヴあるいは見通し（プロスペクト）であり、それらすべてが、科学的命題に属する辞項をなしているのである。幾何学における射影、代数学における置換および変換の本領は、変化＝変奏（ヴァリアシオン）を通じて何らかのものを再認するところにはなく、かえって、変数と定数を区別するところにあり、あるいはいくつかの継起的な限界（リミット）へ近づいていく諸項を漸進的に識別するところにある。また同様に、ひとつの科学的な活動

〔演算〕のなかでひとつの定数が指定されている場合、同じひとつの観照のなかでいくつかの事例あるい契機を縮約することが問題になっているのではなく、むしろ、独立したままの諸ファクターのあいだにひとつの必然的な関係を打ち立てることが問題になっているのである。以上のような観点から、わたしたちには、科学的な認識能力の基本的な諸行為は、以下のようなものであるように思われた。〔1〕無限速度たちの放棄を示すような、そしてひとつの準拠平面を描くような、いくつかの限界(リミット)を定立すること、〔2〕それらの限界(リミット)に近づいていくセリーとして組織される、いくつかの変数を指定すること、〔3〕いくつかの独立変数のあいだに、またはそれらの限界(リミット)のあいだに、必然的な諸関係——いくつかのファンクションがそれらから区別されながらもそれらに依存している——を打ち立てるようにして、それら独立変数を連係させること、この場合、準拠平面は現働態におけるひとつの連係〔座標化〕となる、〔4〕座標〔連係したもの〕に関係づけられ、かつファンクションが指示する、諸事物の混合もしくは状態を規定すること。科学的認識のそうした働きは脳のファンクションである、と言うだけではまだ十分ではない。もろもろのファンクションは、それら自身、或る脳の——すなわち、ひとつの認識〔準拠〕平面に属する可変的な座標〔連係したもの〕を描き、いたるところに部分観測者を送る脳の——いくつもの襞なのである。

　準拠平面あるいは連係平面の周囲ばかりでなく、つねに発動している可変的なその表面のいくつもの曲折のなかで、まさにカオスが執拗に持続していることを証言する活動がさらに存在する。それは、分岐と個体化という活動である。〈物の状態〉は、カオスそのものから借りているポテンシャルと切り離しえないがゆえに、それらの活動に従うのであって、ばらばらに壊されたり沈没させられたりする危険なしにはそうしたポテンシャルを現働化することはできないのだ。したがって、認識主体であるかぎりでの脳そのものが潜んでいるカオスを明らかにすることは、まさに科学の仕事である。脳は、〈複数の変数のファンクション〉を規定するいくつかの限界（リミット）を、特殊なかたちで広がった皮質領のなかで構成しつづける。それだけにますます、それら変数のあいだの関係〈連結〉は、統計的なカオスの証拠となる電気シナプスのなかだけでなく、決定論的なカオスを指し示す化学シナプスのなかでも、不確定で偶然的な特徴を示すのである[14]。脳内の〈統合の〉中心よりも、或る皮質領では集中し、別の皮質領では散在している点の方が多く存在する。そして点から点へと移ってゆくいくつかの発振する分子、つまり「オシレーター」が存在する。条件反射のモデルのような線形のモデルに関してエルヴィン・シュトラウスが指摘したように、肝心なのは、中間域、裂孔、そして空隙を理解することである。脳の樹木状パラダイムは、リゾーム的形像、中心なき系（システム）、有限オートマトン組織網、カオイド状態に取って代わられるのだ。習慣（アビチュード）＝持ち前の作用あるいは再認モデルの作用のもとで、なるほどそのようなカオスは、オピニオンを発生させる〈ニューロンの〉疎通の強化によって覆い隠されている。しかし反対に、いくつかの創造的なプロセスと、それらに折り込まれている分岐とを考察してみれば、ますますそのカオスは顕著になるだろう。そして脳の〈物の状態〉における個体化だが、それは、諸細胞そのものをおのれの変数にしてはいないだけに、ますます機能(ファンクション)的な働きなのであって、それというのも、諸細胞は再生することなく絶えず死んでゆき、脳はそれゆえにいくつもの小さな死の総体となり、これがわたしたちのなかに間断なき死を置くからである。そのような個体化が頼みとするポテンシャルは、知覚から生じる規定可能な関係のなかではもちろんのことだが、概念もしくは感覚もしくはファンクションそのものの創造に応じて変化(ヴァリエ)=変奏する自由な効果のなかでこそ、はるかにもっと現働化されるものである。

三つの平面と、それらの諸要素は、もはや他のものに還元することはできない。すなわち、哲学の内在平面、芸術の合成=創作平面、科学の準拠平面あるいは連係平面――概念の形、感覚の力、認識のファンクション――概念と概念的人物、感覚と美的=感性的形像、ファンクションと部分観測者。それぞれの平面について、同じような問題が提起される。すなわち、それぞれのケースにおいて、平面は、いかなる意味でまたどのようにして、〈一〉あるいは〈多〉であるのか――どのような統一性があり、どのような多様性があるのか。しかし、わたしたちにとっていまやもっと重要に思えるのは、脳のなかで接合している三つの平面相互の干渉についての諸問題である。第一のタイプの干渉が現れるのは、ひとりの哲学者が、ひとつの感覚の概念、あるいはひとつのファンクションの概念（たとえば、リーマン空間に固有な概念、あるいは無理数に固有の概念……）を創造しようとするときである。あるいは、たとえばフェヒナーのように、あるいは色や音に関する諸理論におけるように、ひとりの科学者が諸感覚のファンクションを創造しようとするときであり、そしてさらに、たとえば潜在的な概念を現働化するかぎりでの数学に関してロートマンが指摘するように、ひとりの科学者が諸概念のファンクションを創造しようとするときである。あるいは、抽象芸術のもつ諸変化性＝多様体(ヴァリエテ)において、またはクレーにおいて見て取れるように、ひとりの芸術家が、概念についての、あるいはファンクションについての純粋感覚を創造するときである。干渉する側の学問領域はそれ自身の手段によってことに当たらなければならないというのが、それらすべてのケースにおける規則である。たとえばわたしたちは、幾何学的図形や演算や証明の内因的な美について語ることがある。だが、そのような美を、たとえば比例、対称性、非対称性、投影、変換といった、科学から取ってきた基準でもって定義するかぎり、その美は感性的(エステティック)なものは何ももっていない。それは、まさにカントがあれほどまでに力説したことである[15]。ファンクションをあらゆる準拠(レフェランス)＝指示から引き離す特殊な創造平面のうえで、感覚は、もっぱら芸術によって合成された被知覚態(ペルセプト)と変様態(アフェクト)をそのファンクションに与えるのだが、そうした感覚のなかでこそファンクションというものは把握されるべきなのである（モンドリアンにおける二本の黒い線の交差や色の層の直交、あるいはまたノーランドやシャーリー・ジャフィにおけるストレンジ・アトラクタの感覚によるカオスへの接近）。

以上の干渉は、したがって、外因的な干渉である。なぜなら、〔哲学、芸術、科学という〕学問分野はそれぞれ、それ自身の平面のうえにとどまっており、それ固有の諸要素を用いているからである。しかし、いくつかの概念や概念的人物が、それらに対応するひとつの内在平面の外に出て、他の平面のうえで、諸ファンクションやもろもろの部分観測者、あるいは諸感覚やもろもろの美的＝感性的形像のあいだに滑り込むように思われるとき、また別のケースに関しても事態が同様なとき、内因的な第二のタイプの干渉が存在する。そのような滑り込みは、ニーチェの哲学におけるツァラトゥストラのそれや、マラルメの詩におけるイジチュールのそれのように、とても微妙なものなので、そこで見いだされるいくつかの複雑な平面の性質を言うのは難しい。部分観測者は、それはそれでまた、ひとつの混合平面のうえでしばしば美的＝感性的形像に近似するセンシビリアを、科学に導入するのである。

　最後に、局在化されえない干渉が存在する。というのも、別々の学問分野はみな、それぞれの仕方で非なるもの（ネガティフ）と関係しているからである。たとえば、科学でさえも、それがもたらす諸効果を送り返してしまう非科学と関係している。芸術は、芸術家ではないこのわたしたちを育成し、覚醒させ、わたしたちに感覚する仕方を教えなければならないということ——また哲学はわたしたちに概念的に理解する仕方を教え、科学は認識する仕方を教えるということ、それだけを言うことが問題なのではない。そのような教育法が可能になるのは、それぞれの学問分野にかかわっている《非（ノン）》に対して、その学問分野がそれ自身の側で本質的に関係している場合だけである。哲学平面を占拠しにやって来る諸概念から独立に、それ自体において哲学平面が考察されるかぎり、その哲学平面は前-哲学的なものであるのだが、しかし、非哲学は、その平面がカオスに立ち向かうところにこそ見いだされるのである。芸術が非芸術を必要とし、科学が非科学を必要としているように、哲学は、哲学を理解している或る非哲学を必要とし、非哲学的理解を必要としているのだ。[16] 芸術と科学と哲学はそれぞれ非なるものを必要としているのだが、しかしそれら非なるものを開始として必要としているわけではないし、それらが実現されたあかつきにはそのなかで消え去る運命にあるような終着点として必要としているのでもなく、それらの生成あるいはそれらの展開の各瞬間にそれら非なるものを必要としているのである。ところで、それら三つの《非》は、脳平面から見ればまだ区別があるのだが、脳が潜んでいるカオスから見ればもはや区別はない。脳がそのように潜んでいるということについて、こうも言えそうである——芸術が名づけるような、しかしまた哲学と科学もそう名づけるような、「来たるべき民衆」の影が、カオスから引き出されるのだ、と。民衆-団塊、民衆-世界、民衆-脳、民衆-カオス。クレーの非概念的概念、あるいはカンディンスキーの内的沈黙のような、三つの《非》のなかに横たわっている非思考的思考。そこでこそ、哲学と芸術と科学が、あたかも、それらの異なった本性をつらぬいて広がりながら絶えずそれらに付き従う同じ影を共有しているかのように、識別不可能なものへと生成し、同時に、概念と感覚とファンクションが、〔真偽〕決定不可能なものへと生成するのである。

原注

序論

（1） *L'œuvre ultime, de Cézanne à Dubuffet*, Fondation Maeght, préface de Jean-Louis Prat を参照。

（2） Barbéris, *Chateaubriand*, Ed. Larousse：「不可能な価値としての老年について書かれた書物『ランセ伝』は、能力〔権力〕をそなえた老年に抗して書かれた本である。すなわち、エクリチュールの能力のみがそこで肯定される普遍的な荒廃に関する本である」。

（3） Alexandre Kojève, "Tyranny and Wisdom" in Leo Strauss, *On Tyranny* p. 156. Cornell University Press.

（4） たとえば、クセノフォン『ラケダイモン人の国制』、Ⅳ、5。Detienne と Vernant は、とりわけ都市国家（ポリス）のそうした諸側面を分析した。

（5） 現代世界における、友愛と、思考するということの可能性との関係については、ブランショ『友愛』、および『終りなき対話』（二人の疲労した人物の対話）を参照。さらに Mascolo, *Autour d'un effort de mémoire*, Ed. Nadeau を参照。〔『友愛』と『終りなき対話』については、筑摩世界文学体系82『ベケット・ブランショ』のなかに抄訳あり〕

（6） Nietzsche, Posthumes 1884－1885, *Œuvres philosophiques* XI, Gallimard, p. 215－216（sur《l'art de la méfiance》）.〔ニーチェ『権力への意志』上、原佑訳、ちくま学芸文庫、三九四－三九五頁参照〕

（7） プラトン『ポリティコス』268a、279a。

（8） Frédéric Cossutta は、意図的に教科書的な形式で、非常に興味深い〈概念の教育法〉を提案した。Frédéric Cossutta, *Eléments pour la lecture des textes philosophiques*, Ed. Bordas.

1

（1）この歴史は、ライプニッツとともに始まるわけではないが、ウィトゲンシュタインにおける恒常的なテーマとしての他者に関する命題（「彼は歯が痛い……」）からミシェル・トゥルニエにおける可能的世界論としての他者の位置（『フライデーあるいは太平洋の冥界』榊原晃三訳、『世界文学全集2－9』所収、河出書房新社）にわたるほどの様々なエピソードを経ている。

（2）俯瞰、および実在的な存在としての絶対的表面あるいは絶対的容積については、Raymond Ruyer, *Néo-finalisme*, P. U. F., ch. IX－XIを参照。

（3）ライプニッツ『実体の本性と実体相互の交渉ならびに心身の結合についての新たな説』第12節（『ライプニッツ著作集8』所収、佐々木能章訳、工作舎）。

（4）ジル＝ガストン・グランジェ『哲学的認識のために』第6章（植木哲也訳、法政大学出版局）。

2

（1）概念の弾性については、Hubert Damisch, Préface à *Prospectus* de Dubuffet, Gallimard, I, P. 18. 19.

（2）Jean-Pierre Luminet は、相対的地平と絶対的地平を区別している――相対的地平とは、ひとりの観察者を中心とし、彼とともに移動する地上の地平〔地平線あるいは地平線までの見はらし〕であり、絶対的地平とは、いかなる観察者にも依存せず、出来事を二つのカテゴリーに、すなわち、見えているものと見えていないもの、伝達可能なものと伝達不可能なものに分割する「出来事の地平〔層〕」である。（《Le trou noir et l'infini》, in *Les dimensions de l'infini*, Institut culturel italien de Paris.）さらに、出来事の地平つまり出来事の「蔵(ぞう) réserve」を引き合いに出している日本の僧、道元の禅のテクストをも参照されたい。*Shôbogenzo*, Ed. de la

Différence, traduction et commentaires de René de Ceccaty et Nakamura.

（3）エピクロス『ヘロドトス宛の手紙』61－62（『エピクロス――教説と手紙』出隆・岩崎允胤訳、岩波文庫二六頁）。

（4）それらの力動については、近刊予定の Michel Courthial, *Le visage* を参照。

（5）François Laruelle は現代哲学のもっとも興味深い企てのひとつを追求している。彼が「非－哲学的」、また奇妙にも「科学的」と形容している《一者－全体》を彼は引き合いに出しており、これに「哲学的決定」なるものが深く根をおろしているという。この《一者－全体》はスピノザの近くにあるように思われる。François Laruelle, *Philosophie et nonphilosophie*, Ed. Mardaga 参照。

（6）Etienne Souriau は一九三九年に *L'instauration philosophique* (Ed. Alcan) を出版した。彼は、哲学における創造的活動性をはっきりと捉えており、この創造の土地としての或る種の創建平面、すなわち、力動によって活気づけられた《哲学素 philosophème》を引き合いに出している（p. 62－63）。

（7）ジャン＝ピエール・ヴェルナン『ギリシャ思想の起原』（吉田敦彦訳、みすず書房、一一四－一三九頁）を参照。

（8）カント『純粋理性批判』――外面性の形式としての空間は、内面性の形式としての時間におとらず、「われわれのうち」にある（「先験的〔超越論的〕心理学の第四誤謬推理に対する批判」）。また、「地平」としての《理念》については、「先験的〔超越論的〕弁証論への付録」参照。

（9）超越と運動の中断あるいは「静止画像」との関連については、Raymond Bellour, *L'entre-images*, Ed. de la Différence, p. 132 参照。

（10）サルトル『自我の超越』（『哲学論文集』サルトル全集第23巻所収、竹内芳郎訳、人文書院）一八四頁（スピノザへの依拠）。

（11）アルトー『タラウマラ』（宇野邦一訳、『アルトー後期集成Ⅰ』所収、河出書房新社）。

（12） Naville, *Maine De Biran, sa vie et ses pensées,*（année 1823), p. 357.

（13） Kleist,《De l'élaboration progressive des idées dans la discours》(*Anecdotes et petits écrits,* Ed. Payot, p. 77)〔クライスト「話をしながらだんだん考えを仕上げてゆくこと」種村季弘訳（『チリの地震』河出書房新社所収）参照。〕および、アルトー「リヴィエールへの書簡」（清水徹訳、『アントナン・アルトー全集1』所収、現代思潮社）参照。

（14） Tinguely, catalogue Beaubourg, 1989.

（15） Blanchot, *L'entretien infini,* Gallimard, p. 65. 思考における思考されぬものについては、フーコー『言葉と物』（渡辺一民・佐々木明訳、新潮社）三四二－三四九頁参照。またミショーの「遠き内部」（『アンリ・ミショー全集I』所収、小海永二訳、青土社）参照。

3

（1） 思考との関係のなかで問題にされる《白痴》（専門家や学者と対照的な、非信徒、私人、あるいは個人）については、ニコラウス・クサヌス Nicolas de Cuse, *Idiota* (Œuvres choisies par M. de Gandillac, Ed. Aubier) 参照。デカルトは、三人の人物——ユードクスという名で白痴、ポリアンドルという名で専門家、エピステモンという名で学者——を再構成している（「真理の探求」井上庄七訳、『デカルト著作集4』所収、白水社）。クサヌスがコギトへと達しなかった諸理由については、Gandillac, p. 26を参照。

（2） シェストフは、誰よりもまずキルケゴールから新たな対立を採用している。Chestov, *Kierkegaard et la philosophie existentielle,* Ed. Vrin 参照。

（3） メルヴィル『信用詐欺師』第44章（国書刊行会『メルヴィル全集11』）。

（4） Michel Guérin, *La terreur et la pitié,* Ed. Actes Sud.

（5）ジンメルとゴッフマンを援用しているIsaac Josephの諸分析――*Le passant considérable*, Librairie des Méridiens――を参照。

（6）プラトンにおける《外国人》という人物についてJ. F. Mattéi, *L'Etranger et le simulacre* P. U. F. を参照。

（7）ここでは、ごく簡略にいくつかの点を示唆するほかはないだろう――ギリシア人たちにおける《エロス》と愛（ピリアー）の紐帯（ちゅうたい）、キルケゴールにおける《婚約者》と《誘惑者》の役割、クロソウスキーによる《夫婦》のノエシス的機能（『歓待の掟』若林真・永井旦訳、河出書房新社）、Michèle Le Dœuff（*L'étude et le rouet*, Ed. du Seuil）による〈女性－哲学者〉の構成、ブランショにおける《友》という新たな人物。

（8）この複雑な装置については、Thomas de Quincey, "The Last Days of Immanuel Kant," in David Masson, ed., *Collected Writings*, vol. 4, pp. 340－41（Edinburgh : Adam and Charles Black,1890）参照。

（9）キルケゴール『おそれとおののき』桝田啓三郎訳、（『キルケゴール著作集5』、白水社所収）七八－七九頁。

（10）François Jullien, *Procès ou création*, Ed. du Seuil, p. 18, 117.

（11）Nietzsche, Musarion Ausgabe, XVI, p. 35. ニーチェはしばしば哲学的趣味を引き合いに出し、「味わう＝知ること sapere」から賢者を派生させている（sapiens「味覚する〔知る〕者」、sisyphos「極めて鋭敏な味覚の人」）。『ギリシア人の悲劇時代における哲学』（ちくま学芸文庫『ニーチェ全集2』、塩屋竹男訳、三六九頁）。

（12）Bréhier,《La notion de problème en philosophie》, *Etudes de philosophie antique*, P. U. F. を参照。

（13）ニーチェ『道徳の系譜』第一論文、六（ちくま学芸文庫『ニーチェ全集11』所収、信太正三訳）。

4

（1）Marcel Detienneはこれらの諸問題を根本的に刷新した。創始する《外国人》と《原住民》との対立について、それら二極間における複雑な混合について、またエレクテウスについて、《Qu'est-ce qu'un site ?》, in *Tracés de fondation*, Ed. Peeters を参照。さらに Giulia Sissa et Marcel Detienne, *La vie quotidienne des dieux grecs*, Hachette（エレクテウスについては第14章、また二つの多神教の差異については第10章）をも参照。

（2）Childe, *L'Europe préhistorique*, Ed. Payot, p. 110 – 115.

（3）Jean-Pierre Faye, *La raison narrative*, Ed. Balland, p. 15 – 18. Clémence Ramnoux, in *Histoire de la philosophie*, Gallimard, I, p. 408 – 409 参照――ソクラテス以前の哲学は、「紀元前七世紀末から六世紀初頭にかけておこなわれた植民地建設によって定義されえたようなギリシア圏の縁で」生まれそして成長するのであり、「まさにそこでこそ、ギリシア人たちは、商業と戦争に関連して、東方の王国や帝国に立ち向かい」、さらに「イランの侵攻や政治的革命によって引き起こされた民衆の移動のおかげで、西の端、すなわちシチリアやイタリアの植民地……」を獲得するのである。ニーチェ、『ギリシア人の悲劇時代における哲学』、同四六一頁、「哲学者はギリシア人のもとにたどりついた移住者であると想像せよ――あのプラトン以前の哲学者たちは、そうした事情にあるのだ。彼らは言わば、異国でとまどう外国人である」。

（4）「個々の内容の手前にかつその彼方にある」、そうした純粋な社会性、および民主主義、会話については、ジンメル Simmel, *Sociologie et épistémologie*, P. U. F., ch. III を参照。

（5）いく人かの著述家たちは、今日、ヘーゲルやハイデガーのステレオタイプから脱し、新たな基盤に立って、哲学固有の問を再び取りあげている――ひとつのユダヤ哲学については、レヴィナスの諸著作とレヴィナスをめぐる論文（*Les cahiers de la nuit surveillée*, n°3, 1984）を参照、ひとつのイスラム哲学については、コルバンの諸著作に関連して、Jambet（*La logique des Orientaux*, Ed. du Seuil）と Lardreau（*Discours philosophique et discours spirituel*, Ed. du Seuil）を参照、ひとつのインド哲学については、Masson-Oursel に関連して、Roger-Pol Droit のアプローチ（*L'oubli de l'Inde*, P. U. F.）を参照、ひとつの中国哲学については、François Cheng による研究（*Vide et plein*, Ed. du Seuil）と François Jullien による研究（*Procès ou création*, Ed. du Seuil）を参照、ひとつの日本哲学については、René de Ceccaty et Nakamura（*Mille ans de littérature japonaise*, Ed. de la Différence および *Shôbogenzo*, la traduction commentée du moine Dôgen, Ed. de la Différence）を参照。

（6）Jean Beaufret を参照――「その源泉は、どこにでもあり、不定であり、中国的、アラブ的でもあればインド的でもある……しかしそこには、ギリシア人たちはその源泉を存在と命名する奇妙な特権をもっていた、というギリシア的エピソードがある……」（*Ethernité* n°. 1, 1985）。

（7）ニーチェ『反時代的考察』（ちくま学芸文庫『ニーチェ全集4』所収、小倉志祥訳）、「生に対する歴史の利害について」、一。〈哲学者‐彗星〉、および彼がギリシアのなかで見出す中間＝環境については、『ギリシア人の悲劇時代における哲学』（前掲、三五九頁）を参照。

（8）バラーシュ『中国文明と官僚制』（村松祐次訳、みすず書房）を参照。

（9）マルクス『資本論』第3部、第3篇、第15章、「資本主義的生産は、それ自身に内在するこのような制限を絶えず克服しようとするが、しかし、それを克服する手段は、この制限をまた新たにしかもいっそう強大な規模で自分に加えるものでしかないのである。資本主義的生産の真の制限は、資本そのものである」（大内兵衛、細川嘉六監訳、大月書店、第三巻、第一分冊、三一三頁）。

（10）フッサール『ヨーロッパ的人間性の危機と哲学』（『30年代の危機と哲学』清水多吉・菅谷規矩雄・ほか訳、イザラ書房所収）二九‐三四頁。les commentaires de R.-P. Droit, L'oubli de l'Inde, p.203-204.

（11）ブローデル『日常性の構造2』（村上光彦訳、みすず書房）一五八‐一七六頁。

（12）このタイプのユートピアについては、エルンスト・ブロッホ『希望の原理』第二巻（山下・瀬戸・片岡・沼崎・石丸・保坂訳、白水社）を参照。また、運動との諸関係におけるフーリエのユートピアに関するRené Schérer の注釈 *Pari sur l'impossible*, Presses universitaires de Vincennes を参照。

（13）カント『学部の争い』（『カント全集』第一三巻所収、小倉志祥訳、理想社）第二部、6（このテキストは、フーコーやハーバーマス、リオタールらのそれぞれたいへん異なる注釈によって、その重要性をすべて取り戻した)。

(14) ヘルダーリン——パニックを起こさせる大《平面》をギリシア人は所有し、それを東洋と共有するのだが、彼らは、概念、あるいは西洋的な有機的合成を獲得しなければならない。「われわれドイツ人の場合には、これが逆なのだ」(ベーレンドルフ宛の手紙、一八〇一年一二月四日〔『ヘルダーリン全集4』所収、手塚富雄訳、河出書房新社、四六三頁以下〕。また、ヘルダーリンに関するJean Beaufretの注釈、*Remarques sur Œdipe* (Ed. 10–18), p.8–11を参照。さらに、Philippe Lacoue-Labarthe, *L'imitation des modernes* (Ed. Galilée) をも参照。ギリシアの「奇跡」に関するルナンの有名なテクストでさえも、同様なひとつの複雑な運動をそなえている——ギリシア人たちが本来もっていたものを、わたしたちが再び見いだすことができるためには、反省によるほかに、すなわち根本的な忘却と倦怠とに立ち向かうことによるほかにすべがない、わたしたちはもはやギリシア人ではない、わたしたちはブルターニュ人である(『幼年時代青年時代の思ひ出』杉捷夫訳、創元社)。

(15)『純粋理性批判』の第一版序文の冒頭の直後に現れる文章を参照されたい。「闘争が繰り広げられる戦場が《形而上学》と呼ばれているものである。……形而上学の統治は、最初は独断論者たちの支配下にあって、専制的であった。しかし、形而上学の立法は古代の野蛮性の痕跡をまだ身につけていたので、その形而上学は、打ち続く内戦によって、まったくのアナーキーへと少しずつ堕していき、そして、大地のうえに断固として定住することを嫌う一種のノマド〔遊牧民〕たる懐疑論者たちが、しばしば社会的紐帯を寸断したのである。けれども、彼らは幸いにもその数が少なかったので、彼らの敵〔独断論者〕たちが、つねに新たに、しかもあらかじめ互いに合意したプランなしに、その断ち切られた紐帯を再び確立しようとする試みを妨げることはできなかった。……〔独語原文を参照したうえで、引用されている仏訳から訳出した——訳者〕」。また、基礎の島については、〔『純粋理性批判』の〕偉大なテクスト「原則の分析論」第三章の冒頭を参照。それぞれの『批判』は、「歴史」を含むばかりでなく、とりわけ《理性》の地理をも含むのであり、これにしたがって、概念の或る「場」、或る「テリトリー」、或る「領域」が区別される(『判断力批判』序論II)。ジャン＝クレ・マルタンは、カントにおけるそうした純粋《理性》の地理について見事な分析をおこなった（『ドゥルーズ／変奏』毬藻充・ほか訳、松籟社）。

（16）ヒューム『人性論』（四）（大槻春彦訳、岩波文庫）六三頁、「ボートをこぐ二人の人間は、約束したわけでもないのに、合意ないし黙約によってオールを動かす」。

（17）プリーモ・レーヴィが次のように描写しているのは、或る「混成的な」感情である——いく人かの人間がそのようなことをなしえたという恥、わたしたちがそれを防ぐことができなかったという恥、その後にまで生き残ったという恥、堕落しあるいは信用を落としたという恥。Primo Levi, *Les naufragés et les rescapés*, Gallimard（および、「主人たちと奴隷たちとの二つの収容所を切り離すと同時に結びつけている、輪郭がはっきりしていないグレー・ゾーン」については、四二頁）を参照。

（18）「民主的なオピニオン」の批判、そのアメリカ的モデル、さらには人権という欺瞞、国際法による法治国家という欺瞞、これらについてもっとも有力な分析のひとつを遂行したのは、Michel Butel である（*L'Autre journal*, n°10, mars 1991, p. 21–25）。

（19）ペギー『歴史との対話——「クリオ」——』（山崎庸一郎訳、中央出版社）、三八五－三九〇頁。

（20）フーコー『知の考古学』（中村雄二郎訳、河出書房新社、一九八九年）、二〇一－二〇二頁。

5

（1）Ilya Prigogine et Isabelle Stengers, *Entre le temps et léternité*, Ed. Fayard, p. 162–163.（この著者たちは、過融解状態の液体の結晶作用を例にあげているが、その液体とは、結晶作用の温度よりも低い或る温度の液体のことである。「そのような液体のなかでは、結晶の小さな核が形成されるのだが、これらの核は、その結果をもたらさずに、生じ、ついで溶解する」）。

（2） Cantor, *Fondements d'une théorie générale des ensembles* (Cahiers pour l'analyse, n°10). このテキストの冒頭から、カントルはプラトン的《限界》を引き合いに出している。

（3） オレームのニコラウス Nicolas Oresme による座標（コオルドネ）の創建、強度的＝内包的縦座標（オルドネ）、そして外延的な線との関連づけについては、Duhem, *Le système du monde*, Ed. Hermann, Ⅶ, ch. 6 を参照。また、「連続スペクトルと離散シークェンス」の連合と、オレームのダイアグラムについては、Gilles Châtelet, 《La toile, le spectre, le pendule》, *Les enjeux du mobile*, Ed. du Seuil. を参照。

（4） Hegel, *Science de la logique*, Ed. Aubier, II, p. 277 （および、ラグランジュによる関数の累乗の切り下げと累乗化の操作について〔ヘーゲル『大論理学』上巻の二、武市健人訳、岩波書店、一一六頁以下〕）を参照。

（5） Pierre Vendryès, *Déterminisme et autonomie*, Ed. Armand Colin. Vendryès の研究の関心は、生物学の数学化にあるのではなく、むしろ数学のファンクションと生物学のファンクションの等質化にある。

（6） 関数論における像（あるいは image, Bild）という語の意味については、リーマンに関する Vuillemin の分析を参照。ひとつの複雑な関数の投影において、像（フィギュール）は「関数の推移とその様々な変様を見させ」、変数と関数の「関数的対応を直接見させるのである」（*La philosophie de l'algèbre*, P. U. F., P. 320 − 326）。

（7） Leibniz, *D'une ligne issue de lignes* および *Nouvelle application du calcul* (trad. fr. *Œuvre concernant le calcul infinitésimal*, Ed. Blanchard). ライプニッツのそれらテキストは、関数論の基礎とみなされている。

（8） プリゴジンとスタンジェールは、安定性に乏しいひとつの系の位相空間のあらゆる領域における、タイプの異なる諸軌道の「密接な混合」について記述し、次のように結論づけている。「ひとつのなじみのある系を思い浮かべてよい。すなわち、各有理数がそれぞれ無理数によって取り囲まれており、また無理数はめいめい有理数に取り囲まれている軸上のもろもろの数の状況である。また同様に、あらゆるものがそれのすべての部分のなかに、しかももっとも微細な部分にいたるまで含まれ、また、密接に混合した質的に異なる無限に多くの萌芽に含まれている〔のはどのようにかを示す〕アナクサゴラスのやり方を思い浮かべてよい」。（*La nouvelle alliance*, Gallimard, p. 241)〔『混沌からの秩序』みすず書房、伏見康治・ほか訳は英語版からの翻訳であり、引用された仏原文とは異なる。邦訳三四四頁参照〕

(9)「多様性（ミュルティプリシテ）」に関する二種類の理論は、ベルクソンの『時間と自由』の第二章において早くも現れている。そこでは意識の多様性は、「融合」と「浸透」によって定義されるのだが、その「多様性」という語はまた、フッサールの『算術の哲学』（モナス、寺田弥吉訳）においても見いだされる。この二人の著者は、そのような語を用いる点で極度に類似している。ベルクソンは、科学の対象を、空間と時間の混成によって定義し続けるだろうし、その主要な作用を、時間を「独立変数」とみなすという傾向によって定義し続けるはずであるが、しかるに他方においては、持続はあらゆる変化を経るのである。

(10) Gilles-Gaston Granger, *Essai d'une philosophie du style*, Ed. Odile Jacob, p. 10－11, p. 102－105.

(11) 数学的言表行為に関するガロアについての重要なテキスト、アンドレ・ダルマス『青春のガロア——数学・革命・決闘』（東京図書、辻雄一訳）一〇一－一一五頁を参照。

(12) ジャック・モノー『偶然と必然』みすず書房、渡辺格、村上光彦訳、八九頁、「アロステリック相互作用も間接的であって、それは単にタンパク質が、それの取りうる二つの（またはいくつかの）状態によって、立体特異的な識別力をもつことができるという特性によっている」。分子的な識別のプロセスは、植物界での雄－雌の識別におけるように、きわめて異なった諸々のメカニズム、閾、位置、観測者〔観察者〕を介入させることができる。

(13) ラッセル『神秘主義と論理』における「感覚与件の物理学に対する関係」、『バートランド・ラッセル著作集4』所収、江森巳之助訳、みすず書房。

(14) ベルクソンは、彼の全著作のなかで、科学的観測者と、持続を「経験する」哲学的人物を対立させる。そしてベルクソンは、とりわけ、前者が後者を前提にしていることを示そうと試みる——たんにニュートン物理学（『時間と自由』中村雄二郎訳、『世界の大思想　ベルクソン』所収、河出書房新社、第三章）においてだけでなく、相対性理論(『持続と同時性』花田圭介・加藤精司訳、白水社)においても試みる。

6

(1) Russell, *Principes de la mathématique*, P. U. F., とりわけ付録Aを参照。また、フレーゲ Frege, *Les fondements de l'arithmétique*, Ed. du Seuil, §48, §54を参照。さらに *Ecrits logiques et philosophiques*, とりわけ「関数と概念」と「概念と対象について」を、そして変数に関する批判的研究については、「関数とは何か」(それぞれ『フレーゲ哲学論集』藤村龍雄訳、岩波書店所収)を参照。それら二つの書物における Claude Imbert の注釈を参照。また、Philippe de Rouilhan, *Frege, les paradoxes de la représentation*, Ed. de Minuit. も参照のこと。

(2) Oswald Ducrot は、人が遂行的発話(言うことによっておこなうことがら、すなわち、私は誓う、私は約束する、私は命じる……)に与える自己指示的な特徴を批判した。*Dire et ne pas dire*, Ed. Hermann, p. 72 sq.

(3) 射影とゲーデルの方法について、ナーゲルとニューマン『数学から超数学へ――ゲーデルの証明』(白揚社、はやしはじめ訳)、七六-八八頁参照。

(4) フレーゲによる疑問命題の考え方については、「論理学研究」(*Ecrits logiques et philosophiques*, p. 175)を参照〔前掲『フレーゲ哲学論集』参照〕。同様に三つの要素、すなわち思考による把握あるいは思考するという行為、ひとつの思考による真理の再認あるいは判断、判断の表明あるいは断言についても同書を参照。また、Russell, *Principes de la mathématique*, §477を参照。

(5) たとえば、ひとは真と偽(1と0)のあいだに真理の度を導入するが、その度は、蓋然性ではなく、真理のピークと虚偽の空洞との一種のフラクタル化をおこなうものである。したがって、ファジー集合は再び数値的なものになるのだが、それは、0と1のあいだの或る分数において成立するのである。しかしながらファジー集合が、ひとつの正則的な関数を指し示すひとつの正規の集合の部分集合である、というのが条件になる。

Arnold Kaufmann, *Introduction à la théorie des sousensembles flous*, Ed. Masson を参照。さらに、「あいまいな」ものに一章が割り当てられている Pascal Engel の *La norme du vrai*, Gallimard. を参照。

(6) 内在野に現れる三つの超越、すなわち原初的超越、相互主観的超越、そして客観的超越については、フッサールの『デカルト的省察』(船橋弘訳、『世界の名著　ブルンター　フッサール』中央公論社所収) とりわけ五五−五六節を参照。根源的臆見(ウアドクサ)については、フッサール『イデーンI−II』(渡辺二郎訳、みすず書房) とりわけ一〇三−一〇四節、および『経験と判断』(長谷川宏訳、河出書房新社) を参照。

(7) ジル＝ガストン・グランジェ『哲学的認識のために』(植木哲也訳、法政大学出版局)、第6章と第7章。哲学的概念の認識は体験への準拠が哲学的概念を「潜在的な全体」として構成するかぎりにおいて、体験への指示に還元される。「潜在的な全体」とはひとつの超越論的主観を折り込んでいるものである。グランジェは、「潜在的」という言葉に、可能的経験の全体というカント的な意味以外の意味は与えていないように思われる(二〇〇−二〇一頁)。グランジェが、科学的概念から哲学的概念へ移行するなかで、「ファジー概念」に与える仮定的役割に注目されたい。

(8) 抽象的思考と通俗的判断については、ヘーゲルの講義録、*Qui pense abstrait ?* (Sämtliche Werke, XX, p. 445-450) を参照。

(9) Marcel Detienne は、旧来の知恵とは混同されない或る知識と、ソフィストたちのオピニオンとは混同されない或るオピニオンとを哲学者たちが引き合いに出していることを示している。*Les maîtres de vérité dans la Grèce archaïque*, Ed. Maspero, ch VI, p. 131 sq.

(10) ハイデガーおよび Jean Beaufret の有名な分析 (*Le poème de Parménide*, P. U. F., p. 31-34) を参照。

(11) Alain Badiou, *L'être et l'événement*, et *Manifeste pour la philosophie*, Ed. du Seuil. バディウの理論はとても複雑なので、わたしたちは、彼の理論を過度に簡略化したのではないかと危惧している。

(12) ホワイトヘッド『過程と実在(上)』(『ホワイトヘッド著作集第10巻』山本誠作訳、松籟社)、三五−四三頁を参照。
(13) Klee, *Théorie de l'art moderne*, Ed. Gonthier, p. 48 - 49. を参照。
(14) 科学が感受しているのは、カオスを秩序づける必要性だけではなく、カオスを見たり、触れたり、つくったりする必要性でもある。ジェイムズ・グリック『カオス――新しい科学をつくる』(上田睆亮監修、大貫昌子訳、新潮文庫)を参照。Gilles Châtelet は、どのようにして数学と物理学が、潜在的なものの圏域に属するものを保持しようと試みるのかを指摘している。*Les enjeux du mobile*, Ed. du Seuil 参照。
(15) ペギー『歴史との対話――「クリオ」――』、前掲、三五九 - 三六〇頁、三八二 - 三八三頁。ブランショ『文学空間』(粟津則雄、出口裕弘訳、現代思潮社)一三五 - 一三六頁、二〇八 - 二〇九頁、二一四 - 二一六頁。
(16) グリック『カオス――新しい科学をつくる』、前掲、三一九 - 三二〇頁。
(17) 合 - 間については、Groethuysen のきわめて強度の高い論文《De quelques aspects du temps》, *Recherches philosophiques*, V, 1935 - 1936 を参照――「あらゆる出来事は、言わば、何も生起していない時間のなかにある……」。Lerner-Holonia の小説作品はすべて、合 - 間のなかで生起している。
(18) Joe Bousquet, *Les Capitales*, Le Cercle du livre, p. 103.
(19) マラルメ「黙劇(ミミック)」渡辺守章訳、筑摩書房『マラルメ全集Ⅱ』所収、一七九 - 一八〇頁。

7

(1) Edith Wharton, *Les metteurs en scène*, Ed. 10 - 18, p. 263. (自分と同時代の画家たちのひとりが製作した小さなタブローが評価されていないことを知って、描くのをやめてしまったひとりの人気のあるアカデミックな画家が問題になっている。「それでわたしなんですが、わたしの作品はどれも創作ではなかったのです、わたしはただ自分のものとして取り入れただけでして……」)。

(2) ガスケ『セザンヌ』(與謝野文子訳、岩波文庫)二四三－二四四頁。あるいは、ギャスケ『セザンヌとの対話』(成田重郎訳、東出版)二二五－二二七頁。

(3) François Cheng, *Vide et plein*, Ed. du Seuil, p.63 (画家 Huang Pin-Hung〔黄・賓虹〕からの引用)参照。

(4) Artaud, *Van Gogh, le suicidé de la société*, Gallimard, Ed. Paule Thevenin, p .74, 82.〔アルトー「ヴァン・ゴッホ」鈴木創士訳、河出文庫『神の裁きと訣別するため』所収、参照〕「画家以外の何ものでもない画家ゴッホは、純粋絵画の方法を採用したが、それを超えることはできなかった……しかし驚くべきことに、画家でしかないこの画家は、すべての生まれながらの画家のなかでも、わたしたちが絵画を相手にしているということをこのうえなく見事に忘れさせてくれる画家でもある……」。

(5) José Gil は、ペソアがとくに『海の頌歌』のなかで、生きられた知覚の方から被知覚態(ペルセプト)を引き出す諸手法に一章をさいている(*Fernando Pessoa ou la métaphysique des sensations*, Ed. de la Différence, ch. II)。

(6) Cézanne, *op. cit.*, p. 113. Erwin Straus, *Du sens des sens*, Ed. Millon, p. 519 参照。「偉大な風景はみな、幻視的な特徴をそなえている。視は、見えないものから見えるようになるものである。……風景が見えないものであるというのは、わたしたちが風景を征服すればするほど、わたしたちは風景のなかでみずからを見失うからである。風景に到達するためには、わたしたちはできるかぎり、あらゆる時間的、空間的、客観的規定を犠牲にしなければならない。しかし、そのような放棄は、たんに、客観的なものだけに関わっているのではない。そのような放棄は、そのかぎりにおいて同時に、わたしたち自身を変様させるのである。風景のなかでこそ、わたしたちは、歴史的な存在であることを、すなわち客観化されうる存在であることをやめるのである。風景のために、わたしたちは記憶をもっているのではない。風景のなかのわたしたちのために、わたしたちは記憶をもっているのでもない。わたしたちは、白昼に目を見開いて夢をみるのだ。わたしたちは、客観的世界から遮蔽されているばかりでなく、わたしたち自身からも遮蔽されている。それが、感覚するということなのである」。

(7) Rossellini, *Le cinéma révélé*, Ed. de l'Etoile, p. 80－82.

(8) ベルクソンは『道徳と宗教の二源泉』(中村雄二郎訳、白水社)の第二章で、仮構を、想像力とはたいへん異なる〈幻視能力〉として分析している。この能力の本領は、神々と巨人たち、「準人格的な諸力あるいは実効ある諸現前〔「仮構機能と文学」の節〕」を創造するところにある。仮構は、最初は宗教において行使されるが、美術と文学において自由に展開される。

(9) Virginia Woolf, *Journal d'un écrivain*, Ed. 10－18, I, p. 230.〔『ヴァージニア・ウルフ著作集8』所収、『ある作家の日記』神谷美恵子訳、みすず書房、一九八頁参照〕

(10) アルトー『演劇とその分身』(安堂信也訳、白水社)、二一五頁。

(11) ル・クレジオ『悪魔祓い』(高山鉄男訳、岩波文庫)七頁。(「わたしはインディオなのである」……とはいうものの、とうもろこしを栽培するやり方も、丸木舟を削り出すやり方も知らないが……)。ミショーは、或る有名なテクストのなかで、芸術に固有な「健康」のことを語っていた。「『わが領土』あとがき」(『アンリ・ミショー全集』I、青土社、一九七八年、七六八頁)。

(12) André Dhôtel, *Terres de mémoire*, Ed. Universitaires, p. 225－226.

(13) ベルクソン『思想と動くもの』(矢内原伊作訳、白水社)六〇－六一頁。

(14) それら三つの問は、プルーストにしばしば現われる——とりわけ、『失われた時を求めて10』、第七篇「見いだされた時」井上究一郎訳、ちくま文庫三六一－三六三頁(世界の創造としての、生、視(ヴィジオン)、芸術について)。

(15) Lowry, *Au-dessous du volcan*, Ed. Buchet-Chastel, p. 203.〔マルカム・ラウリー『火山の下』斎藤兆史・渡辺暁・山崎暁子訳、白水社、一八九頁を参照〕

(16) マンデリシュターム『時のざわめき』(安井侑子訳、中央公論社)九六－九七頁。

(17) Mikel Dufrenne は、*Phénoménologie de l'expérience esthétique* (P. U. F., 1953) 以来、感覚を身体と世界の関係として基礎づけるア・プリオリ知覚的および変様的について、或る種の分析をおこなっていた。デュフレンヌは、Erwin Straus の近くにとどまっていた。しかし、肉（シェール） chair のなかで顕現する感覚の存在というものがあるだろうか。それは、『見えるものと見えないもの』におけるメルロ＝ポンティの方途であった。ミケル・デュフレンヌは、そのような肉の存在論に関する多くの保留を強調した（『目と耳』桟優訳、みすず書房）。最近、Didier Franck が、ハイデガーによる、またすでにフッサールによる肉の決定的な重要性を示すことで、メルロ＝ポンティのテーマを再び取りあげた（*Heidegger et le problème de l'espace*, Ed. de Minuit, および *Chair et corps*, Ed. de Minuit）。こうした問題はすべて、芸術の現象学の中心に位置する。フーコーのいまなお未刊の書 *Les aveux de la chair* が、おそらく、肉という観念のより一般的な起源と、〔初期教会の〕教父たちにおけるその射程についてわたしたちに教えてくれるはずである。

(18) Georges Didi-Huberman が指摘しているように、肉は、或る「疑い」を産みだす。肉は、カオスにとても近い。そこから、*La peinture incarnée*, Ed. de Minuit. の重要なテーマである「肉色」と「部分面」との相補性の必然性——それは *Devant l'image*, Ed. de Minuit. において再び取りあげられ、発展させられている——が出てくる。

(19) ファン・ゴッホ『ファン・ゴッホ書簡全集』（小林秀雄・ほか監修、二見史郎・ほか訳、みすず書房一四五〇－一四五一頁。様々なトーン転化、および、それらと単色ベタ塗りとの関係は、書簡においてしばしば見受けられるテーマである。同様に、ゴーガンはシューフネッケルへの手紙（一八八八年一〇月八日、『ゴーガンの手紙』東珠樹訳、美術公論社、九二頁）で、「私はヴィンセントのために、自像画を描いた……。それは、私の傑作のひとつだと思っている。すなわち（たとえば）絶対に理解できないほど、それは抽象的なのだ。……そのデッサンはまったく特別で、完全な抽象だ。……色は、自然からかけはなれた色だ。高温焼成でゆがんだ陶器の漠然とした思い出を想像してほしい。画家の思考の様々な闘いの座たる目のなかで輝きわたる炎のような火の炸裂によって縞模様になった、赤という赤、紫という紫。子供っぽい花束をちりばめたクロムの背景のうえの一切。純潔な乙女の部屋」。これが、ゴッホによれば、「恣意的な色彩画家」の考えである。

(20) *Artstudio*, n°16《Monochromes》(クラインについてのGeneviève MonnierとDenys Riout の論文、そして《avatars actuels du monochrome》に関するPierre Sterckx の論文)を参照。

(21) Worringer, *L'art gothique*, Gallimard.〔ヴォーリンガー『ゴシック美術形式論』中野勇訳、岩崎美術社、五五頁を参照〕

(22) Mondrian《Réalité naturelle et réalité abstraite》(in Seuphor, *Piet Mondrian, sa vie, son œuvre*, Ed. Flammarion). 部屋とその折り広げについて。ミシェル・ビュトールは、正方形あるいは長方形の部屋のこの折り広げと、いわば「将来の部屋の約束」としての空虚で白い内的な正方形に対する開きを分析した。Michel Butor, *Répertoire III*, 《Le carré et son habitant》, Ed. de Minuit, p. 307–309, 314–315.

(23) 諸機能(ファンクシヨン)の発達によって、テリトリーを説明しようとするのは、ローレンツの誤りであるように思われる。『攻撃—悪の自然誌』(日高敏隆、久保和彦訳、みすず書房)。

(24) Marshall, *Bowler Birds*, Oxford at the Clarendon Press ; Gilliord, *Birds of Paradise and Bowler Birds*, Weidenfeld.

(25) ヤーコプ・フォン・ユクスキュルの主著『生物から見た世界』(日高敏隆・野田保之訳、思索社、二一三—二一八頁、第十章「形態形成の動機としての対立符点」)参照。

(26) Henry van de Velde, *Déblaiement d'art*, Archives d'architecture moderne, p. 20.

(27) これらすべての点に関する、フレーミング形式と〈町—コスモス〉(ローザンヌの例)の分析は、Bernard Cache, *L'ameublement du territoire* (近刊予定) を参照。

(28) 映画におけるさまざまなショット間の新たな関係をきわだたせるために、脱フレーミングの概念を形成したのは Pascal Bonitzer である (*Cahiers du cinéma*, n°284, janvier 1978)。「ばらばらの、細かく砕かれた、断片的な」ショット、こうしたもののおかげで、映画は、その美的な展開を妨げるおそれのあったこのうえなく平凡な感動から解放され、新たな変様態（アフェクト）を生み出すことで、ひとつの芸術へと生成する（*Le champ aveugle*, Ed. Cahiers du cinéma-Gallimard,《système des émotions》）。

（29）Bakhtine, *Esthétique et théorie du roman*, Gallimard.（『ミハイル・バフチン著作集』第5巻・第6巻・第7巻・第8巻、伊藤一郎・ほか訳、新時代社所収）

（30）Boulez, とりわけ、*Points de repère*, Ed. Bourgois - Le Seuil, p. 159以下。（ブーレーズ『現代音楽を考える』笠羽映子訳、青土社、八二‐八六頁）参照。持続と強度と音色へのセリーの拡張は、囲い込みの行為ではなく、反対に、音の高低のセリーのなかに閉じ込められていたものを開くことである。

（31）グザヴィエ・ド・ラングレ『油彩画の技術』（黒江光彦訳、美術出版社）。（ゲーテ『色彩論』九〇二‐九〇九節、『ゲーテ全集』第一四巻所収、木村直司訳、潮出版社、四六二‐四六三頁）。

（32）《Christian Bonnefoi, interviewé et commenté par Yves-Alain Bois》, *Macula*, 5‐6. 参照。

（33）Damisch, *Fenêtre jaune cadmium ou les dessous de la peinture*, Ed. du Seuil, p. 275‐305（および p. 80, Pollockにおける平面の厚さ）。Damischは、とりわけデュビュッフェが創建しようと努めていたような、芸術‐思想、絵画‐思想の関係を、もっとも力説した著者である。マラルメは、書物の「厚さ」を、その深さとは異なるひとつの次元にしていた。Jacques Schérer, *Le Livre de Mallarmé*, Gallimard, p. 55参照。これは、ブーレーズが、彼なりに、音楽のためにとりあげなおしたテーマである（*Points de repère*, p. 161.）。

結論

（1）カント『純粋理性批判』、先験的分析論、「構想力における再生の総合について」。

（2）セザンヌとカオスについては、前掲のギャスケ『セザンヌとの対話』あるいは、ガスケ『セザンヌ』参照。クレーとカオスに関しては la《note sur le point gris》in *Théorie de l'art moderne,* Ed. Gonthier 参照。そして、Henri Maldiney の分析、*Regard Parole Espace,* Ed. L'Age d'homme, p. 150－151, 183－185 参照。

（3）ダルマス『青春のガロア』、前掲、一〇六頁、一一三－一一四頁。

（4）Lawrence, "from Chaos in Poetry," in D. H. Lawrence, *Selected Literary Criticism,* ed. A. Beal, Heinemann, p. 89－92.

（5）Didi-Huberman, *La peinture incarnée,* p. 120－123. 肉とカオスについて。

（6）Serres, *Le système de Leibniz,* P.U.F., I, p.111.（および篩の継起について、p.120-123）。

（7）ストレンジ・アトラクタ、独立変数、そして「カオスへの道」について、Prigogine et Stengers, *Entre le temps et l'éternité,* Ed. Fayard, ch. Ⅳ. さらに、グリック『カオス』参照。

（8）Guéroult, *L'évolution et la structure de la Doctrine de la science chez Fichte,* Ed. Les Belles Lettres, I, p. 174 参照。

（9）マルタン『ドゥルーズ／変奏』、前掲書。

（10）Erwin Straus, *Du sens des sens,* Ed. Millon, Partie Ⅲ.

（11）Ruyer, *Néo-finalisme,* P. U. F., ch. Ⅶ－Ⅹ. リュイエは、その著作全体において、現象学の批判とは異なる、機械論と力動説（ゲシュタルト）についての二重の批判を遂行した。

（12）ヒュームは、『人性論』において、この受動的観照－縮約による想像力を定義している（第一篇、第三部、第一四節）。

（13）観照に関するプロティノスの重要なテクストは、『エネアデス』第三論集第八論文（田之頭安彦訳、『世界の名著、プロティノス　ポルピュリオス　プロクロス』所収、中央公論社）の冒頭にある。ヒュームからバトラー、そしてホワイトヘッドにいたるまで、経験論者たちは、このテーマを、物質の方へと傾けることによって取りあげなおすだろう。そこに、彼らの新プラトン主義が由来している。

(14) Burns, *The Uncertain Nervous System*, Ed. Arnold. Steven Rose, *Le cerveau conscient*, Ed. Le Seuil, p. 84.「神経系は不確定であり、確率論的であり、それゆえに興味深い」。

(15) カント『判断力批判（下）』（篠田英雄訳、岩波文庫）六二節〔実質的 - 客観的合目的性から区別された単なる形式的 - 客観的合目的性について〕。

(16) François Laruelle は、非哲学について、認識の対象を超えた「科学（の）現実」としての或る理解を提案している。*Philosophie et non-philosophie*, Ed. Mardaga. しかし、なぜこの科学の現実がまた非科学でもあるというのではないのか、がわからない。

訳注

序論

＊1　原語は figure。文脈によって、「形像」、「人物像」、「図形」、「像」、「前兆」、「形態」と訳し分けた。このうち、「形態」という訳語はヘーゲルを示唆している（本書二四頁）。『差異と反復』の訳注、序論（41）を参照されたい。ドゥルーズの用語はそれぞれ、一般に、多くの意味を同時に含んでおり、文脈に応じてそのうちのいくつかが表面に浮上してくるように思われる。figure がレトリックとは関係がない点については、本書二九八頁参照。
＊2　原語は entité。ふつうは漠然と「ものごと」を意味する。本書では、「概念的人物」などをも指す。本書四五頁、一一五頁以下参照。
＊3　「不整合」の原語は inconsistant。もちろん consistant（共立的、整合的）の反意語だが、consistant については、本書一章の訳注＊4を参照。
＊4　ラッセルが『神秘主義と論理』のなかで用いている語。観察者の感覚与件（センス―ディタム）になりうるものであるが、感覚与件から独立して存在するとみなされるもの。ドゥルーズの解釈（主観性のない質……など）については、本書二二二頁以下参照。
＊5　「オピニオン」は、プラトンにおける「ドクサ」を踏まえている語であり、ドゥルーズ／ガタリは、この語のなかに、「意見」、「臆見」、「通念」などの意味を積み重ねているように思われる。
＊6　「普遍」の原語は Univer-saux。伝統的な哲学の問題としては、「普遍（普遍概念）」は、それ自体で実在する（実念論）か、あるいは名目にすぎない（唯名論）かという、中世以来の「普遍論争」がある。
＊7　「折り開く」の原語は expliquer。ふつうの意味は、「説明する」。語源的には ex は「内から外への運動」

を意味し、pliquer は、ギリシア語まで遡れば、「からみつける」、「縒る」、「織る」という意味を持つ。『差異と反復』では、expliquer を、ギリシア語の語源を生かして「繰り広げる」と訳した。しかし、pli は、現代のフランス語としては、「襞」、「折り目」などの意味をもつ。本書では、pli との連関を明示するために、やや不自然ではあるが「折り開く」と訳してみた。けれども、ドゥルーズの用語の意味を、一定の図形的イメージに固定することは避けるべきであろう。pli を、本書七〇頁では「折り返し」と訳した。この前後を熟読されたい。

＊8　ダダイスト、クルト・シュヴィッタースの作品の総称を「メルツ Merz」という。彼はまた「メルツ」という名の雑誌を刊行した。商業を意味する「コメルツ Kommerz」(ドイツの或る銀行の名の一部）から取りだした語。

＊9　「折り込む」の原語は impliquer。ふつうの意味は、「含意する」など。ここでも、pli との連関が明瞭になるように訳した。

1

＊1　「概念」の原語は concept。語源的には、con は、「ともに」を意味し、cept は、「つかまれること（もの）」を意味する。ドゥルーズ／ガタリの用いる concept は、この語源が生きているように思われる。彼らにおける concept は、超越論的主観が存在しないかぎりでの、したがってそれによってコントロールされないかぎりでの思考において、「ともにつかまれていること」、あるいは「ともにつかまれたもの」を意味していると言ってよいだろう。本書四〇頁では、概念は思考の現働態＝行為であると言われている。さらに、本書三四八頁以下を参照されたい。

＊2　この「数字（番号）」の意味については、本書三九頁「番号をもった音楽作品」、五三頁「数字の入ったさいころ」、六七頁「数字は数値ではない」、一三二頁「数字」、二四二頁「数字」の箇所を参照されたい。

＊3　連結（コネクシオン）については、本書六八頁参照。ヒューム『人性論』における基本用語。邦訳（岩波文庫、大槻春彦訳）では、「（観念の）結合」あるいは「関連」。

＊4　「共立性」の原語は、consistance。ふつうの意味は、「堅固さ」、「整合性」など。語源的には、「ともに立つこと」を意味する。「共立性」と訳した根拠は、たとえば、『千のプラトー（中）』河出文庫、三五二頁「共立性、すなわち、異質な諸要素が〈一緒に‐成立すること〉」にある（ただし、邦訳では、「共立性」は「存立」、「アジャンスマン」は「アレンジメント」と訳されている）。本書「訳者あとがき」を参照されたい。

＊5　「近傍」とは、数学と物理学にまたがる概念として用いられている。『千のプラトー（中）』河出文庫、二三五頁参照。「隣接」という意味を読み込むことが可能であると思われる。

＊6　「概念」を「点」とみなすのは、ドゥルーズ／ガタリと同じ意味においてではないが、すでに、カントがおこなっている。『純粋理性批判』B686参照。

＊7　「縦座標 ordonnée」とは、y座標を指す数学用語だが、ドゥルーズは、この語によって、一個の概念のなかで縦にあるいは垂直に集積した強度＝内包量としての合成諸要素を指している。語源的には「順序づけられたもの」という意味。ちなみに、ヘーゲルが、「数学的無限」について、縦座標と横座標の関係を論じている（『大論理学』上巻の二、武市健人訳、岩波書店、一二七頁以下参照）。

＊8　「変化＝変奏」の原語は variation。概念あるいはその合成要素（これもまた概念）が音楽作品として扱われているので、こう訳してみた。

＊9　「強度的内包」の原語は intension。カルナップが、『意味と必然性』のなかで用いた語。文の内包を意味する（『意味と必然性』永井成男、ほか訳、紀伊國屋書店、四〇頁以下参照）。これをドゥルーズ／ガタリが用いるときには、「強度（アンタンシテ）」という意味も含まれると解釈して、こう訳した。

＊10　「俯瞰」の原語は survol であり、「上空飛行」と訳すこともできる。「共‐現前」と言い換えられている点に留意されたい。

＊11　「体」の原語はcorpsであり、文脈によって、「物体」あるいは「身体」を意味する場合と、数学用語としての「体」を意味する場合がある。数学用語としての「体」については、『差異と反復』第四章訳注（18）を参照されたい。

＊12　「物の状態」の原語は、état de choses。本書の英訳では、state of affairsと訳されており、これは、分析哲学ではふつう「事態」と訳されるのだがあえて「物の状態」と直訳した（カルナップはウィトゲンシュタインの「可能な事態」に言及している。前掲書二〇－二一頁）。

＊13　スコラ哲学におけるスコトゥスの用語。一個の具体的な「この物」を「この物」たらしめている個体性を意味する。

＊14　「横座標abscisse」とは、x座標を指す数学用語。ドゥルーズ／ガタリは、この語によって、物理学における座標、あるいは関数における変数などを指している。

＊15　デカルトの懐疑については、拙論「懐疑と〈コギト・エルゴ・スム〉」（中央大学文学部『紀要』哲学科第32号）を参照されたい。

2

＊1　「平面plan」は、「大地」、「土地」、「平台」とも言い換えられる。本文七七、一〇五頁以下、三三〇－三三四頁参照。

＊2　「揺動面（プラノメヌ）」の原語はplanomène。「さまよう」を意味する、ギリシア語のπλανάω の受動相の分詞からドゥルーズ／ガタリがつくった言葉のように思われる。そうだとすれば、語源的には、「平面（プラン）」の意味はないが、あえて「平面（プラン）」を読み込んでこのように訳した。

＊3　「共立性平面」→「揺動面」→「内在平面」と言い換えられている。「内在平面」については、本書三九

○頁の訳注＊9を参照されたい。

＊4 「アジャンスマン」については「訳者あとがき」を参照されたい。

＊5 「蔵」の原語はréserve。ルネ・ド・セカティと中村亮二による『正法眼蔵』の仏訳（本章原注（2）参照）において、「蔵」がréserveと訳されている。

＊6 「思考のイメージ」については、『差異と反復』第三章参照。ただし、『差異と反復』では、「思考のイマージュ」と訳した。

＊7 カントの用語を示唆していると思われる。『純粋理性批判』B116〜117参照。

＊8 à l'infiniを、「無限に」という意味の熟語とみなして、ここでは「無限に担われる」と訳したが、他の箇所の文脈からすれば、「無限なものに到達させられる」とも訳すことが可能である。

＊9 「内在immanence」は、「内在平面」と「内在すること」を同時に意味しているように思われる。「内在は〜にある」、「内在は〜に内在している」、「内在は〜への内在である」という三通りの言い方がなされている。

＊10 「肉chair」とは、フッサールの『ヨーロッパ諸学の危機と超越論的現象学』の仏訳や、メルロ＝ポンティの『見えるものと見えないもの』で用いられる用語（たとえば『ヨーロッパ諸学……』の邦訳一四七頁で「身体」と訳されている独語Leibがchairと仏訳されている）。La crise des sciences européennes et la phénoménologie transcendantale, trad. par G. Granel, Gallimard, p. 121参照。

＊11 対象的に認識できない「意識」、「実存」、「世界」、「超越者」などを指す。

＊12 スピノザ『エティカ』第二部定理40注解二、第五部定理25以下参照。神の属性の十全な認識から、ものの本質の十全な認識にすすむ直観知をいう。

＊13 「或るもの＝x」については、拙論「Ⅲ　感覚と知覚」の「2　現象学的アプローチ」における「哲学史的素描――〈空虚なX〉をめぐって」（『新岩波講座哲学9　身体　感覚　精神』所収）を参照されたい。

3

＊1　「転位語」とは、その語が用いられる状況に応じて指示対象が変わる語のこと。

＊2　「フィアット」については、『差異と反復』第四章訳注（49）を参照されたい。

4

＊1　「浴槽」は、本書三〇七頁で言及されているボナールの作品の題名『浴槽の裸婦』にちなんで用いられているように思われる。

＊2　Heidegger, *Vorträge und Aufsätze*, Günther Neske Pfullingen, 1953, S.145 以下参照。

＊3　デカルト『方法序説』第一部冒頭の言葉。良識（理性）を指す。

＊4　以上の叙述については、『差異と反復（上）』河出文庫、一九七―二一一頁を参照。ドゥルーズによる、プロティノス、ヒューム、ベルクソンの総合的解釈として重要。habiter（棲む）とhabitude（習慣＝持ち前）の語源は、ともにラテン語のhabere（持つ、〜の状態にある）にあり、その連関を示すためにこのような訳語を当てた。「鳥がとまる木」を意味する「棲」という漢字を意図的に用い、「定住的」なニュアンスが出ないような訳を試みた。contempler（観照する）は、本書では、プラトンにおける「（イデアの）観照」と、プロティノスにおける受動的総合としての「観照」の二つの意味で用いられており、ドゥルーズは後者を重要視する。contracter（ともに引きつける、……をつける、縮約する）とconcept（ともにつかまれたもの、概念）の連関も訳文から汲みとっていただきたい。

＊5　『狂人の二つの体制1983―1995』（河出書房新社）所収のドゥルーズの論文「装置とは何か」（拙訳）を参照。

5

＊1 「ファンクティヴ」の原語は、fonctif。イェルムスレウの用語の仏訳（「機能素」）として知られているが、ドゥルーズ／ガタリは、この語で多義的なファンクション（関数、機能）の要素を指しており、漢字によるくどい訳語をつくるより、英訳の functive の発音をそのまま訳語にした。

＊2 カントルは自然数全体をもっとも基本的な無限集合と考え、その濃度を$\aleph_0$（「アレフゼロ」と読む。アレフはヘブライ語の最初の文字）で表した。濃度とは集合の要素の「個数」のことである。自然数全体の真部分集合として正の偶数の全体があるが、この集合の濃度も$\aleph_0$である。なぜなら、二つの集合の間には一対一対応が成立する（1→2, 2→4, 3→6,……）からである。ところが実数全体は自然数全体と一対一対応が成り立たない（カントルはこれを「対角線論法」によって証明した）。したがって実数全体の集合の濃度（連続体の濃度）は$\aleph_0$よりも大きい。一般に、ある集合の部分集合全体からなる集合（「べき集合」という）の濃度はもとの集合の濃度よりも大きくなる。たとえば要素の個数が3である有限集合 {1, 2, 3} のすべての部分集合からなる集合 {{ }, {1}, {2}, {3}, {1,2}, {1,3}, {2,3}, {1,2,3}} の要素の個数は8である（$2^3 = 8$）。同様に$2^{\aleph_0}$も$\aleph_0$より大きい。以下同様に、いくらでも濃度の大きな集合を考えることができる。なおカントル自身は連続体の濃度を$\aleph$で表し、$\aleph_1$とは表さなかった。

＊3 カントル『超限集合論』（功刀金二郎・村田全訳、共立出版）七三頁の訳注における「仕切り原理」を指すと思われる。その箇所を参照されたい。

＊4 「切断」については、『差異と反復』第四章訳注（10）を参照されたい。

＊5 differenciation を differentiation と読む。

＊6 ドゥルーズ『ベルクソンの哲学』（宇波彰訳、法政大学出版局）三四頁参照。

6

＊1　平面上の点を、座標 (a,b) つまり a と b の二つの数の組で表すことができるが、(a,b) と (b,a) はふつう異なる。これを、順序のついた組、すなわち順序対という。座標に限らず、一般に順序対において $(a,b) = (c,d)$ が成り立つための必要十分条件は $a = c$ かつ $b = d$ である。なお一般的には a、b は数でなくてもよい。

＊2　「項(アーギュメント)」とは、変項に相当するフレーゲの用語（Argument）。フレーゲ『フレーゲ哲学論集』（藤村龍雄訳、岩波書店）所収の「関数と概念」を参照。

＊3　「内包的」の原語は intentionnelles だが、以下すべて、intensionnelles と読む。「強度的＝内包的」とも訳した場合がある。

＊4　「基」の原語は、base。一応、数学用語と解した。「基」については、『差異と反復（下）』河出文庫、四一頁を参照されたい。

＊5　ライプニッツが、デカルトに反論して提出した、宇宙において保存される力の量の式。

＊6　ドゥルーズ『スピノザ』（鈴木雅大訳、平凡社）一六五頁以下を参照されたい。

7

＊1　「被知覚態(ペルセプト)」も「変様態(アフェクト)」も、あくまで試訳である（「変様態(アフェクト)」は、『千のプラトー』では「情動」と訳されている）。この二つの概念は、ラッセルの「センシビリア」を踏まえているように思われる。本書三九〇頁の訳注（序論＊4）を参照されたい。「変様態(アフェクト)」は、スピノザの用語を踏まえて訳した。ちなみに、ラッセ

ルがperceptsという語を用いている。

＊2 「メロディーの風景」と「リズムの人物」については、『千のプラトー（中）』河出文庫、三三三頁以下と、そこに付されている原注を参照されたい。

＊3 犬と犬座の関係は、スピノザ『エティカ』第一部定理17注解で言及されている。

結論

＊1 ヒューム『人性論』の冒頭の部分を示唆している。

＊2 プラトンの『パイドン』などで言われている冥界の河の名。

＊3 ライプニッツの著作を示唆している。本書四一頁および原注（3）を参照。

＊4 「プレグナンツ」とは、ヴェルトハイマーが提出した「プレグナンツの法則」を指している。すなわち、「所与の条件下で、できるだけよい形態にまとまろうとする傾向」をいう。

＊5 ホワイトヘッド『過程と実在（上）』、前掲書、四六頁参照。

訳者あとがき

「ああ、わたしの健康状態はよくない、呼吸機能にあまりにも障害をかかえているので、ひとの訪問に応じることさえできない。しかしそれでもなお、よき人生であります。しかもわたしは、毎日仕事をすることができるのです……」。これが、九三年一月にドゥルーズから届いた手紙の書き出しである。それからおよそ三年後に、彼は窓の外へ去っていった。

それぞれに、ドゥルーズへの思いがあるだろう。それぞれに、ドゥルーズへの対応があるだろう。わたしにとっては、一時期、ドゥルーズの作品を翻訳することがそのまま生きることであった。少なくとも彼の自殺まではそうだった。ドゥルーズの文章を日本語に置き換える喜び、とは言うまい。わたしは、ただ完走を目ざして呻吟するマラソン・ランナーであった。しかし他方では、困難な翻訳の代償として、わたしは勝手に、ドゥルーズから直接教えを受けるつもりになっていた。それは、翻訳者の特権であるとさえ考えていた。要するに、わたしはドゥルーズの思想を、よくもわるくもほとんど客観化していなかったのである。

ドゥルーズの自殺は、やはり、大きな衝撃であった。いまでも、彼の死をどのように考えてよいかわからない。むしろ、彼の死に直面できないでいると言ったほうが正確かもしれない。しかし、彼の死はまた、わたしにとってひとつの転機でもあった。九〇年三月、パリの御自宅でドゥルーズに教えを受けて以来、わたしには、ドゥルーズの作品がつねにドゥルーズその人と二重写しになって現れていたのだが、彼が亡くなってからは、まるで憑き物が落ちたように、彼の作品が作品そのものとして見えるようになった。内心でドゥルーズの使徒たらんとやや無理をしていた人間が、ふとわれに返って平凡な研究者の立場に戻ったということだろうか。あるいは、熱狂が姿を変えただけのことなのだろうか。ともあれ、翻訳というかたちでのドゥルーズへの対応は、わたしに関するかぎり、これでひと区切りついたように思う。このつたない翻訳を、いまは亡きドゥルーズとガタリに捧げたい(そして今後は、分析と総合というデカルト的方法によって、ドゥルーズ研究をすすめたいと思っている)。

さて、『哲学とは何か』という書物は、アントニオ・ネグリによれば、『千のプラトー』を引き立たせる啓蒙版ということになる。しかし、わたしはそう思わない。この書物は、最初期の『経験論と主体性』から、『スピノザと表現の問題』、『差異と反復』、さらには『シネマ』などをもカヴァーするドゥルーズ/ガタリの哲学の総括である。しかしここでは、ユーモアがたっぷり詰め込まれた『哲学とは何か』について、冗長な解説は差し控えたい。翻訳というものは、すでにそれだけで訳者のバイアスがかかっているものだし、解説という名目で、読者に先入見を吹き込むようなことはしたくないからである。読者一人ひとりに、この書をとにかく読んでいただくほかはない。とは言うものの、大学その他においてドゥルーズを解説した経験からすれば、やはりこの書に関して次の二点だけは指摘しておく必要があるように思われる。

まず、ドゥルーズとガタリとの関係が、いぜんとして問題になるだろう。アラン・バディウにとっては、ドゥルーズのものであるかぎりでのドゥルーズの思想に対応することは、ドゥルーズ晩年にいたるまで可能であるらしい。またそこに、バディウの何らかの戦略があるようにも見える。しかし、彼の意図が那辺にあれ、ガタリとの共著を黙殺するというのはどうであろうか。わたしは、日常におけるドゥルーズとガタリとの具体的な関係がどのようなものであったのか何も知らないが、しかし、いずれにせよドゥルーズは、最後まで、つまりこの『哲学とは何か』にいたるまで、ガタリとともにアジャンスマン（アレンジメント）としての本をつくるという方針を貫いたことは確かである。『千のプラトー』の序を、やはり、熟読するべきであろう——一冊の本を書くドゥルーズとガタリは、一人ひとりがすでに複数の者であるのだから、二人ではたんに複数どころか多数であること、「私」と言おうが言うまいが、そんなことは重要ではないこと、言表行為の集団的アジャンスマンと、欲望の機械状アジャンスマンが存在し、それらが相互に含みあい、どちらも驚異的な或る「外」に接続していること……。ドゥルーズとガタリの協力関係の内実は、この宣言が言わんとしていることに尽きていると思う。ドゥルーズの用いるいくつかの言葉がガタリの提案によるものであると断定したところで、また、その所有権がどちらにあるのかを詮索したところで、彼らの思想に接近したことにはならないだろう。

では、アジャンスマン（agencement）とは何か。この訳語は、日本ではあまり知られていないフランス語の発音をそのまま用いたものである。したがって、フランス語に馴染みのない読者にとって、このような訳し方は迷惑な話に思われるかもしれない。しかし、外来語をも含めて日本語のどの言葉を選んでも、一言ではアジャンスマンの意味を伝えることはできない。むしろ、日本語の単語がもつ従来の意味が、ドゥルーズの言葉の用法の理解を妨げると言ってもよいほどである。ところで、定義なしに、しかも文脈からは意味がはっきりと類推できないままに、あるいは複数の解釈が可能になるかのように、唐突に言葉が出現する、というのがドゥルーズのスタイルである。ただし、多くの場合、その言葉の一定の意味を示唆している叙述が、後になってから断片的にさりげなく現れてくる。そこで、「アジャンスマン」への言及を、『千のプラトー』から一部抜き出し、『千のプラトー』と『哲学とは何か』において、「アジャンスマン」が、「共立性（コンシスタンス）」、「機械状のもの」、および「生成」と密接に関連していることを指摘しておこう（ただし『千のプラトー』では、「アジャンスマン」は「アレンジメント」、「共立性」は「存立」、「生成」は「生成変化」と訳されている）。なぜなら、その点を理解することが、『哲学とは何か』の思想のひとつの急所を把握することになるからである。

「内部－アジャンスマン（アレンジメント）のなかには、異質な合成諸要素が、そのすべての種類にわたって介在している。……最初に問うべきことは、それら領土（テリトリー）化する印、それら領土（テリトリー）的モチーフ、それら領土（テリトリー）化された機能がすべて、ひとつの同じ内部－アジャンスマンのなかで、一緒（アンサンブル）に成立するのはどうしてか、ということであろう。それは、共立性（コンシスタンス）、すなわち、異質な諸要素が〈一緒に－成立すること〉に関する問である」（『千のプラトー』三七三頁――ただし引用は邦訳のままではない）。アジャンスマンとは、さしあたって、異質な諸要素が共立している集合（アンサンブル）である。「わたしたちが機械状のものと呼ぶのは、まさに、異質なものを異質なものとしてのかぎりにおいてそのように総合することである」（同三八一頁）。こうしたアジャンスマンは機械状アジャンスマンである。「異質な諸項と、伝染という共－作用とをそなえたそれらの多様体は、或るいくつかのアジャンスマンに入る。そして人間がおのれの様々な〈動物への－生成〉を遂行するのは、まさにそこにおいてである」（同二八〇頁）。アジャンスマンは、生成の場である、というより、生成そのものである。

「概念的生成は、或る絶対的な形（フォルム）のなかに含まれている異質性であり、感覚的生成は、或る表現質料のなかに入り込んでいる他性（アルテリテ）である」（『哲学とは何か』二五二頁）。生成とは、諸項に対して外在的な関係性である。生成という関係性のなかで、諸項のそれまでの個体性がゆらぎ、或る流動状態に入る。そのとき、諸項のあいだで何かが移行する。たとえば、エイハブが鯨に生成するとき、アジャンスマンが成立しており、エイハブと鯨のあいだで何かが移行する。では、生成＝アジャンスマンがそこで成立するその場としての平面（プラン）とは何であろうか。それは、物質であろうか、それとも精神であろうか。――もはや引用と訳者による敷衍（ふえん）はこのくらいでよいだろう。以上の箇所とその前後だけを熟読するだけでも、ドゥルーズ／ガタリが言わんとしていることの重要な部分が把握されうると思う。

『哲学とは何か』は、哲学と科学と芸術の連関を明らかにしようとして、二人が書いた本である。それは、まさしく「この時代に逆らって、来たるべき時代のために」書かれた書物である。とにかく読んでいただきたい。プラトン、デカルト、スピノザ、カントなどについても、ドゥルーズについても、（あえて「本物」という言葉を使うが）本物の思想を理解するためには、原典か、あるいは（あえて「正確な」という語を用いるが）その正確な翻訳を読むしかないからである。だからこそ、翻訳者には、正確に訳すという使命がある。だからこそ、また、わたしはこの翻訳の上梓を恐れる。読者諸賢の批判をまつのみである。

＊

本書は、Gilles DELEUZE, /Félix GUATTARI, *QU'EST-CE QUE LA PHILOSOPHIE?*, LES ÉDITIONS DE MINUIT, 1991 の全訳である。本書の英訳 *What is Philosophy?*, Translated by H. Tomlinson and G. Burchill, Columbia University Press, Second impression 1995 の原注の一部を採用した。訳注は、原則的に、本文の理解を助けうると思われる用語解説に限定した。もとより、訳者の解釈にもとづいている。したがって、読者は、この訳注を無視することができる。

訳出にあたっては、熊田陽一郎、小西嘉四郎、坂部恵、清水誠、藤村龍雄の諸先生に、さらには、宇波彰、市川慎一、小管奎申、土田健次郎、加賀野井秀一、野元晋、松葉祥一の諸先生に貴重なご教示を賜った。また、畏友、浅利誠、荻原真、白仁高志、田中昭光、杜こなての諸氏、さらに他の多くの友人から、貴重なアドヴァイスと助力を得た。以上の諸先生、友人のみなさんに、厚く御礼申し上げます。

最後に、いつもながら見守って下さる野口雄二氏に、また、絶えず叱咤激励していただいた安島真一氏に感謝申し上げたい。

一九九七年八月

財津　理

文庫版への訳者あとがき

この翻訳は一九九七年に出版されてから多くの読者の支持を得て刷を重ねてきたが、このたび、河出文庫への収録の要請があり、これを機会に若干の語句を修正した。『哲学とは何か』は、ドゥルーズ／ガタリの遺言であると言ってよいだろう――哲学に固有の問とは概念と創造が関係しあう特異点であり、概念は創造されるもの、創造されるべきものである――したがって、概念の教育法が必要であり、この教育法によって、概念創造の諸条件が特異なものとして分析されるはずである……。フランスでも日本でもドゥルーズ研究はますます多様化している。このようなとき、この文庫本が世に出るのは本当に喜ばしいことである。『差異と反復』の文庫化と同様、今回の『哲学とは何か』の文庫化にあたっても、阿部晴政さんには本当にお世話になった。心より感謝申し上げたい。

二〇一二年六月

財津　理

本書は一九九七年に河出書房新社より刊行された単行本を文庫化したものです。

哲学とは何か

二〇一二年 八 月二〇日 初版発行
二〇二五年 一 月三〇日 6刷発行

著 者 G・ドゥルーズ
F・ガタリ
訳 者 財津理

発行者 小野寺優
発行所 株式会社河出書房新社
〒一六二-八五四四
東京都新宿区東五軒町二-一三
電話〇三-三四〇四-八六一一(編集)
〇三-三四〇四-一二〇一(営業)
https://www.kawade.co.jp/

ロゴ・表紙デザイン 粟津潔
本文フォーマット 佐々木暁
印刷・製本 大日本印刷株式会社

Printed in Japan ISBN978-4-309-46375-9

神の裁きと訣別するため

アントナン・アルトー　宇野邦一／鈴木創士〔訳〕　46275-2

「器官なき身体」をうたうアルトー最後の、そして究極の叫びである表題作、自身の試練のすべてを賭けて「ゴッホは狂人ではなかった」と論じる35年目の新訳による「ヴァン・ゴッホ」。激烈な思考を凝縮した２篇。

百頭女

マックス・エルンスト　巖谷國士〔訳〕　46147-2

古いノスタルジアをかきたてる漆黒の幻想コラージュ一四七葉——永遠の女「百頭女」と怪鳥ロプロプが繰り広げる奇々怪々の物語。エルンストの夢幻世界、コラージュロマンの集大成。今世紀最大の奇書！

見えない都市

イタロ・カルヴィーノ　米川良夫〔訳〕　46229-5

現代イタリア文学を代表し世界的に注目され続けている著者の名作。マルコ・ポーロがフビライ汗の寵臣となって、様々な空想都市（巨大都市、無形都市など）の奇妙で不思議な報告を描く幻想小説の極致。解説＝柳瀬尚紀

不在の騎士

イタロ・カルヴィーノ　米川良夫〔訳〕　46261-5

中世騎士道の時代、フランス軍勇将のなかにかなり風変わりな騎士がいた。甲冑のなかは、空っぽ……。空想的な《歴史》三部作の一つで、現代への寓意を込めながら奇想天外さと冒険に満ちた愉しい傑作小説。

ロベルトは今夜

ピエール・クロソウスキー　若林真〔訳〕　46268-4

自宅を訪問する男を相手構わず妻ロベルトに近づかせて不倫の関係を結ばせる夫オクターヴ。「歓待の掟」にとらわれ、原罪に対して自己超越を極めようとする行為の果てには何が待っているのか。衝撃の神学小説！

オン・ザ・ロード

ジャック・ケルアック　青山南〔訳〕　46334-6

安住に否を突きつけ、自由を夢見て、終わらない旅に向かう若者たち。ビート・ジェネレーションの誕生を告げ、その後のあらゆる文化に決定的な影響を与えつづけた不滅の青春の書が半世紀ぶりの新訳で甦る。

孤独な旅人

ジャック・ケルアック　中上哲夫〔訳〕　46248-6

『路上』によって一躍ベストセラー作家となったケルアックが、サンフランシスコ、メキシコ、NY、カナダ国境、モロッコ、南仏、パリ、ロンドンに至る体験を、詩的で瞑想的な文体で生き生きと描いた魅惑的な一冊。

ポトマック

ジャン・コクトー　澁澤龍彥〔訳〕　46192-2

ジャン・コクトーの実質的な処女作であり、20代の澁澤龍彥が最も愛して翻訳した《青春の書》。軽やかで哀しい《怪物》たちのスラップスティック・コメディ。コクトーによる魅力的なデッサンを多数収録。

大胯びらき

ジャン・コクトー　澁澤龍彥〔訳〕　46228-8

「大胯びらき」とはバレエの用語で胯が床につくまで両脚を広げること。この小説では、少年期と青年期の間の大きな距離を暗示している。数々の前衛芸術家たちと交友した天才詩人の名作。澁澤訳による傑作集。

残酷な女たち

L・ザッヘル＝マゾッホ　飯吉光夫／池田信雄〔訳〕　46243-1

８人の紳士をそれぞれ熊皮に入れ檻の中で調教する侯爵夫人の話など、滑稽かつ不気味な短篇集の表題作の他、女帝マリア・テレジアを主人公とした「風紀委員会」、御伽噺のような奇譚「醜の美学」を収録。

毛皮を着たヴィーナス

L・ザッヘル＝マゾッホ　種村季弘〔訳〕　46244-8

サディズムと並び称されるマゾヒズムの語源を生みだしたザッヘル＝マゾッホの代表作。東欧カルパチアとフィレンツェを舞台に、毛皮の似合う美しい貴婦人と青年の苦悩と快楽を幻想的に描いた傑作長編。

恋の罪

マルキ・ド・サド　澁澤龍彥〔訳〕　46046-8

ヴァンセンヌ獄中で書かれた処女作「末期の対話」をはじめ、50篇にのぼる中・短篇の中から精選されたサドの短篇傑作集。短篇作家としてのサドの魅力をあますところなく伝える13篇を収録。

悪徳の栄え　上・下

マルキ・ド・サド　澁澤龍彥〔訳〕　上／46077-2 下／46078-9

美徳を信じたがゆえに身を滅ぼす妹ジュスティーヌと対をなす姉ジュリエットの物語。悪徳を信じ、さまざまな背徳の行為を実践する悪女の遍歴を通じて、悪の哲学を高らかに宣言するサドの長編幻想奇譚!!

ロベスピエール／毛沢東　革命とテロル

スラヴォイ・ジジェク　長原豊・松本潤一郎〔訳〕　46304-9

悪名たかきロベスピエールと毛沢東をあえて復活させて最も危険な思想家が〈現在〉に介入する。あらゆる言説を批判しつつ、政治／思想を反転させるジジェクのエッセンス。独自の編集による文庫オリジナル。

ブレストの乱暴者

ジャン・ジュネ　澁澤龍彥〔訳〕　46224-0

霧が立ちこめる港町ブレストを舞台に、言葉の魔術師ジャン・ジュネが描く、愛と裏切りの物語。"分身・殺人・同性愛"をテーマに、サルトルやデリダを驚愕させた現代文学の極北が、澁澤龍彥の名訳で今、蘇る!!

なしくずしの死　上・下

L-F・セリーヌ　高坂和彦〔訳〕　上／46219-6 下／46220-2

反抗と罵りと怒りを爆発させ、人生のあらゆる問いに対して〈ノン!〉を浴びせる、狂憤に満ちた「悪魔の書」。その恐るべきアナーキーな破壊的文体で、20世紀の最も重要な衝撃作のひとつとなった。待望の文庫化。

モデラート・カンタービレ

マルグリット・デュラス　田中倫郎〔訳〕　46013-0

自分の所属している社会からの脱出を漠然と願う人妻アンヌ。偶然目撃した情痴殺人事件の現場。酒場で知り合った男性ショーヴァンとの会話は事件をなぞって展開する……。現代フランスの珠玉の名作。映画化。

北の愛人

マルグリット・デュラス　清水徹〔訳〕　46161-8

『愛人――ラマン』（1992年映画化）のモデルだった中国人が亡くなったことを知ったデュラスは、「華北の愛人と少女の物語」を再度一気に書き上げた。狂おしいほどの幸福感に満ちた作品。

アンチ・オイディプス　上・下　資本主義と分裂症

ジル・ドゥルーズ／フェリックス・ガタリ　宇野邦一〔訳〕 上／46280-6 下／46281-3

最初の訳から20年目にして"新訳"で送るドゥルーズ＝ガタリの歴史的名著。「器官なき身体」から、国家と資本主義をラディカルに批判しつつ、分裂分析へ向かう本書は、いまこそ読みなおされなければならない。

ニーチェと哲学

ジル・ドゥルーズ　江川隆男〔訳〕　46310-0

ニーチェ再評価の烽火となったドゥルーズ初期の代表作、画期的な新訳。ニーチェ哲学を体系的に再構築しつつ、「永遠回帰」を論じ、生成の「肯定の肯定」としてのニーチェ／ドゥルーズの核心をあきらかにする著。

千のプラトー　上・中・下

G・ドゥルーズ／F・ガタリ　宇野邦一／小沢秋広／田中敏彦／豊崎光一／宮林寛／守中高明〔訳〕　上／46342-1 中／46343-8 下／46345-2

ドゥルーズ／ガタリの最大の挑戦にして、いまだ読み解かれることのない20世紀最大の思想書、ついに文庫化。リゾーム、抽象機械、アレンジメントなど新たな概念によって宇宙と大地をつらぬきつつ生を解き放つ。

哲学の教科書　ドゥルーズ初期

ジル・ドゥルーズ〔編著〕　加賀野井秀一〔訳注〕　46347-6

高校教師だったドゥルーズが編んだ教科書『本能と制度』と、処女作「キリストからブルジョワジーへ」。これら幻の名著を詳細な訳注によって解説し、ドゥルーズの原点を明らかにする。

碾臼

マーガレット・ドラブル　小野寺健〔訳〕　46001-7

たった一度のふれあいで思いがけなく妊娠してしまった未婚の女性ロザマンド。狼狽しながらも彼女は、ひとりで子供を産み、育てる決心をする。愛と生への目覚めを爽やかに描くイギリスの大ベストセラー。

太陽がいっぱい

パトリシア・ハイスミス　佐宗鈴夫〔訳〕　46125-0

地中海のまぶしい陽の中、友情と劣等感の間でゆれるトム・リプリーは、友人殺しの完全犯罪を思い立つ――。原作の魅惑的心理描写により、映画の苦く切ない感動が蘇るハイスミスの出世作！　リプリー・シリーズ第一弾。

死者と踊るリプリー

パトリシア・ハイスミス　佐宗鈴夫〔訳〕　46237-0

《トム・リプリー・シリーズ》完結篇。後ろ暗い過去をもつトム・リプリー。彼が殺した男の亡霊のような怪しいアメリカ人夫婦の存在が彼を不気味に悩ませていく。『贋作』の続篇。

眼球譚［初稿］

オーシュ卿（G・バタイユ）　生田耕作〔訳〕　46227-1

20世紀最大の思想家・文学者のひとりであるバタイユの衝撃に満ちた処女小説。1928年にオーシュ卿という匿名で地下出版された当時の初版で読む危険なエロティシズムの極北。恐るべきバタイユ思想の根底。

空の青み

ジョルジュ・バタイユ　伊東守男〔訳〕　46246-2

20世紀最大の思想家の一人であるバタイユが、死とエロスの極点を描いた1935年の小説。ロンドンやパリ、そして動乱のバルセローナを舞台に、謎めく女たちとの異常な愛の交錯を描く傑作。

裸のランチ

ウィリアム・バロウズ　鮎川信夫〔訳〕　46231-8

クローネンバーグが映画化したW・バロウズの代表作にして、ケルアックやギンズバーグなどビートニク文学の中でも最高峰作品。麻薬中毒の幻覚や混乱した超現実的イメージが全く前衛的な世界へ誘う。解説＝山形浩生

ジャンキー

ウィリアム・バロウズ　鮎川信夫〔訳〕　山形浩生〔解説〕　46240-0

『裸のランチ』によって驚異的な反響を巻き起こしたバロウズの最初の小説。ジャンキーとは回復不能になった麻薬常用者のことで、著者の自伝的色彩が濃い。肉体と精神の間で生の極限を描いた非合法の世界。

麻薬書簡

ウィリアム・バロウズ／アレン・ギンズバーグ　山形浩生〔訳〕　46298-1

一九六〇年代ビートニクの代表格バロウズとギンズバーグの往復書簡集で、「ヤーヘ」と呼ばれる麻薬を探しに南米を放浪する二人の謎めいた書簡を纏めた金字塔的作品。オリジナル原稿の校訂、最新の増補改訂版！

時間割

ミシェル・ビュトール　清水徹〔訳〕　46284-4

濃霧と煤煙に包まれた都市ブレストンの底知れぬ暗鬱の中に暮した主人公ルヴェルの一年間の時間割を追い、神話と土地の霊がひき起こす事件の細部をミステリーのように構成した、鬼才ビュトールの最高傑作。

ピエール・リヴィエール

ミシェル・フーコー〔編著〕　慎改康之／柵瀬宏平／千條真知子／八幡恵一〔訳〕　46339-1

十九世紀フランスの小さな農村で一人の青年が母、妹、弟を殺害した。青年の手記と事件の考察からなる、フーコー権力論の記念碑的労作であると同時に希有の美しさにみちた名著の新訳。

詩人と女たち

チャールズ・ブコウスキー　中川五郎〔訳〕　46160-1

現代アメリカ文学のアウトサイダー、ブコウスキー。50歳になる詩人チナスキーことアル中のギャンブラーに自らを重ね、女たちとの破天荒な生活を、卑語俗語まみれの過激な文体で描く自伝的長編小説。

くそったれ！　少年時代

チャールズ・ブコウスキー　中川五郎〔訳〕　46191-5

1930年代のロサンジェルス。大恐慌に見舞われ失業者のあふれる下町を舞台に、父親との確執、大人への不信、容貌への劣等感に悩みながら思春期を過ごす多感な少年の成長物語。ブコウスキーの自伝的長編小説。

死をポケットに入れて

C・ブコウスキー　中川五郎〔訳〕　ロバート・クラム〔画〕　46218-9

老いて一層パンクにハードに突っ走るBUKの痛快日記。50年愛用のタイプライターを70歳にしてMacに変え、文学を、人生を、老いと死を語る。カウンター・カルチャーのヒーロー、R・クラムのイラスト満載。

黒いユーモア選集　1・2

アンドレ・ブルトン　山中散生／窪田般彌／小海永二ほか〔訳〕　1／46290-5　2／46291-2

詩人アンドレ・ブルトンが選んだシュルレアリスムの先駆者たちが勢ぞろい。「他のすべての価値を制圧し、それらの多くについて、あまねく人々の評価を失わせてしまうことさえできる」言葉に満ちた幻のアンソロジー！

ベンヤミン・アンソロジー

ヴァルター・ベンヤミン　山口裕之〔編訳〕　46348-3

危機の時代にこそ読まれるべき思想家ベンヤミンの精髄を最新の研究をふまえて気鋭が全面的に新訳。重要なテクストを一冊に凝縮、その繊細にしてアクチュアルな思考の核心にせまる。

倦怠

アルベルト・モラヴィア　河盛好蔵／脇功〔訳〕　46201-1

ルイ・デリュック賞受賞のフランス映画「倦怠」（C・カーン監督）の原作。空虚な生活を送る画学生が美しき肉体の少女に惹かれ、次第に不条理な裏切りに翻弄されるイタリアの巨匠モラヴィアの代表作。

さかしま

J・K・ユイスマンス　澁澤龍彥〔訳〕　46221-9

三島由紀夫をして“デカダンスの「聖書」”と言わしめた幻の名作。ひとつの部屋に閉じこもり、自らの趣味の小宇宙を築き上げた主人公デ・ゼッサントの数奇な生涯。澁澤龍彥が最も気に入っていた翻訳。

山猫

G・T・ランペドゥーサ　佐藤朔〔訳〕　46249-3

イタリア統一戦線のさなか、崩れ行く旧体制に殉じようとするシチリアの一貴族サリーナ公ドン・ファブリツィオの物語。貴族社会の没落、若者の奔放な生、自らに迫りつつある死……。巨匠ヴィスコンティが映画化！

O嬢の物語

ポーリーヌ・レアージュ　澁澤龍彥〔訳〕　46105-2

女主人公の魂の告白を通して、自己の肉体の遍歴を回想したこの物語は、人間性の奥底にひそむ非合理な衝動をえぐりだした真に恐れるべき恋愛小説の傑作として多くの批評家に激賞された。ドゥー・マゴ賞受賞！

インディアン魂　上・下　レイム・ディアー

J・F・レイム・ディアー〔口述〕 R・アードス〔編〕 北山耕平〔訳〕　上／46179-3　下／46180-9

最後のアメリカ・インディアン、スー族の古老が、未来を担う子どもたちのために「自然」の力を回復する知恵と本来の人間の生き方を語る痛快にして力強い自伝。（『レイム・ディアー』改題）